세대 간 연대와 갈등의 풍경

이 도서의 국립중앙도서관 출판예정도서목록(CIP)은 서지정보유통지원시스템 홈페이지(http://seoji.nl.go.kr)와 국가자료공동목록시스템(http://www.nl.go.kr/kolisnet)에서 이용하실 수 있습니다.
CIP제어번호: CIP2016030631

세대 간 연대와 갈등의 풍경

The Landscape of Intergenerational Solidarity and Conflict in Korea

최유석 지음

한울
아카데미

서문

/

세대별 인식을 통해 바라본 한국 사회의 풍경

지난 2012년 대통령 선거는 필자가 세대 문제를 본격적으로 연구하는 계기가 된 사건이었다. 당시 진보 세력은 문재인 후보와 안철수 후보의 단일화를 통한 정권 교체라는 단순한 프레임에 몰두했다. 고령화에 따른 노인 유권자 급증 등 유권자의 연령별 분포 변화가 선거에 미치는 영향이 어떠할지, 노인 유권자의 표심을 얻을 선거 전략은 무엇인지에 대한 관심은 상대적으로 적었다. 학계에서도 인구구조의 변동이 미치는 정치적 효과에 대해 무감각했다.

개표함이 열리고 투표 결과에 대한 사후 분석을 통해 학계와 언론에서는 고령화의 강력한 정치적 효과를 새롭게 발견하고, 이에 대한 열띤 논의를 진행했다. 이 논의에는 '고령화에 따라 한국 사회는 보수화되어가고 있는가', '보수화 경향은 향후 선거에 어떠한 영향을 미칠 것인가', '고령화, 보수화 경향에 대응하여 진보 세력은 무엇을 할 것인가' 등이 포함됐다.

이 책에서 필자는 이러한 정치적 논의를 포함하여 경제, 사회 등 다양한 영역에서 세대 관계의 풍경을 묘사하고자 했다. 주요 쟁점에 대한 세대별 인식은 어떠한지, 인구 고령화와 저성장 경제라는 한국 사회의 구조 변동에 따라 세대 관계가 어떻게 변화하고 있는지, 변화의 전망이 어떠한지, 세대 간 갈등을 완화하고 연대를 강화하는 길은 무엇인지 모색하고자 했다.

세대 문제는 우리가 일상에서 흔히 접하는 문제이다. 세대 갈등은 선거 때만 새삼스럽게 분출되는 것이 아니다. 세대 간 갈등과 연대는 가족, 회사, 학교 등 여러 영역에서 일상적으로 나타난다. 세대 차이와 세대 간의 소통 단절은 부모의 잔소리와 자녀의 짜증 섞인 항변, 상사와 부하 직원의 서로에 대한 푸념에서도 발견된다. 세대 간에 갈등만 있는 것은 아니다. 세대 연대 또한 쉽게 찾아볼 수 있다. 노인들은 힘든 시대를 살아가는 청년들의 처지에 공감하고, 성인이 된 자녀들은 홀로 사시는 부모님의 안부를 걱정한다. 베이비붐 세대, 88만원 세대는 멀리 있는 것이 아니다. 우리 자신이거나 일상에서 마주하는 우리의 부모와 자녀들이다.

세대 문제와 세대 갈등에 대한 분석은 다양하게 이루어져왔지만, 386세대와 같은 거시적·사회적 세대와 부모 세대, 자녀 세대와 같은 미시적 세대를 통합적으로 살펴보는 연구는 부족했다. 따라서 이 책에서는 정치, 경제, 사회 등 다양한 영역에서 세대별 인식이 어떠한지 살펴보고, 세대 간 상이한 인식의 미시적 기반은 무엇인지 탐색하고자 한다.

우리는 이미 저성장 경제 시대, 고령화사회에서 살고 있다. 이 책은 탈산업화, 고령화, 저성장과 같은 거대한 키워드에 파묻힌 우리 시대의 실상을 탐색하는 작업이다. 한국 사회의 구조 변동이 우리의 삶에 미치는 영향을 세대 관계에 주목하여 진단하고, 해법을 모색해보려고 한다. 삶의 조건이 바뀌면 세상을 살아가는 이들의 생각도 변한다. 여러 세대의 삶이 어우러져 한 시대를 만들어가고, 세상과 사람들을 이해하려는 노력으로 세대 연구는 지속된다. 20대 청년들은 무엇을 열망하고 있는가? 중년층은 무엇을 걱정하고 있는가? 노인들은 어떻게 여생을 보내고 있는가? 이러한 질문은 끊임없이 계속될 것이다.

이 책이 나오게 된 배경에는 한림대학교 연구팀의 노력이 있었다. 한국연구재단의 지원을 받은 '고령 사회의 세대 갈등과 세대 공생' 일반공동연구팀에서 수행한 설문 조사와 인터뷰, 연구진 회의를 통해서 필자의 생각을 가다듬고 발전시킬 수 있었다. 함께 진행한 연구였지만, 한 권의 책으로 먼저 출판하도록 너그럽게 양해해주었다. 연구진으로 참여한 한림대학교 성경륭, 최영재, 석재은, 조동훈, 김여진 교수님, 고령사회연구소 임연옥 교수님, 연구 보조원으로 참여한 이윤환, 최아영, 현다운, 염소림, 이기주 학생의 도움에 깊이 감사드린다. 세심한 편집과 귀중한 제안으로 책을 엮어준 한울엠플러스의 김경희, 반기훈 선생님께 감사드린다. 1년간 연구년 기회를 갖게 된 것도 이 책을 마무리하는 데 큰 도움이 되었다. 한림대학교 사회복지학부 교수님들의 배려에 감사드린다. 학술지에 게재한 논문을 출판하도록 허락해준 한국인구학회, 한국콘텐츠학회에도 감사드린다. 언제나 밝은 모습으로 필자를 지지해준 가족에게 고마운 마음을 전한다.

2016년 12월

최유석

차례

01 세대 갈등과 세대 연대*

개념과 연구 동향

고령화, 저성장 시대의 한국 사회 풍경

청년들 사이에 '헬조선'이라는 말이 유행이다. 대학을 졸업했지만 안정된 정규직을 얻기 힘들고, 힘겹게 취업했지만 비싼 집값과 육아 부담으로 결혼과 출산을 꿈꾸기 어려운 현실을 빗댄 말이다. 노인들도 생계유지에 허덕이고 있다. 높은 수준의 노인 빈곤율과 자살률은 은퇴 후 안락한 여생을 보내는 것이 쉽지 않음을 보여준다. 중장년층도 할 말이 없는 것은 아니다. 융자로 분양 받은 아파트 시세가 떨어지는 와중에 자녀의 대학 등록금, 결혼 자금 마련을 위해 자신의 노후를 준비할 여력이 없다. 대한민국은 모두에게 지옥이 되어가고 있는가?

---

* 이 장의 일부 내용은 최유석(2014), 최유석, 오유진, 문유진(2015)에 서술한 내용을 수정, 보완한 것이다.

세대 문제로 본 한국 사회

이 책은 세대 간 연대와 갈등의 모습을 통해 한국 사회의 풍경을 조망해 보려는 시도이다. 어느새 도래한 고령화사회에서 한국 경제의 성장 엔진은 차갑게 식어가고 있다. 분배할 몫이 크게 증가하지 않는 가운데 노인 부양 부담은 증가하고 있다. 이러한 현실이 세대 간 갈등과 협력에 어떠한 영향을 미치는지, 고령화된 인구와 저성장 경제 환경에서 세대 간 갈등과 연대의 양상은 어떠한지, 세대 간 협력과 연대를 증진하는 방안은 무엇인지 탐색하고자 한다.

이 장에서는 세대와 세대 갈등의 개념 및 연구 동향을 조명하고, 세대 간 연대에 관해 논의할 것이다. 세대 연구의 성과와 한계는 무엇인지, 세대 갈등의 영역과 원인에 대해 간략히 다룰 것이다. 또한 세대 간 연대의 개념을 소개하고, 기존의 세대 갈등 프레임에서 벗어나 세대 간 협력과 연대를 가능하게 하기 위한 조건은 무엇인지 탐색할 것이다. 이 장의 마지막 부분에서는 책의 전체적인 구성에 대해 서술할 것이다.

세대 연구의 두 갈래: 거시적 세대 연구와 미시적 세대 연구

학술적 의미에서 세대는 동일 문화권에서 유사한 시기에 출생하여 역사적 경험을 공유함으로써 의식과 행위 양식이 유사한 출생 집단을 지칭한다(박재홍, 2005; Fullerton and Dixon, 2010). 세대는 크게 두 가지 용법으로 활용된다. 먼저, 상이한 연령집단을 지칭할 때 쓰인다. 연령은 성별처럼 우리가 일상생활에서 상대방을 탐색하고 구분 짓고 이해할 때 손쉽게 참고하는 속성이다. '세대 차이'라는 용어에서 보듯이 연령 차이에서 비롯된 경험의 차이를 세대로 나누어 강조하는 경우가 많다. 다음으로 세대는 가족 및 친족 관계에서 위계적 서열 관계를 나타낼 때 쓰인다. '부모 세대', '자녀 세대' 등의 용어가 대표적이다.

세대 또는 세대 관계에 관한 연구도 이러한 두 가지 용법에 근거해 진행되어왔다. 벵슨Bengtson과 오야마Oyama는 세대 관계를 거시적 수준의 세대 관계macrogen와 미시적 수준의 세대 관계microgen, 두 가지 수준으로 구분한다(Bengtson and Oyama, 2007). 거시적 수준의 세대 관계 연구에서는 '베이비붐 세대', '386세대' 등 특정 연령집단 또는 코호트 집단의 특성을 규명하는 시도가 이루어져왔다. 이와 달리 미시적 수준의 세대 연구에서는 가족학 또는 가족관계학 분야에서 부모와 자녀 관계 등 가족 및 친족 관계에서 세대 간 교환관계의 양상과 변화를 규명해왔다.

거시적 세대 관계: 세대 효과, 코호트 효과

거시적 수준의 사회적 세대 관계 연구에서는 세대 효과 또는 코호트 효과cohort effect에 주목한다. 이 연구에서는 특정 시기에 태어나 경험을 공유하는 세대 집단의 형성에 관심을 갖는다(박재홍, 2009; Fullerton and Dixon, 2010). 상이한 시기에 태어나 다른 경험을 한 세대 집단은 고유한 가치관을 갖게 되고, 이러한 차이가 정치, 경제 등 다양한 영역에서 세대 간 갈등을 유발하는 핵심적인 요인으로 작용한다(박재홍, 2005, 2009). 각 세대의 고유한 역사적 경험과 사회화 과정, 사회적·경제적 자원 획득을 위한 기회구조의 차이가 상이한 이해관계와 가치관을 갖게 하여 세대 간 차이를 빚어낸다(박재홍, 2005; 박길성, 2011). 거시적 세대 연구는 이와 같이 주로 정치와 경제 영역에서의 거시적 구조가 어떻게 개인의 가치관과 행위에 영향을 미치는지에 관심을 갖는 구조적 접근이다.

그러나 이러한 구조적 접근에서는 개인의 세대 인식이 삶의 다양한 경험을 통해서 형성된다는 점을 간과하고 있다. 예를 들어 정치적 성향은 가정 양육 방식, 사회화 및 직업 경험 등 여러 영역에서의 생애 경험에도 기반을 둔다. 따라서 한 시대를 살아온 개인이 어떠한 역사적 경험을 했는지, 어떻게 자신의 고유한 가치관을 형성, 변화시켜왔는지 탐색할 필요가 있다(박재흥, 2005).

미시적 세대 관계: 가족, 사적인 세대 관계

미시적 차원의 가족적 세대 관계에 관한 연구에서는 주로 가족 관계, 특히 부모와 자녀 관계에 초점을 맞추어 부모와 자녀 세대 간 상호작용의 양상에 관심을 둔다. 예를 들어 부모와 자녀 간의 정서적·경제적·도구적 지원의 교환, 부모 부양에 대한 자녀의 가치관과 태도 등 가족에서 세대 관계의 구조와 변화를 탐색한다(김정석·김익기, 2000; 박경숙, 2003; 한경혜·한민아, 2004; 한경혜·김상욱, 2010).

거시적, 미시적 세대 관계 연구의 결합

이러한 두 갈래의 연구는 그동안 별개로 진행되어왔다. 미시적 수준의 사적인 세대 관계, 즉 일상적으로 접하는 가족 관계의 경험이 거시적 수준의 세대 인식에 어떤 영향을 미치는지에 관한 연구는 부족했다. 따라서 최근에는 거시적 수준의 사회적 세대 연구를 미시적 수준의 가족적 세대 연구와 연계하는 시도가 다양하게 이루어지고 있다(박경숙 외, 2013; Logan and Spitze, 1995; Ward, 2001; Bengtson and Oyama, 2007; Goerres and Tepe, 2010). 가족은 세대 의식의 형성과 변화에서 다른 세대와의 이해관계를 통합하고, 정서적 공감대를 형성하는 중요한 영역이다(Goerres and Tepe, 2010). 가족 내에서 사람들은 다른 연령대의 구성원들과 상호작용을 하며 다른 세대에 대한 이해와 공감의 기회를 갖는다. 개인의 가족 관계 경험은 아동, 청년, 노인 등 다른 세대의 복리 증진에 대한 인식과 정책 선호에도 영향을 미친다(Logan and Spitze, 1995; Goerres and Tepe, 2010).

거시적 세대 연구와 미시적 세대 연구의 결합을 통해서, 구조적 접근의 한계로 지적되어왔던 세대 관계 형성의 미시적 메커니즘을 규명하는 문제를 일부 해결할 수 있게 됐다. 취업난에 직면해 연애, 결혼, 출산을 포기한 '삼포 세대' 청년들의 불만에도 세대 갈등이 첨예하게 나타나지 않는 이유는 무엇일까? 그 이유 중의 하나는 부모와의 긴밀한 관계 등 가족주의적 연대가 아직까지는 한국 사회에서 강력하게 작동하기 때문이다. 청년들은 안정된 일자리 부족 등 닫힌 경제적 기회에 대한 해법을 부모와 자녀 간의 사적 이전을 통해 부분적으로 해결하고 있다. 우리 사회는 세대 간 불평등 문제를 공론화하고 세대 간 연대와 정책 대안을 모색하기보다는 가족 안 전망을 통한 응급 처방에 의존한다(박경숙 외, 2013). 가족주의, 효 의식 또는 부모 부양 의식 등 가족의 역할과 규범이 세대 갈등을 완충하는 역할을 수행하는 것이다(박경숙 외, 2013).

이러한 지적은 한국 사회에서 세대 갈등이 상대적으로 낮게 나타날 수 있는 가능성을 시사한다. 또한 한국 사회의 세대 간 연대 의식의 기반이 서구와는 다를 수 있음을 의미한다. 동일한 수준의 세대 간 연대 의식이라고 하더라도, 서구의 경우 가족의 경계를 넘어선 폭넓은 연대 의식이 토대를 이룬다면, 한국에서는 부모와 자녀 간의 긴밀한 가족주의 또는 효 의식 등 가족 내 부양 의식이 연대 의식의 바탕이 될 수 있다.

세대 갈등의 정치·경제

정치, 경제, 문화 등 다양한 영역에서 특징적인 세대(예: 386세대, 88만원 세대, X세대, 신세대)의 출현은 각 세대가 처한 구조적 상황에 의해서 영향을 받는다(박재홍, 2005; 우석훈·박권일, 2007; 윤상철, 2009). 이 책에서는 정치, 경제, 복지정책 등 크게 세 가지 영역의 구조적 요인에 주목한다.

정치적 세대의 출현과 세대 갈등

정치 영역에서 세대의 형성은 비슷한 역사적 경험을 통해 세대 고유의 정체성이 형성되는 과정에서 출발한다(박재홍, 2005; 윤상철, 2009). 세대 정체성에 기반을 둔 정치적 영향력을 지닌 세대 집단이 과연 존재하느냐의 여부가 중요하다(박재홍, 2009). 정치 구조는 유사한 역사적 경험을 지닌 특정 세대가 자신의 고유한 정체성을 형성하고 정치 세력화된 집단으로 등장할 수 있는 기회 구조를 창출하거나 제약한다(윤상철, 2009).

정치 영역에서 이러한 세대의 역할을 수행한 대표적인 사례로 '386세대'를 들 수 있다. 386세대는 민주화 이행을 성공적으로 이끈 주체로서의 정당성, 자부심 및 정치적 효능감을 갖는다는 점에서 다른 세대와 구분되는 정치세력화의 경험을 갖고 있다. 참여정부 시절 386세대의 정치가 가능했던 배경은 1980년대 민주화 이행기를 경험한 386세대가 선거를 통해 정치권에 진출하고, 자신의 정체성을 발현할 기회를 포착한 데 있었다(윤상철, 2009). 정치 영역에서 세대가 정치적 영향력을 지닌 중요한 집단으로 부각되기 위해서는 특정 세대 고유의 정치적 정체성 형성뿐만 아니라, 정체성을 실현할 수 있는 정치적 기회 구조가 마련되어야 한다(윤상철, 2009).

경제적 세대 갈등

경제 영역에서도 세대 집단이 형성된다. 예를 들어 '88만원 세대'는 경제 영역에서 세대의 형성을 바라보는 시각에서 탄생한 개념이다(우석훈, 박권일, 2007; 박재홍, 2009; 윤상철, 2009). 고용 없는 성장 시대, 대기업 위주의 경제정책, 일자리 질의 악화 등은 새로 노동시장에 진입하는 20대가 안정된 일자리를 얻을 수 있는 기회를 제약한다(박재홍, 2009). 고령화로 인해 인구 비중이 상대적으로 감소한 20대는 정치적 역량이 약화되고, 정치적 기회도 차단된 실정이다. 88만원 세대는 실효성 있는 일자리 정책을 정부에 요구하는 집합행동보다는, 개인적 능력 개발인 '스펙 쌓기 경쟁'에 몰두한다. 20대의 개인주의적 성향도 집합행동에 참여하기를 꺼려하는 이유 중의 하나이다.

경제적 세대 갈등은 세대 간 경제적 자원의 차별적 분포에 따른 상이한 이해관계에서 구조적 원인을 찾을 수 있다(박재홍, 2009; 박길성, 2011; Binstock, 2010). 세대 간 소득과 자산의 불균등한 분포, 안정된 일자리 등 노동시장에서 각 세대가 차지하는 상이한 기회 구조 등이 경제적 영역에서 세대 갈등이 발생하게 되는 구조적 요인으로 작용한다. 또한 세대별로 보유한 경제적 자원의 상이한 형태로 인해, 청년층과 중장년층은 정부의 경제정책에 대해 서로 다른 이해관계를 보일 가능성이 있다(유철규, 2004; Fullerton and Dixon, 2010). 소득 계층으로서 청년층은 주로 정부의 일자리 정책에 관심이 많을 것이다. 반면 금융·부동산 자산 계층으로서 중장년층은 자산 가치의 안정화 및 증가와 관련된 물가, 금융·부동산 정책, 기업 투자, 성장 활성화 정책 등 다양한 정책에 상대적으로 더 많은 현실적인 관심을 갖게 된다(유철규, 2004).

복지정책과 세대 갈등

복지정책이 세대 갈등에 미치는 영향은 국민연금, 기초연금, 무상 보육, 저소득층 교육비 지원 등 수급 자격이 주로 연령과 소득에 의해 정해지는 복지정책에서 주로 발견된다. 또한 건강보험제도와 같이 노년층이 주된 수혜 계층인 경우에도 세대 간 복지정책에 대한 인식 차이가 발생할 가능성이 있다. 복지제도의 도입과 확대는 수급자 집단이라는 새로운 형태의 이익집단을 형성한다(Pierson, 1994, 1996). 예를 들어 공적연금제도의 발달로 인해 연금 수급자라는 강력한 이익집단이 등장했다(Pierson, 1994). 재정위기에 따른 복지제도의 개혁은 새로운 승자와 패자 집단을 낳게 된다. 동질적인 이해관계를 가진 수급자 집단이라는 강력한 이익집단이 형성되어, 급격한 제도 개혁이 용이하지 않은 것이 서구 복지국가가 처한 현실이다.

복지정책이 세대 간 갈등에 미치는 영향에는 복지제도의 성장 단계, 수급자 집단의 정치적 역량, 복지제도의 구성 요소, 제도 개혁의 내용 등 매우 복합적인 요인이 작용한다(Pierson, 2001). 예를 들어 공적연금제도와 관련하여 주된 쟁점은 세대 간 형평성 문제이다(박길성, 2011). 공적연금을 납부한 것에 비해 연금급여 수준이 적절한지, 다른 세대에 비해 현 세대의 연금 수준이 적절한 것인지에 관한 문제이다(Myles and Pierson, 2001). 서구에서는 공적연금제도에서 세대 간 형평성 문제가 심각한 문제로 제기되고 있다(Myles and Pierson, 2001).

반면 한국에서는 국민연금제도의 세대 간 형평성 문제가 아직까지는 심각한 쟁점으로 부각되지 않고 있다. 국민연금제도가 완전히 성숙하지 않아서 20년 이상 가입해 국민연금을 받는 집단이 많지 않고, 자신이 납입한 기여금을 은퇴 후에 받는 부분 적립 방식 구조이기 때문이다. 그러나 고령화의 빠른 진행과 경제성장의 둔화는 국민연금 수급자 규모의 증가, 국민연금의 수익률 감소 등 국민연금의 재정 위기를 가속화시키고 있다(박길성, 2011). 따라서 향후 세대 간 형평성 문제로 표면화될 가능성이 있다.

이 책의 2~4장에서는 이러한 거시적 구조의 변동이 어떻게 세대 간의 이해관계와 가치관 형성에 영향을 미쳐왔는지를 주로 양적 자료를 이용하여 탐색할 것이다. 심층 인터뷰 등 질적 연구를 통해 개인이 고유한 세대 의식을 형성해온 과정은 어떠한지, 세대 의식의 형성에 영향을 미친 요인은 무엇인지를 심층적으로 탐색하는 작업은 추후의 과제로 남겨둔다.

가족 관계의 세대 갈등 완충 효과

앞서 살펴본 거시적 정치·경제구조가 만들어낸 세대 갈등은 개인의 가족 관계 경험을 통해 완화될 수 있다. 가족 관계의 경험은 다른 세대에 대한 인식을 증진시키는 기회를 제공한다(Timonen et al. 2013). 가족 내의 부모와 자녀 관계를 통해 가족 구성원들은 다른 세대의 행동을 관찰하고, 그들의 삶의 경험을 이해할 수 있는 기회를 갖는다. 이에 따라 가족 구성원들은 세대 상호 간의 지원과 연대의 필요성 및 가능성을 인식하고 자신의 기대 수준을 조정하는 과정을 거친다(Timonen et al. 2013). 예를 들어, 청년들은 노인들의 곤궁한 삶을 보면서 노인들의 복리 증진을 위한 정부 정책의 확대에 찬성하는 입장에 서게 된다. 노인들의 경우, 자녀 세대의 핵가족화, 맞벌이, 심각한 청년 실업 문제를 목격하면서 자신의 노후는 자신이 책임져야 한다는 인식을 갖는다(Timonen et al. 2013).

부모와 자녀 간의 세대 관계를 통해 자신이 속한 가구의 경계를 넘어서 경제적·도구적·정서적 자원의 이전이 이루어진다. 부모 세대에서 자녀 세대로의 가족 간 소득과 자산의 이전은 청년 세대의 부족한 소득, 자산을 보충함으로써 세대 갈등을 완화하는 역할을 수행할 수 있다(박경숙 외, 2013).

반면 가족 간 소득 이전이 세대 갈등을 오히려 격화시킬 수도 있다. 고소득층이 저소득층에 비해 더 많은 소득과 자산을 가족 간에 이전한다면, 시장 소득의 세대 간 격차가 증폭될 수 있기 때문이다. 따라서 실제로 가족 간 소득 이전 양상의 차이가 계층별로 어떠한지를 살펴볼 필요가 있다.

세대 간 연대 의식

각 세대의 정치적·경제적 상황, 역사적 경험이 세대별로 고유한 인식을 갖게 하고, 이러한 상이한 인식과 태도가 세대 간 차이와 갈등을 불러일으킬 수 있다. 그러나 한국 사회에는 세대 간 갈등과 협력이 공존하고 있다. 예를 들어 부모와 자녀 간의 경제적·도구적 지원(예: 간병, 가사, 육아 지원)에서 보이는 강력한 가족주의적 연대를 쉽게 찾아볼 수 있다. 가족 수준의 미시적 연대가 사회 수준의 불평등과 일자리 갈등(예: 정규직과 비정규직)과 같은 계층 갈등을 완화한다. 이러한 세대 간 갈등과 협력의 복합적인 측면을 다루기 위해서는 세대 간 갈등뿐만 아니라 세대 간 연대의 양상도 분석할 필요가 있다.

또한 세대 간 차이를 극복하고, 세대 간 협력을 본격적으로 모색하기 위해서는 세대 갈등보다는 세대 간 연대intergenerational solidarity라는 새로운 프레임으로 접근할 필요가 있다. 세대 간 연대는 다소 생소한 개념이고 학문적으로 정립된 것은 아니다. 세대 간 연대 개념과 구성에 대한 깊이 있는 논의는 부족하다. 세대 간 갈등과 협력의 양상을 다양한 측면에서 파악하는 실태 조사가 진행되었을 뿐이다(European Commission, 2009; Vanhuysse, 2013). 따라서 세대 간 연대의 개념과 조건을 정교하게 가다듬을 필요가 있다.

세대 간 연대, 다양한 정의와 의미

세대 간 연대에 관하여 상이한 이미지를 떠올릴 수 있다. 세대 간 연대는 다양한 수준에서 복합적인 의미로 활용되어왔다. 정치적 연대, 계급 간 연대를 떠올릴 때, 연대의 이념적·조직적 기반과 참여 집단 공동의 목표와 이해관계를 연상하게 된다. 세대 간 연대도 상이한 세대가 공동의 목표를 달성하기 위해 협력하는 행위를 의미한다.

복지제도의 설계와 운영에서도 세대 간 연대 또는 세대 간 계약을 논의하기도 한다. 예를 들어 공적연금제도에서 부과 방식pay-as-you-go의 재정 방식은 세대 간 연대에 기반을 둔 재정 방식이다.[1] 노인 세대의 연금 지출을 현재 근로 세대의 기여금으로 충당하고, 이러한 세대 간 이전이 지속적으로 이루어지는 재원 조달 방식은 암묵적으로 세대 간 연대를 바탕으로 한다.

한편 미시적 차원의 가족 관계에 관한 분석에서는 부모와 자녀 간의 정서적·경제적·도구적 지원과 교환 행위를 세대 간 연대에 기반을 둔 행위로 바라보기도 한다(Bengtson et.al., 2002). 벵슨과 슈레이더(Bengtson and Schrader, 1982)는 가족 수준에서의 세대 간 연대를 정서적 연대, 교류적 연대, 공감적 연대, 기능적 연대, 규범적 연대, 구조적 연대 등 다양한 속성을 지닌 것으로 개념화했다.

이와 같이 세대 간 연대는 다른 연령대에 속하는 집단 또는 개인 간의 상호작용 또는 제도적 장치를 통한 연계 상태를 의미한다(Cruz-Saco, 2010). 세대 간 연대 의식은 세대 간 교류와 협력 활동을 통해 친밀감 또는 특정

---

1 공적연금의 재정 지원 방식 중에서 부과 방식(pay-as-you-go)은 현재 가입자가 납입한 연금보험료를 이용하여 연금 수급자의 연금을 지급하는 방식이다. 반면 적립 방식은 개인이 납입한 연금보험료를 기금에 적립하고, 기금을 운영하여 연금을 지급하는 형태이다.

사안에 대한 공감대를 형성한 상태를 의미한다(Bengtson et.al., 2002). 각 세대가 다른 세대의 삶을 이해하고 공감하는 태도를 보이는 것이다. 이러한 친밀감에 기반을 둔 정서적 연대 의식은 상이한 삶을 경험한 세대 집단 간의 상호 이해와 협력의 기반이자 그 결과이다. 예를 들어 노인 세대의 경우에도 안정된 일자리를 얻지 못하는 88만원 세대의 비애에 공감하기도 한다(박경숙 외, 2013). 또한 점차 희석되지만, 전통적인 효 의식 또는 노인 공경 의식은 노인 세대에 대한 존중과 배려의 윤리적 기반이다. 다른 세대에 대한 공감과 연민이 세대 간 연대 의식의 정서적 기반으로 작용한다.

이 책의 5~7장에서는 한국 사회에서 세대 간 갈등과 연대가 어떠한 양상으로 나타나는지를 살펴볼 것이다. 세대 간 연대 의식은 무엇에 기반을 두고 있는지, 대학생들은 노인에 대해 어떠한 의식을 갖는지, 부모와 자녀 간의 사적인 세대 관계는 어떠한 모습을 보이는지를 밝힐 것이다.

세대 간 연대 의식의 기반: 자원 교환의 균형과 형평성

세대 간 연대 의식은 상호 이익 추구를 위한 협력 행위의 결과로 나타날 수 있다. 교환이론적 시각에서 보면 세대 간 연대는 참여한 세대 집단 공동의 이익을 극대화하는 행위이다. 세대 간 강력한 연대가 이루어지기 위해서는 세대 간 공동의 이해관계 등 목표의 일치, 세대 간 기여와 보상에 대한 합의가 필요하다(OECD, 2011). 공적연금제도와 같이 세대 간 이전이 이루어지는 복지제도는 세대 간 암묵적인 합의와 계약에 기반을 둔다.

그러나 경제의 저성장과 인구의 고령화 등 거시적 환경 변화는 공적연금제도의 균형 유지와 지속 가능성에 부정적인 영향을 미치고 있다. 생애주기의 연장, 가족구조와 부양 의식의 변화, 정부 책임의 변화 등도 공적연금의 세대 간 형평성 논란을 불러일으키는 요인으로 작용한다(Bengston and Oyama, 2007). 세대 간 기여와 급여의 불균형이 심화되면서 세대 간 형평성 문제가 불거지고, 이는 세대 간 연대의 토대가 침식하는 결과로 이어지고 있다.

따라서 세대 간 연대가 안정적으로 유지되기 위해서는 세대 간 정서적 친밀감의 증진뿐만 아니라, 정치적·경제적 자원의 세대 간 이전이 균형을 유지해야 한다(OECD, 2011). 예를 들어 복지정책의 경우, 청년 세대에서 노인 세대로 일방적으로 자원을 이전한다면 상호 이익을 위한 협력의 필요성과 세대 간 형평성을 약화시킬 수 있다. 이는 청년 세대의 상대적 박탈감을 증가시킴으로써 연대 관계를 장기적으로 유지하는 것을 어렵게 할 수 있다. 세대 간 자원의 쌍방향 교환이 지속적으로 이루어지도록 세대 간 정서적·재정적 자원 교환의 균형을 유지하는 것이 세대 간 연대를 굳건히 하는 조건이다.

공정성 또는 형평성에 대한 인식은 사회적 연대를 형성하고 유지하는 중요한 조건으로 작용한다(Mau and Wrobel, 2009). 개인이 연대적 상황에 참여하기 위해서는 몇 가지 조건이 충족되어야 한다(Levi, 1991, 1993). 첫째, 개인이 참여할 제도의 규칙이 사회정의와 공정성의 규범과 일치해야 한다. 둘째, 집합행동에 참여하는 타인들도 이러한 공정한 규칙을 준수할 것이라는 신뢰가 필요하다. 레비(Levi, 1991, 1993)는 이를 연대를 위한 '조건적 동의'라고 주장한다.

제도의 분배 규칙이 공정하다고 인식할 때 사회적 협력이 발전하고 연대적 지향이 강화된다(Mau and Wrobel, 2009). 타인과의 교환이나 거래가 공정한 것으로 인식될 때, 자신의 이해관계를 내려놓고 연대적인 관계에 참여할 수 있기 때문이다(Mau and Wrobel, 2009). 타인과의 관계에서 공정성에 관한 인식은 공공재 생산에 참여하도록 유도하는 중요한 요인이다(Rothstein, 1998). 특히 개인들이 맺는 연대적 관계의 정서적 측면이 미약

할수록, 공정성이라는 규범적 원칙이 먼저 작동하게 된다. 따라서 연대적 관계가 안정화되는 정도는 참여자들이 얼마나 공정성을 수용하는가에 달려 있다(Mau and Wrobel, 2009).

서구에서는 공적연금제도의 운영에서 '세대 간 정의intergenerational justice' 문제가 연금제도의 지속 가능성 및 정당성 문제와 결부되어 빈번하게 논의되고 있다. 세대 간 정의 또는 형평성을 구현하는 것이 세대 간 연대의 조건이라는 것이다. 인구 고령화와 저성장 경제 속에 공적연금의 지속 가능성 문제가 제기되면서 세대 간 정의가 연금 개혁의 정당성을 주장하는 키워드로 등장하고 있다(Vanhuysse, 2013). 공적연금제도에서 기여와 연금 급여 수준의 공정성에 대한 인식은 제도의 정당성에 중요한 영향을 미친다. 특히 부과 방식 공적연금제도의 경우, 적립 방식에 비해 국민들이 기여와 부담의 공정성을 보다 명확하게 인식할 수 있기 때문에 세대 간 형평성에 대한 논란이 불거질 수 있다.

세대 간 공정성을 강조하는 이들은 공적연금제도의 정당성을 확보하기 위해 세대 간 기여(부담)와 급여의 공정한 분배를 유지하는 것이 필수적이라고 주장한다(Vanhuysse, 2013). 고령화에 따른 공적연금제도의 세대 간 정의 문제를 제기하는 연구자들은 생애 전체 기여와 급여를 비교할 때, 노인 세대는 승자인 반면 청년 세대는 패자가 된다고 주장한다(Vanhuysse, 2013). 청년 세대를 비롯한 근로 세대의 부담을 가중하는 공적연금은 장기적으로 지지 기반이 취약해질 수밖에 없는 구조를 갖는다. 결국 청년 세대가 노인 세대와의 연대를 추구할 동기가 약화되는 상황이다.

기존 연구에 따르면 노인이 사회적 기여를 많이 한다고 인식할수록 노인 세대에 대해 긍정적인 인식을 하는 것으로 나타났다(OECD, 2011). 노인 세대는 은퇴 전에 가족 돌봄, 경제활동 등을 통해 자녀 세대를 양육하고, 사회적·경제적 발전에 기여했다. 노인들이 은퇴한 후에도 지역사회 봉사 활동 등 사회 기여와 노동시장 참여가 활발한 국가일수록 노인에 대한 사회적 인식이 긍정적인 것으로 나타났다(OECD, 2011). 세대 간 실질적인 자원 이전의 양상뿐만 아니라, 각 세대가 다른 세대의 기여와 보상에 대해 어떻게 인식하는지, 다른 세대와의 형평성에 대해 어떠한 인식을 하는지도 세대 간 연대 의식에 영향을 미칠 수 있다.

한편 세대 간 형평성, 공정성, 연대성과 같은 용어는 복지국가의 유형에 따라 상이한 활용 패턴을 보인다(Mau and Wrobel, 2009). 스웨덴과 같은 사민주의 복지국가에 비해, 독일과 같은 사회보험 기반의 보수주의 복지국가에서 형평성equity 또는 공정성fairness 문제가 더욱 활발히 논의되고 있다. 이 국가들에서는 시민들의 사회보장에서 공적연금제도가 차지하는 비중이 매우 크기 때문에 개인의 기여와 급여 구조의 형평성, 공정성 문제는 즉각적으로 여론의 관심을 끌 수 있다. 또한 비록 세대 간 연대에 기반을 두고 있지만, 연금제도에서는 생애 전반에 걸친 기여와 급여가 중시되고, 세대 간, 계층 간 기여와 급여의 형평성이 중요한 문제로 제기된다(Mau and Wrobel, 2009). 그 결과 연대성과 관련된 논의는 상대적으로 적은 빈도를 보인다. 반면 스웨덴 등 스칸디나비아 복지국가에서는 연대라는 용어가 더 많이 활용되고 있다. 독일의 직업별 분절에 따른 직종별 연금제도와는 달리, 조세 수입에 기반을 둔 기여는 계층 간 연대의 기반을 넓히는 기능을 수행하기 때문이다(Baldwin, 1989).

세대 간 연대 의식의 구성

유럽연합 집행위원회(European Commission, 2009)에서는 세대 간 연대 의식을 '세대 갈등과 협력에 관한 인식', '노인복지정책에 관한 인식', '세대 간 기여에 관한 인식' 등 세 가지 하위 영역으로 구분했다. 먼저 '세대 갈등과 협력 인식'은 세대 간 갈등과 협력의 수준이 어떠한지를 주로 정치적·경제적 영역에서 탐색한다. 선거에서 청년층 의견 반영의 전망, 정년 연장으로 인한 청년층 일자리 감소에 관한 인식 등을 포함한다. '노인복지정책에 관한 인식'에서는 주로 세대 간 이전이 이루어지는 공적연금을 비롯한 노인복지정책에 관한 인식을 다룬다. 마지막 '세대 간 기여에 관한 인식'은 노인들의 사회적·경제적 기여에 대한 인식이 어떠한지, 노인들이 지역사회 봉사, 가정에서의 돌봄, 경제 발전에 기여한 정도에 대한 인식이 어떠한지를 포함한다.

8~10장에서는 국가 간 비교 연구를 통해 유럽 국가와 비교하여 한국의 세대 갈등의 수준이 어떠한지, 세대 간 연대 수준이 높은 국가들은 어떠한 특성을 보이는지를 규명할 것이다.

책의 구성

이 책의 구성은 다음과 같다. 2장 '세대별 인식의 스케치'에서는 개인의 가치관, 정치, 경제, 복지 등 다양한 영역에서 각 세대가 어떠한 특성을 보이는지를 살펴보았다. 각 세대별로 삶의 가치관, 자신이 속한 세대 및 다른 세대에 대한 인식, 정치적·경제적 쟁점, 사회 불평등, 정부의 사회복지 책임 및 복지정책에 관한 인식이 어떠한지를 탐색했다.

3장 '정치적 세대 갈등'에서는 세대 정치에 초점을 맞추었다. 정치적 성향, 정치 현안에 대한 인식, 정치 효능감, 선호 정당, 역대 대통령에 대한 평가, 후보 지지도 등 다양한 질문을 통해 세대별 정치적 인식에 차이가 있는지를 탐색했다. 또한 세대 간 정치적 결집력에 차이가 있는지, 정치적으로 결집된 의견을 지닌 세대는 누구인지를 규명했다.

4장 '경제적 자원 배분과 세대 갈등'에서는 경제 영역에서 세대 갈등이 발생할 수 있는 가능성을 조명했다. 청년층과 고령층에 초점을 맞추어, 세대 간 일자리, 소득, 자산, 부채 등 경제적 자원과 부담의 세대별 분포가 어떠한지, 어떻게 변화했는지를 탐색했다. 이러한 세대 간 경제적 자원의 상이한 분포가 경제적 세대 갈등에 미칠 영향을 전망했다.

5장 '세대 간 연대 의식의 기반'에서는 한국 사회의 세대 간 연대 의식의 구조와 양상이 어떠한지 살펴보았다. 또한 세대 간 연대 의식이 효 의식 등 한국 사회에 고유한 가족주의를 바탕으로 하는지, 아니면 폭넓은 사회적 신뢰 의식과 관련 있는지를 밝혔다.

6장 '대학생의 세대 연대 의식'에서는 대학생을 대상으로 노인 세대에 대한 인식이 어떠한지, 어떠한 요인이 대학생의 노인 세대 인식과 관련을 맺는지를 분석했다. 정치적·경제적 자원 배분을 둘러싼 노인 세대와의 대립 가능성, 노인의 기여, 노인복지에 대한 정부의 역할과 재정 문제에 관해 대학생들은 어떻게 인식하는지를 탐색했다. 또한 대학생의 노인 세대에 대한 인식의 차이를 빚어내는 요인이 무엇인지를 밝히고자 시도했다.

7장 '기혼 여성의 부모, 시부모와의 세대 관계'에서는 분석 수준을 달리하여 미시적 세대 관계를 다루었다. 성인 자녀와 노인 부모와의 관계를 기혼 여성의 시각에서 살펴보았다. 기혼 여성의 관점에서 부모와 시부모의 거주 형태에 영향을 미치는 요인, 부모와 시부모에 대한 경제적 지원에 영향을 미치는 요인을 밝혔다. 기혼 여성의 가족 가치관, 경제적 상황, 가족 관계 등 다양한 요인이 부모와 시부모의 거주 형태와 이들에 대한 경제적 지원에 어떤 영향을 미치는지를 분석했다.

8장 '세대 간 연대와 갈등의 국제 비교'에서는 국가 간 비교를 통해 한국 사회의 세대 간 연대와 갈등의 양상과 수준이 어떠한지를 탐색했다. 유럽연합 집행위원회가 유럽연합 25개 국가를 대상으로 실시한 세대 간 연대에 관한 설문 조사 결과(European Commission, 2009)와 한림대학교 세대공생연구팀(이하 세대공생연구팀)이 수행한 2013년 설문 조사를 결합하여, 세대 간 연대와 갈등에 관한 비교 연구를 수행했다. 유럽 국가에 비해 한국 사회의 세대 간 연대 의식의 양상은 어떠한지, 세대 간 갈등과 차이가 심각한 영역과 세대 간 협력과 공감대가 높은 영역은 무엇인지를 탐색했다. 또한 높은 수준의 세대 간 연대를 보이는 국가와 그렇지 않은 국가 간의 차이점은 무엇인지를 개략적으로 살펴보았다.

9장 '세대 갈등의 국가 간 차이'에서는 세대 갈등 수준이 높은 국가와 낮은 국가 간에는 어떠한 특성에서 차이를 보이는지, 국가 간 차이를 빚어내는 요인을 탐색했다. OECD 통계자료를 이용하여 인구 특성, 정부 지출의 구성, 노동시장 지표 등 개별 국가의 구조적 요인이 세대 갈등과 어떠한 관련성을 맺는지를 밝히고자 했다.

10장 '노동시장, 복지 개혁과 세대 갈등'에서는 스웨덴, 네덜란드, 덴마크, 독일의 노동시장과 노동복지정책에 관한 사례 연구를 수행했다. 낮은 수준의 세대 갈등을 유지하는 국가에서는 어떠한 노동시장정책을 통해 세대 간 연대 의식을 증진시켜왔는지를 밝히고자 했다. 노동시장정책에 대한 분석을 통해 세대 갈등이 촉발되는 핵심 영역인 청년층의 일자리 문제를 각국이 어떻게 해결했는지를 탐색했다. 특히 스웨덴, 네덜란드, 덴마크가 유연안정화flexicurity정책을 추진해올 수 있었던 정치적·경제적 맥락을 집중적으로 탐색했다.

11장 '세대 갈등의 전망과 해법'은 이 책의 결론으로서 한국 사회의 세대 간 연대와 갈등의 양상은 어떻게 전개될 것인지를 전망했다. 세대 간 연대를 강화하기 위한 방안은 무엇인지를 제안했다. 구조적 문제에 대한 해법을 모색하기보다 주로 세대 간 연대와 통합을 증진하기 위한 다양한 수준의 세대통합정책과 프로그램을 제안했다.

02 세대별 인식의 스케치

삶의 가치관, 정치·경제·사회 쟁점 인식

세대별 인식과 특성 탐색

이 장에서는 세대 갈등의 실상을 규명하기 위해 각 연령대별로 세대를 구분하고, 이들이 갖고 있는 인식과 세대 특성을 스케치할 것이다. 개인의 가치관을 비롯하여 정치, 경제, 사회, 복지 등의 거시적 영역에서 세대별 인식을 살펴볼 것이다. 분석을 위해 세대공생연구팀이 2014년 1~3월에 19세 이상 성인을 대상으로 조사한 자료를 활용했다(세대공생연구팀, 2014). 설문지는 연구윤리위원회의 심의를 거쳤으며, 한국리서치에 의뢰하여 조사를 수행했다. 표본 추출은 통계청 인구분포에 따라 지역별, 연령별, 성별로 층화표집을 했으며, 19세 이상 성인 1214명을 조사했다. 세대별로 가치관, 주요 사회적 쟁점, 복지에 대한 태도 등에서 어떠한 인식을 하는지를 탐색했다(세대공생연구팀, 2014).

세대별 가치관

먼저 응답자가 갖고 있는 가치관은 어떠한지, 연령집단에 따라 가치관에 차이가 있는지를 살펴보았다. 개인의 가치관에 대한 의견은 12개 문항으로 구성했다. 〈표 2-1〉은 각 의견에 '동의', '매우 동의'하는 비율을 합산해 나타낸 것이다.

'새로운 아이디어를 생각하고 창의적인 방식으로 행동하는 것이 중요하다'는 의견에 동의하는 비율은 66%로 나타났으며, 연령이 낮을수록 동의하는 비율이 높았다. 창의적이고 혁신적인 생각과 행동을 모색하는 청년세대의 특성이 반영된 결과이다.

'돈을 많이 벌어 부유하게 사는 것이 중요하다'는 의견에 대해서는 70%가 동의했다. 연령이 낮을수록 동의 비율이 높았지만, 통계적으로 유의미한 차이는 없었다.

'안전한 환경에서 살며 위험을 피하는 것이 중요하다'는 의견에 대해서는 84%가 동의했으며, 연령대별 응답에서는 차이가 없었다. 이는 안전에 대한 모든 세대의 기본적인 욕구를 반영하는 것이다.

'좋은 사회를 만들기 위해 노력하는 것이 중요하다'는 의견에 대해 80%가 동의하는 입장을 보였다. 유의미한 차이는 아니지만, 20대가 가장 낮은 동의 비율을 보였다. 이는 취업난에 시달리면서 집합행동보다는 개인적인 해법을 모색할 수밖에 없는 20대의 모습을 반영하는 것이다(류재성, 2013).

'여가를 즐기며 재미난 삶을 사는 것이 중요하다'는 질문에 대해서는 전 세대의 82%가 동의했다. 경제가 성장하고 삶의 질이 향상되면서 여가 생활의 중요성에 대한 인식도 증가한 것이다. 특히 20대의 경우 이 의견에 90%가 동의했는데, 이는 개인적인 여가와 재미를 추구하는 20대의 특성을 보여준다.

표 2-1 | 연령대별 가치관(동의 비율) (단위: %)

구분	20대	30대	40대	50대	60대	70대 이상	전체	χ^2
새로운 아이디어를 생각하고 창의적인 방식으로 행동하는 것이 중요하다	72.4	72.6	68.9	64.2	60.2	47.5	65.9	33.2**
돈을 많이 벌어 부유하게 사는 것이 중요하다	73.3	71.3	71.6	68.6	65.4	67.4	70.1	3.6
안전한 환경에서 살며 위험을 피하는 것이 중요하다	83.9	83.5	86.0	80.3	82.7	85.8	83.7	3.4
좋은 사회를 만들기 위해 노력하는 것이 중요하다	76.5	77.6	82.1	80.8	86.5	78.0	80.0	7.1
여가를 즐기며 재미난 삶을 사는 것이 중요하다	90.3	85.7	78.6	80.3	78.2	75.9	82.0	19.7**
크게 성공하여 인정받는 것이 중요하다	71.0	65.4	65.8	63.8	62.4	63.1	65.6	4.1
모험과 위험에 도전하며 흥미진진한 인생을 사는 것이 중요하다	58.1	46.8	41.2	39.3	43.6	34.8	44.5	25.8**
바르게 행동하며 비난받지 않는 삶을 사는 것이 중요하다	76.0	81.0	82.5	83.4	88.0	82.3	81.8	8.8
자연환경을 돌보는 것이 중요하다	73.7	70.5	80.2	77.7	78.2	74.5	75.8	7.9
전통을 따르는 것이 중요하다	33.2	38.8	54.9	63.8	68.4	76.6	53.5	108.6**
내 삶에 종교는 중요하다	30.0	27.4	31.5	36.7	48.1	46.8	35.0	28.8**
법과 권위를 준수하는 것이 개인의 자유보다 우선한다	36.9	43.0	47.1	48.9	54.1	49.6	45.9	13.3*
사례 수(n)	217	237	257	229	133	141	1,214	

주: '동의', '매우 동의'하는 비율을 합산한 것임(*p<.05 **p<.01).
출처: 세대공생연구팀(2014).

'크게 성공하여 인정받는 것이 중요하다'는 질문에 대해서는 전체의 약 66%가 동의했다. 유의미한 차이는 아니지만, 20대가 가장 많이 동의한 반면, 60대가 가장 적게 동의했다. 20대의 성공과 인정에 대한 욕구가 상대적으로 높은 것은 이들이 도전 정신과 야심이 강하고, 자신의 성공에 높은 가치를 부여하는 개인주의적 태도를 갖고 있기 때문인 것으로 보인다.

'모험과 위험에 도전하며 흥미진진한 인생을 사는 것이 중요하다'는 질문에 대해서는 전체의 45%가 동의했다. 20대의 경우 절반 이상이 동의한 반면, 70대 이상에서는 35% 정도만이 동의했다.

'바르게 행동하며 비난받지 않는 삶을 사는 것이 중요하다'는 질문에 동의한 비율은 전체의 약 82%였다. 이 질문은 규범적으로 바람직한 상태를 묻는 질문이기 때문에 높은 동의 비율이 나타난 것으로 보인다. 연령이 높을수록 동의하는 비율이 높았지만, 통계적으로 유의미한 차이는 없었다.

'자연환경을 돌보는 것이 중요하다'는 질문에 대해서는 전체의 76%가 동의했으며, 연령대별 응답에서는 차이가 없었다.

'전통을 따르는 것이 중요하다'는 의견에 대해서는 전체의 54%가 동의했으며, 연령이 높을수록 동의 비율이 높았다. 20대의 경우 33%가 동의한 반면, 70대 이상 응답자는 두 배 이상인 77%가 동의했다. 연령이 높을수록 전통을 중시하는 보수적인 성향을 갖는 것을 확인할 수 있다.

'내 삶에 종교는 중요하다'는 의견에 대해서는 전체의 35%가 동의했으며, 연령이 높을수록 동의하는 비율도 높았다. 앞서 전통적인 태도와 유사한 결과이다.

마지막으로 '법과 권위를 준수하는 것이 개인의 자유보다 우선한다'는 질문에 대해서는 전 세대의 46%가 동의했으며, 연령이 높을수록 동의하는 비율이 높았다. 청년 세대일수록 기존의 법과 권위보다는 개인의 자유를 중시하는 태도를 보였다.

그림 2-1 | 연령대별 가치관 유형의 요인 점수 (단위: 점)

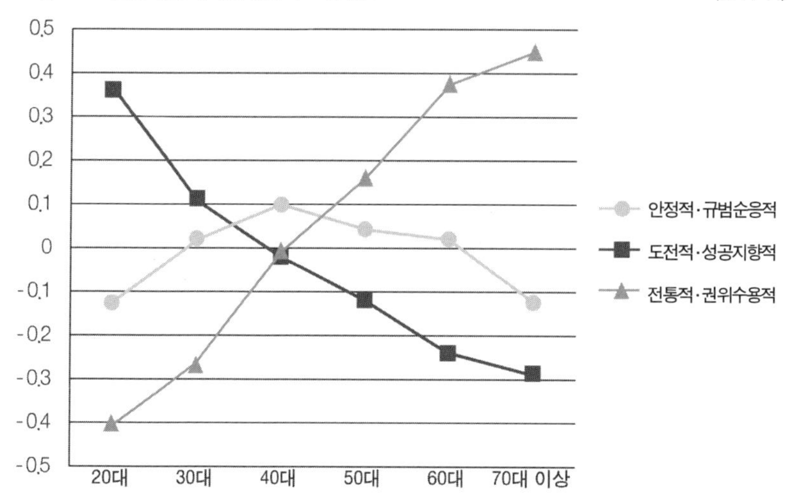

각 세대가 갖고 있는 다양한 가치관과 태도는 몇 가지 유형으로 구분할 수 있다. 가치관 항목에 대한 요인분석을 수행한 결과, 12개 항목은 세 가지 요인으로 분류되었다. 자세한 요인분석 결과는 〈부록〉에 제시했다. 세 가지 요인은 각각 '안정적·규범순응적', '도전적·성공지향적', '전통적·권위수용적' 유형으로 이름 붙였다. 〈그림 2-1〉은 연령대별 세 가지 요인의 요인 점수를 나타낸 것이다.

전반적으로 청년 세대일수록 개인적 성공과 모험을 중시하는 '도전적·성공지향적' 태도가 높게 나타났다. 노인 세대일수록 전통, 종교, 법과 권위 준수를 강조하는 '전통적·권위수용적' 태도를 보였다. 한편 '안정적·규범순응적' 태도는 모든 세대에 걸쳐서 고르게 나타났다.

표 2-2 | 삶의 만족도(평균 점수) (단위: 점)

구분	20대	30대	40대	50대	60대	70대 이상	전체	F
전반적으로 나의 인생은 내가 이상적으로 여기는 모습에 가깝다	4.2	4.1	4.0	4.2	4.1	4.0	4.1	0.9
내 삶의 조건들은 매우 좋다	4.4	4.3	4.1	4.3	4.1	4.1	4.2	2.0
나는 나의 삶에 만족한다	4.7	4.7	4.4	4.5	4.4	4.4	4.5	2.2
지금까지 나는 내 인생에서 원하는 중요한 것들을 이루어냈다	4.1	4.2	4.0	4.1	4.1	4.0	4.1	0.7
다시 태어난다 해도 나는 지금처럼 살아갈 것이다	3.8	3.4	3.4	3.6	3.5	3.7	3.6	1.7

주: '동의', '매우 동의'하는 비율을 합산한 것임(*p〈.05 **p〈.01).
출처: 세대공생연구팀(2014).

세대별 삶의 만족도

자신의 삶에 대한 만족도를 7점 척도로 이루어진 다섯 개 문항으로 조사했다. 각 문항에 동의할수록 높은 점수를 부여했다. 〈표 2-2〉는 각 문항에 대한 연령대별 평균 점수를 나타낸 것이다. '전반적으로 나의 인생은 내가 이상적으로 여기는 모습에 가깝다'는 의견에 대해서는 평균 4.1점으로 대체로 긍정적으로 평가했다. 연령대별 응답에서는 차이가 없었다. '내 삶의 조건들은 매우 좋다'는 의견에 대해서 응답자 평균은 4.2점이었으며, 연령대별로 차이는 없었다. '나는 나의 삶에 만족한다'는 의견에 대해서는 평균 4.5점으로 비교적 긍정적인 편이었으며 연령대별 응답 차이는 없었다.

'지금까지 나는 내 인생에서 원하는 중요한 것들을 이루어냈다'는 의견에 대해서는 응답자 평균 4.1점으로 연령대별 차이는 거의 없었다. '다시 태어난다 해도 나는 지금처럼 살아갈 것이다'라는 마지막 문항에 대해서는 평균 3.6점으로 동의하는 경향이 가장 낮았으며 연령대별로 차이는 없었다. 연령대별로 통계적으로 유의미한 차이는 없었지만, 20, 30대의 경우, 60대 이상에 비해 자신의 삶에 대해서 상대적으로 긍정적이고 만족스러운 태도를 보였다.

세대 간 상호 인식

세대 상호 간의 인식은 어떠한가? 2030세대, 4050세대, 60대 이상 등 크게 세 가지로 세대를 구분하고, 응답자들에게 각 세대에 대해 '불만이 있다', '책임감이 없다', '대한민국 발전에 기여했다', '이기적이다' 등 네 가지 문항을 질문했다. 〈표 2-3〉은 각 질문에 '동의', '매우 동의'하는 비율을 합산하여 나타낸 것이다.

전반적으로 2030세대에 대해 긍정적으로 평가하는 비율은 낮은 반면, 40대 이상 기성세대에 대해서는 긍정적으로 평가했다. 세대 간 인식의 차이는 2030세대에 대한 평가에서 두드러지게 나타났다. 연령대가 높을수록 2030세대에 대해 부정적으로 평가하는 경향이 나타난 반면, 4050세대, 60대 이상 세대에 대한 평가에서는 연령대별로 차이가 없었다.

응답자들은 한국 사회 발전에 대한 40대 이상 기성세대의 기여에 대해 긍정적으로 평가했다. 4050세대, 60대 이상 세대가 대한민국 발전에 기여했다는 진술에 대해 긍정적으로 응답한 비율은 70%에 달하는 반면, 2030세대가 대한민국 발전에 기여했다고 응답한 비율은 30%에 못 미치는 것으로 나타났다. 경제활동에 참여할 기회가 부족한 2030세대에 비해 40대 이

표 2-3 | 세대 간 상호 인식(동의 비율) (단위: %)

구분	20대	30대	40대	50대	60대	70대 이상	전체	χ^2
2030세대는 대한민국 발전에 기여했다	34.6	32.1	24.5	25.8	27.1	27.0	28.6	8.5
4050세대는 대한민국 발전에 기여했다	75.6	68.4	68.9	71.6	72.9	65.3	70.5	5.9
60대 이상 세대는 대한민국 발전에 기여했다	69.1	68.8	70.8	74.2	81.2	73.1	72.2	8.5
2030세대는 이기적이다	25.8	40.1	46.3	53.3	56.4	48.2	44.1	48.5**
4050세대는 이기적이다	13.8	16.0	11.3	11.4	16.5	14.2	13.6	4.4
60대 이상 세대는 이기적이다	13.8	18.1	15.2	10.0	9.8	11.4	13.5	9.5
2030세대에 불만이다	9.2	13.9	18.3	26.2	27.8	27.0	19.4	37.1**
4050세대에 불만이다	10.6	13.1	10.5	10.0	10.5	9.2	10.8	1.8
60대 이상 세대에 불만이다	11.1	11.8	9.0	9.6	10.5	6.4	9.9	3.6
2030세대는 책임감이 없다	9.7	21.5	30.7	34.1	39.9	39.0	27.8	64.2**
4050세대는 책임감이 없다	4.2	8.9	6.6	8.3	10.5	12.8	8.1	10.7
60대 이상 세대는 책임감이 없다	10.6	8.4	9.7	6.6	10.5	14.9	9.7	7.7

주: '동의', '매우 동의'하는 비율을 합산한 것임(*p<.05 **p<.01).
출처: 세대공생연구팀(2014).

상 기성세대의 경우 경제활동, 결혼, 출산, 자녀 양육 등을 통해 장기간 한국 사회에 기여했다는 점이 긍정적으로 작용한 것으로 보인다.

2030세대가 이기적이라고 인식하는 비율은 전체의 44%에 달한 반면, 4050세대와 60대 이상 세대가 이기적이라고 인식하는 비율은 전체의 14% 정도였다. 2030세대에 대해 불만을 나타낸 비율은 전체의 19%인 반면, 4050세대, 60대 이상 세대에 대해 불만을 나타낸 비율은 각각 11%, 10%에 그쳤다. 연령대가 높을수록 2030세대에 대해 불만을 가지며, 2030세대는 책임감이 없고, 이기적이라고 응답한 비율 또한 높게 나타났다. 특히 50, 60대의 경우 2030세대가 이기적이라고 응답한 비율이 50%를 넘는 것으로 나타났다. 연령대가 높을수록 2030세대에 대해 부정적으로 인식하는 것으로 나타났다. 이는 연령 차이가 클수록 경험을 공유하고 소통할 기회가 부족하기 때문이다.

20, 30대의 경우 자신이 속한 2030세대가 이기적이라고 응답한 비율은 각각 26%, 40%로 나타났다. 이들이 40대 이상 기성세대를 이기적이라고 응답한 비율에 비해 높은 수준이다. 이러한 결과는 2030세대가 취업 전쟁에서 생존해야 하는 상황에서 집합행동보다는 개인주의적 선택을 하는 상황과 관련이 있다. 2030세대는 취업 경쟁에서 이른바 '스펙 쌓기'를 위한 개인주의적 선택을 하고, 이는 2030세대 자신에게도 이기적인 행동으로 비춰질 수 있기 때문이다. 한편 40대 이상 기성세대를 이기적이라고 응답한 비율이 낮은 이유는 자신의 부모, 조부모 세대를 떠올리고, 이들이 수행한 가족의 생계유지 노력, 자녀 양육을 위한 헌신과 노력을 긍정적으로 평가하고 있기 때문이다. 또한 한국 사회의 강한 효 의식으로 인해 부모와 조부모 세대에 대해 순응적인 태도를 보이기 때문일 수도 있다.

정치·경제·사회 쟁점에 관한 인식

정치, 경제 등 한국 사회의 여러 분야별 쟁점에 관한 의견을 일곱 문항으로 구성했다. 10점 척도로 두 가지 입장의 양극단에 각각 1점, 10점을 배정했다. 〈표 2-4〉는 각 문항에 대한 연령대별 평균 점수를 나타낸 것이다.

소득분배와 관련된 쟁점에서 응답자 평균은 6.6점으로 '노력하는 만큼

표 2-4 | 한국 사회의 정치·경제·사회 쟁점에 대한 의견 (단위: 점)

구분	20대	30대	40대	50대	60대	70대 이상	전체	F
소득분배가 더 공평해져야 한다 (1) 노력하는 만큼 소득에 차이가 나야한다 (10)	6.7	6.7	6.4	6.8	6.3	6.5	6.6	1.3
사기업 비율이 확대되어야 한다 (1) 공기업 비율이 확대되어야 한다 (10)	5.9	5.5	5.4	5.4	5.3	5.5	5.5	2.8*
정부가 복지에 더 책임을 져야 한다 (1) 생계는 자신이 책임져야 한다 (10)	5.2	5.4	5.5	5.8	5.6	5.1	5.5	2.5*
경쟁은 사회 발전에 도움이 된다 (1) 경쟁은 사회 발전에 도움이 되지 않는다 (10)	4.4	4.4	4.3	4.4	4.4	4.4	4.4	0.1
열심히 일하면 성공할 수 있다 (1) 열심히 일해도 성공하기는 어렵다 (10)	5.1	5.2	5.2	4.9	4.9	4.6	5.0	1.8
복지가 경제성장보다 중요하다 (1) 경제성장이 복지보다 중요하다 (10)	5.7	5.9	5.8	6.4	6.1	5.7	5.9	3.3**
북한과의 평화 협력이 중요하다 (1) 북한과의 평화 협력보다 굳건한 안보가 중요하다 (10)	6.0	6.1	5.7	6.3	5.9	5.9	6.0	1.6

주: '동의', '매우 동의'하는 비율을 합산한 것임(*$p<.05$ **$p<.01$).
출처: 세대공생연구팀(2014).

소득에 차이가 나야 한다'는 의견이 '소득분배가 더 공평해져야 한다'는 의견보다 많았다. 연령대별로 응답에 차이는 없었다.

공기업과 사기업의 확대에 대한 쟁점에서 평균은 5.5점으로 '사기업 비율이 확대되어야 한다'는 의견과 '공기업 비율이 확대되어야 한다'는 의견이 팽팽하게 맞섰다. 연령이 낮을수록 '공기업 비율이 확대되어야 한다'는 의견을 지지했다. 이는 연령이 낮을수록 정부의 역할과 책임을 강조하는 진보적인 입장을 취하기 때문이다.

정부의 복지 책임과 관련하여 응답자 평균은 5.5점으로 '정부가 복지에 더 책임을 져야한다'는 의견과 '생계는 자신이 책임져야 한다'는 의견이 거의 유사하게 나타났다. 연령대별로 응답에 차이가 나타났는데, 20대와 70대 이상의 경우 '정부가 복지에 더 책임을 져야한다'는 의견에 더 동의하는 반면, 50대와 60대는 '생계는 자신이 책임져야 한다'는 의견을 지지했다. 20대 청년 세대와 70대 이상 노인 세대의 경우, 경제활동에 참여하지 않는 비율이 높고, 70대 이상 노인은 복지정책의 주요 수혜자 집단이기 때문에 정부의 복지 책임을 강조하는 것으로 보인다.

경쟁의 사회적 효용과 관련하여 응답자 평균은 4.4점으로 '경쟁은 사회 발전에 도움이 된다'는 의견이 '경쟁은 사회 발전에 도움이 되지 않는다'는 의견에 비해 많았다. 연령대별 응답에서는 차이가 없었다.

노력에 따른 성공과 관련한 쟁점에서 응답자 평균은 5.0점으로 '열심히 일하면 성공하게 된다'는 의견에 상대적으로 더 동의했다. 연령대별 응답에서는 차이가 없었다.

경제성장과 복지에 관한 의견에서 응답자 평균은 5.9점으로 '경제성장이 복지보다 중요하다'는 의견을 상대적으로 더 지지했다. 50, 60대가 경제성장이 더 중요하다는 입장에 상대적으로 더 높은 지지를 보였으며, 20대와 70대 이상은 지지하는 정도가 낮았다. 이는 앞서 정부의 복지 책임에 대한 의견과 유사한 결과이다.

마지막으로 북한과 관련한 쟁점에서는 응답자 평균이 6.0점으로 '북한과의 평화 협력보다 굳건한 안보가 중요하다'는 의견에 상대적으로 더 동의했다. 연령대별 응답에서는 차이가 없었다.

진보 성향 40대의 세대 효과

다음 장에서 자세히 살펴보겠지만, 일부 질문에서 40대의 세대 효과 cohort effect가 나타났다. '소득분배' 문제와 '북한과의 평화 협력' 문제에서 40대는 2030세대에 비해 더 진보적인 입장을 보이고 있다. 연령이 증가할수록 보수적인 입장을 취하는 연령 효과와는 달리, 40대는 2030세대에 비해 소득분배의 공평성, 북한과의 평화 협력을 더욱 강조하는 입장을 갖고 있다. 이러한 40대의 진보적인 성향이 진보적 성향을 지닌 특정 집단에 국한된 것인지, 중도적 또는 보수적 정치 성향을 지닌 집단에도 공유되는 것인지를 좀 더 살펴볼 필요가 있다.[1]

아래에서는 일곱 가지 쟁점에 대한 의견에서 연령집단별 태도를 정치 성향에 따라 구분하여 살펴보았다. 분석 결과, '소득분배', '정부의 복지 책임', '북한과의 평화 협력' 사안에서 40대 진보 성향 응답자는 다른 연령대의 진보 성향 응답자에 비해 더 급진적인 태도를 보였다. 〈그림 2-2〉에서 보듯이 보수 성향 응답자의 경우 소득분배에 대한 인식에서 연령대별로 차이가 없었다. 반면 진보 성향 응답자의 경우 소득분배가 더 공평해져야 한다는 의견에 대해 40대가 가장 높은 동의 비율을 보였다.

이와 마찬가지로 〈그림 2-3〉에서 생계유지의 책임과 관련하여, 진보 성향 응답자는 상대적으로 정부의 책임을 강조하고 있다. 40대 진보 성향 응답자의 경우, 정부의 복지 책임에 찬성하는 비율이 가장 높았다. 386세대에 속한 40대의 코호트 효과가 주로 진보 성향 응답자에게서 발견됨을 알 수 있다.

---

1 정치적 성향은 11점 척도(0~10)를 이용하여 응답자가 기입하는 방식으로 측정했다. 보수(0~4), 중도(5), 진보(6~10)로 세 집단을 구분했다.

그림 2-2 | '소득분배가 더 공평해져야 한다(1)' 대 '노력만큼 소득에 차이가 나야 한다(10)' (단위: 점)

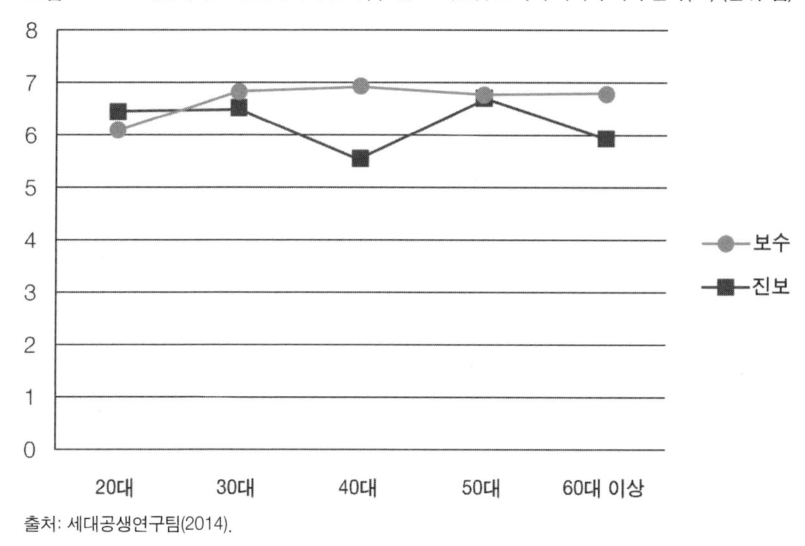

출처: 세대공생연구팀(2014).

그림 2-3 | '정부가 복지에 더 책임을 져야 한다(1)' 대 '생계는 자신이 책임져야 한다(10)' (단위: 점)

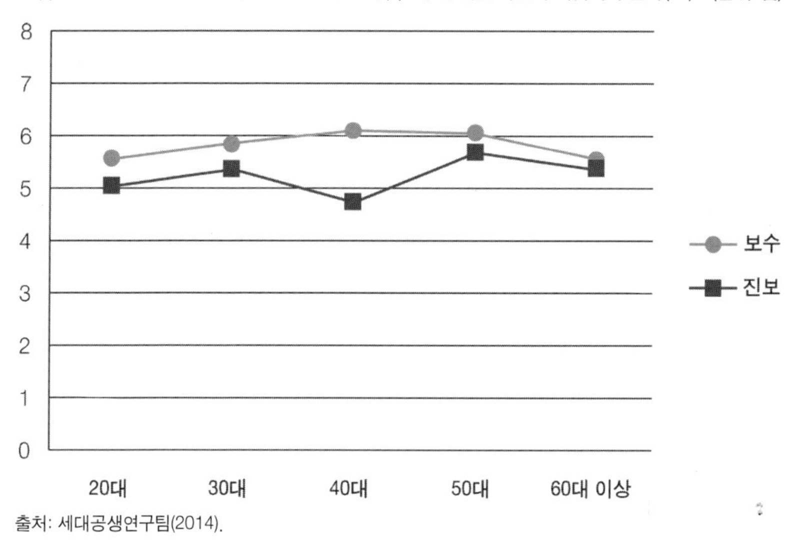

출처: 세대공생연구팀(2014).

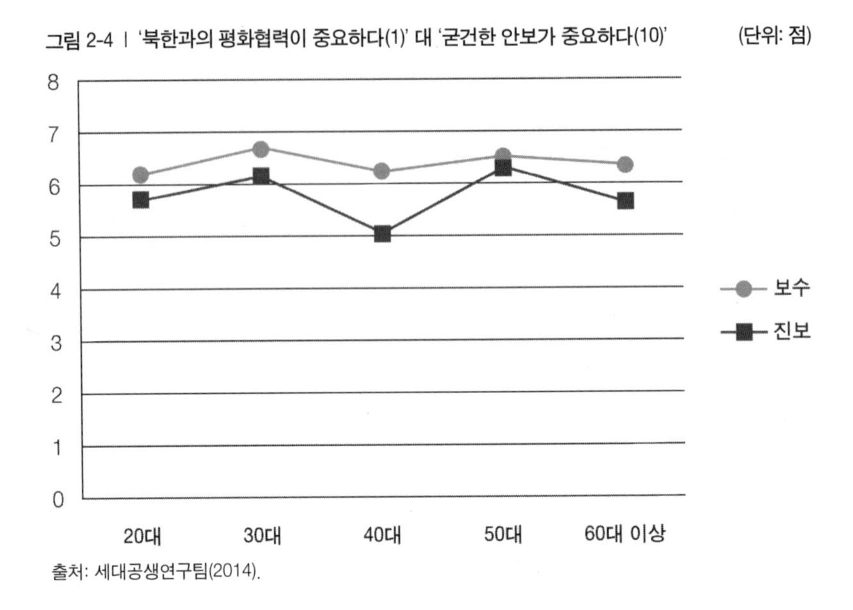

그림 2-4 | '북한과의 평화협력이 중요하다(1)' 대 '굳건한 안보가 중요하다(10)' (단위: 점)

출처: 세대공생연구팀(2014).

〈그림 2-4〉는 북한과의 평화 협력에 관한 태도를 나타낸다. 보수 성향 응답자가 진보 성향 응답자에 비해 상대적으로 안보를 중시하는 입장을 보였다. 40대의 경우 북한과의 평화 협력을 다른 세대에 비해 강조하는 입장을 보이고 있다. 특히 40대 진보 성향 응답자의 경우, 북한과의 평화 협력을 다른 연령대 진보 성향 응답자에 비해 더욱 강조하고 있다. 40대가 청년 시절을 보낸 1980년대 후반에는 북한과의 평화 협력과 통일을 강조하는 학생운동이 활발하게 전개되었다. 이러한 영향이 북한과의 평화 협력을 긍정적으로 바라보는 태도를 형성하는 데 영향을 미쳤을 가능성이 있다. 결론적으로 40대의 세대 효과는 진보 성향 응답자에게 주로 발견된다.

표 2-5 | 한국 사회의 집단 간 불평등에 관한 인식(동의 비율) (단위: %)

구분	20대	30대	40대	50대	60대	70대 이상	전체	χ^2
기성세대와 젊은 세대 간에 불평등이 존재한다	27.2	29.5	33.9	35.4	28.6	34.0	31.6	5.5
수도권과 지방 간에 불평등이 존재한다	49.3	48.5	48.6	47.2	44.4	33.3	46.2	11.6*
남성와 여성 간에 불평등이 존재한다	33.2	33.3	35.8	31.9	27.1	24.1	31.8	7.6
고학력와 저학력 간에 불평등이 존재한다	72.4	63.3	66.5	65.1	61.7	55.3	64.8	12.1*
정규직과 비정규직 간에 불평등이 존재한다	82.0	78.5	80.2	76.4	69.2	68.8	76.9	14.8*

주: '동의', '매우 동의'하는 비율을 합산한 것임(*p〈.05 **p〈.01).
출처: 세대공생연구팀(2014).

한국 사회의 불평등에 관한 인식

한국 사회의 집단 간 불평등 또는 격차에 대한 인식을 연령, 지역, 성, 학력, 고용형태 등 다섯 가지 영역별로 살펴보았다. 〈표 2-5〉는 각 영역별로 해당 범주의 속성을 가진 집단 간에 급여 등의 보상에서 불평등한 처우가 발생하는지에 대한 인식을 나타낸 것이다. 표에 나타난 비율은 '불평등하다', '매우 불평등하다'라고 응답한 비율을 합산한 것이다.

조사한 다섯 가지 영역 중에서 정규직과 비정규직 간에 불평등이 존재한다는 응답이 77%로 가장 높았다. 다음으로는 고학력과 저학력, 수도권과 비수도권 순으로 불평등이 존재한다고 인식했다. 세대 간 불평등, 성별에 따른 불평등은 가장 낮은 수준을 보였다. 성별에 따른 보상 격차가 점차 감소하는 데 비해, 정규직과 비정규직 등 고용형태에 따른 임금격차와 승진 기회의 차별이 심화되는 현실을 반영하는 것이다.

연령대별로 인식의 차이를 보인 영역은 지역, 학력, 고용형태였다. 연령이 낮을수록 수도권과 지방, 고학력과 저학력, 정규직과 비정규직 간의 불평등 정도를 상대적으로 높게 인식했다. 이는 연령이 낮을수록 사회 현실에 대해 비판적이고 진보적인 태도를 지니기 때문이다. 한편 불평등에 대한 인식에서도 40대의 세대 효과가 일부 발견된다. 수도권과 지방, 남과 여, 고학력과 저학력, 정규직과 비정규직 등의 영역에서 불평등하다고 인식하는 정도는 20대가 가장 높지만, 20대 다음으로 불평등을 강하게 인식하고 있는 집단은 40대였다.

정부의 사회복지 책임에 대한 인식

사회복지에 대한 정부의 책임에 관한 인식을 '노인의 생활 보장' 등 다섯 개 영역에서 조사했다. 〈표 2-6〉은 정부의 사회복지 책임에 대해 동의하는 비율을 연령대별로 나타낸 것이다. '보건의료 서비스 제공', '소득 격차 완화' 영역에서 응답자의 절반가량이 정부의 적극적인 역할에 동의했다. '비정규직을 위한 안정된 일자리 제공', '노인 생활보장'에 동의한 비율은 약 46%였다. '실업자 생활 보장'에 대한 정부의 적극적인 역할에 동의하는 비율은 31%로 가장 낮은 수준을 보였다. 교차표 분석 결과, '소득 격차 완화'를 제외한 나머지 네 개 영역에서 연령대별로 정부 책임의 필요성에 대한 인식에서 차이를 보였다. 전반적으로 20대의 경우 정부의 책임에 대해 동의하는 비율이 높았다. 이는 정부의 적극적인 역할을 강조하는 청년층의 진보적인 정치 성향과 관련이 있다.

영역별 연령대에 따른 차이를 살펴보면, '노인 생활보장'의 경우, 70대 이상이 가장 높은 동의 비율을 보인 반면, 30대와 50대가 정부 책임의 정

표 2-6 | 정부의 사회복지 책임에 관한 인식(동의 비율) (단위: %)

구분	20대	30대	40대	50대	60대	70대 이상	전체	χ^2
노인의 적정 생활을 보장해야 한다	51.2	39.7	50.2	36.7	46.6	54.6	45.9	20.2**
실업자의 적정 생활을 보장해야 한다	36.4	30.8	35.0	22.3	33.8	30.5	31.4	13.4*
보건 의료 서비스를 제공해야 한다	59.9	52.3	46.3	45.0	54.9	61.7	52.4	19.0**
비정규직을 위한 안정된 일자리를 제공해야 한다	56.2	42.2	49.8	41.5	41.4	44.7	46.4	15.1*
소득 격차를 완화시켜야 한다	54.8	48.5	51.4	47.6	43.6	50.4	49.8	5.1

주: '동의', '매우 동의'하는 비율을 합산한 것임. *p〈.05 **p〈.01
출처: 세대공생연구팀(2014).

도를 상대적으로 낮게 평가했다. '실업자 생활 보장'의 경우, 20대가 가장 높은 동의 비율을 보인 반면, 50대는 정부의 역할을 가장 낮게 평가했다. 취업을 앞둔 20대의 경우, 실업 문제에 대해 정부가 적극적인 역할을 수행하길 기대하기 때문이다. '보건 의료'의 경우, 건강 문제가 심각한 70대 이상이 정부 책임에 동의하는 비율이 가장 높았다. '비정규직을 위한 안정된 일자리 제공'에 대해서 20대가 가장 높은 동의 비율을 보였다. 취업 시장에서 정규직 일자리를 얻기 힘든 상황에서 정부가 안정된 일자리를 제공해주길 기대하는 20대의 열망이 반영된 것이다. '계층 간 소득 격차 완화'는 연령대별 동의 비율에 유의미한 차이가 없었다.

40대의 경우 30대에 비해, 정부의 사회복지 역할을 강조하는 입장을 취하고 있다. 정부의 사회복지 책임에 찬성하는 태도는 20대가 높은 수준을 보이고, 30대에서 낮아지다가 40대에서 다시 증가하는 양상을 띠고 있다. 보건 의료를 제외한 나머지 네 가지 영역 모두 40대가 30대에 비해 높은

표 2-7 | 한국의 복지제도에 관한 의견(동의 비율) (단위: %)

구분	20대	30대	40대	50대	60대	70대 이상	전체	χ^2
복지 관련 세금을 현재보다 적게 내고 복지 혜택을 적게 받는 것이 좋다	20.3	13.9	11.7	17.9	12.8	12.8	15.1	12.4
현재 수준이 좋다	55.8	60.3	58.0	53.3	60.9	61.7	57.9	
복지 관련 세금을 현재보다 많이 내고 복지 혜택을 많이 받는 것이 좋다	24.0	25.7	30.4	28.8	26.3	25.5	27.0	

주: $^*p<.05$ $^{**}p<.01$
출처: 세대공생연구팀(2014).

수준의 정부 책임을 강조하고 있다. 이 결과를 앞서 분석한 내용과 연결 지어 살펴보면, 40대가 소득분배의 공평성 증진, 한국 사회의 불평등 완화를 위한 해법으로 정부의 적극적인 역할을 강조하는 것이라고 해석할 수 있다.

복지제도와 사회정책에 대한 인식

복지제도

〈표 2-7〉은 한국의 복지제도에 대한 인식을 조사한 자료이다. 복지제도의 확대, 축소와 관련하여 전체 응답자의 절반 이상이 현행 제도를 선호했다. 27%는 복지제도의 확대, 15%는 복지제도의 축소를 찬성했다. 연령별로 유의미한 차이는 아니지만, 복지 축소에 동의하는 비율은 20대와 50대에서 상대적으로 높았다.

표 2-8 | 사회정책 우선순위 연령층 (단위: %)

구분	20대	30대	40대	50대	60대	70대 이상	전체
영유아(양육, 기초 교육)	8.3	28.7	14.0	12.2	11.3	8.5	14.6
아동청소년(교육, 방과 후 돌봄, 진로 지도,학교 폭력)	21.2	22.8	20.2	16.6	14.3	13.5	18.8
청년층(직업 능력 교육, 취업 및 창업 지도, 청년 실업 대책)	50.2	27.4	30.4	30.6	28.6	17.0	31.6
장년층(여성 경제활동 지원, 교육훈련 등 노동 정책, 은퇴 대비 정책)	6.9	7.6	13.2	14.9	15.8	13.5	11.6
노년(노후 소득 보장, 노인 장기 요양, 노인 고용 정책)	13.4	13.5	22.2	25.8	30.1	47.5	23.4

주: *p〈.05 **p〈.01
출처: 세대공생연구팀(2014).

사회정책 우선순위

〈표 2-8〉은 사회정책에서 우선적으로 고려해야 할 연령층을 조사한 것이다. 20~70대 이상 응답자들은 사회정책에서 가장 비중 있게 고려해야 할 연령층으로 '청년층'을 꼽았다. 32%의 응답자들은 청년을 위한 직업교육, 취업과 실업 대책이 가장 우선시되어야 한다고 응답했다. 다음으로는 노년층을 위한 노후 소득 보장 등의 정책이 필요하다고 응답했다.

연령대별로 세대를 구분하여 살펴보면 각 세대는 자신과 직결된 문제를 해결하기 위한 정책에 우선순위를 부여했다. 어린 자녀를 둔 30대는 영유아 정책에 우선순위를 부여했으며, 취업을 앞둔 20대의 경우, 절반가량이 청년층을 위한 사회정책을 우선순위로 꼽았다. 40, 50대가 청년층을 정책 우선순위로 선정한 이유는 자신의 자녀 세대인 청년들의 취업 지원을 위한 정책의 필요성에 높은 관심을 보이고 있기 때문이다.

연령이 높을수록 장년층 및 노년층 복지정책에 대한 지원이 필요하다고 응답했다. 60대 이상의 경우, 정책 대상으로 자신이 속한 노년층을 꼽은 비율이 가장 높았지만, 이들도 청년층을 위한 정책에 높은 관심을 보였다. 이러한 결과는 국민들이 청년 실업 등 일자리 문제의 심각성을 인식하고 정책적 대응이 필요하다는 생각을 갖고 있음을 보여준다.

세대별 인식의 차이

이 장에서는 가치관을 비롯한 정치, 경제, 복지 등 다양한 영역에서 세대별 인식을 살펴보았다. 응답자들은 연령대별로 가치관의 차이를 보였다. 요인분석 결과, 연령이 낮을수록 '도전적·성공지향적' 가치관을 지닌 응답자가 많은 반면, 연령이 높을수록 '전통적·권위수용적' 가치관을 지닌 응답자가 많았다. 전체 응답자의 80% 이상이 동의한 설문 문항은 개인의 안전 등 기본적인 욕구 충족 문제이거나 규범적으로 바람직한 태도를 나타낸 것이다. 예를 들어 '안전한 환경에서 살며 위험을 피하는 것이 중요하다', '자연환경을 돌보는 것이 중요하다'와 같은 문항들이다. 이러한 문항은 '안정적·규범순응적' 가치관 유형으로 구분했다. 이 유형의 가치관에서는 연령대별 응답에서 차이가 없었다.

세대 상호 간의 인식에서는 2030세대에 대한 부정적인 인식이 4050세대와 60대 이상 세대에 대한 부정적 인식에 비해 상대적으로 높았다. 2030세대, 특히 20대는 아직 경제활동 등 사회적 기여를 할 수 있는 기간이 짧고, 결혼이나 출산을 경험하지 못했을 확률이 높으며, 부모의 경제적 지원에 의존하는 경우가 많다. 따라서 기성세대에게 2030세대는 책임감이 없고, 이기적으로 비춰질 수 있다. 한편 4050세대와 60대 이상 세대에 대해서는 연령대 전반에 걸쳐서 긍정적인 평가가 이루어졌다. 자신의 부모, 조부모 세대를 떠올리고, 가족 부양을 위한 이들의 헌신을 긍정적으로 평가한 것이다. 이는 가족 수준에서 부모와 자녀 관계에 대한 평가가 특정 세대 집단 일반에 대한 인식과 결합해 나타난 결과이다.

정치·경제 쟁점에 대한 의견과 관련하여, '공기업 비중 확대 대 사기업 비중 확대', '정부의 복지 책임 증대 대 개인의 생계 책임 증대', '복지 확대 대 경제성장' 등 세 가지 쟁점에 대한 의견에서 연령대별 차이를 보였다. 연령이 낮을수록 정부의 시장 개입을 찬성하는 진보적인 태도를 보인다. 연령대에 따른 진보와 보수 정치 성향의 차이가 이들 세 가지 쟁점에서 확연하게 나타난 것이다.

한편 40대의 경우, '공평한 소득분배 대 노력에 따른 소득 격차 인정', '북한과의 평화 협력 대 굳건한 안보 우선' 등의 쟁점에서 공평한 소득분배를 확대하고, 북한과의 평화 협력을 강조하는 독특한 세대 효과를 보였다. 이는 진보 성향을 지닌 40대의 고유한 특성에서 비롯된다. 진보 성향의 40대는 '소득분배', '정부의 복지 책임', '북한과의 평화 협력' 등에서 다른 연령 집단에 비해 가장 강력한 진보적인 태도를 보이고 있다. 40대 진보 성향 집단은 40대 전체의 태도를 전반적으로 진보적인 방향으로 이끌고 있다. 이들은 20대 시절에 1987년 민주화를 성취한 세대이다(황아란, 2009). 이념과 조직의 중요성을 경험한 이들은 이후에도 정부의 적극적인 역할, 북한과의 평화 협력을 강조하는 태도를 보이고 있다. 이들은 50대에 이르러도 세대 고유의 이념적·정치적 정체성을 간직할 것인가? 이러한 40대의 세대 효과가 미치는 정치적 결과가 어떠할지는 매우 흥미로운 연구 주제이다.

응답자들은 한국 사회의 불평등에 관한 인식에서 정규직과 비정규직, 고학력과 저학력 간의 불평등 또는 격차를 심각하게 인식했다. 연령이 높을수록 불평등에 대한 인식이 낮아지는 것이 일반적이지만, 40대의 경우 지역, 성별, 학력, 고용형태 등의 영역에서 20대 다음으로 불평등을 강하게 인식했다. 이러한 40대 세대 효과는 정부의 사회복지 책임에 대한 인식에서도 나타난다. 정부의 적정 생활 보장(노인 및 실업자), 비정규직을 위한 안정된 일자리 제공, 소득격차 완화 등에서 적극적인 정부의 역할에 대해 20대 다음으로 높은 동의 비율을 보였다.

40대의 복지 친화적인 태도는 앞서 살펴본 정부의 역할에 대한 긍정적인 태도(세대 효과)가 생애 주기에서 차지하는 안정적인 경제적 지위와 결합되어 나타난 것이다. 30대가 가정과 직장에서 안정된 지위를 찾기 위해 치열한 생존 투쟁을 벌이는 상황임에 반해, 40대는 가정과 회사에서 안정적인 위치를 차지하고 있기 때문이다. 또한 40대는 충분한 경제력이 있어, 정부가 사회복지 예산을 늘려도 이를 지불할 의사를 지니고 있다. 이는 복지제도에 대한 설문에서 '고급여·고부담' 복지제도를 선호하는 점에서도 확인된다.

복지제도에 대한 인식을 살펴보면, 현행 제도의 유지를 선호하는 비율이 가장 높았으며, 복지제도 축소에 비해 복지제도 확대에 찬성하는 비율이 높았다. 사회정책과 관련해서는 대부분의 연령대에서 청년층을 위한 사회정책을 우선순위로 꼽았다. 청년을 위한 괜찮은 일자리가 부족한 현실에서 청년을 위한 지원 정책이 시급함에 대해 거의 모든 연령집단이 공감대를 형성한 상황이다. 따라서 청년층 지원 정책의 포괄 범위와 정책 방향에 대한 열띤 토론과 실효성 있는 정책 개발이 요청된다.

부록

세대별 가치관 요인분석 결과

세대별 가치관과 삶의 태도를 조사한 12개 항목을 이용하여 요인분석을 수행했다. 요인분석은 주성분 분석Principal Component Factor Analysis을 이용했으며, 직각 회전 방식Varimax을 활용했다.

부록 표 1 | 연령대별 가치관 항목에 대한 요인분석 결과

구분	요인1	요인2	요인3	고유값
새로운 아이디어를 생각하고 창의적인 방식으로 행동하는 것이 중요하다	**0.4267**	0.2960	-0.0401	0.7287
돈을 많이 벌어 부유하게 사는 것이 중요하다	0.2126	**0.7187**	-0.0288	0.4374
안전한 환경에서 살며 위험을 피하는 것이 중요하다	**0.6439**	0.2254	-0.0132	0.5344
좋은 사회를 만들기 위해 노력하는 것이 중요하다	**0.7542**	0.1280	0.0427	0.4129
여가를 즐기며 재미난 삶을 사는 것이 중요하다	**0.5983**	0.3675	-0.1580	0.4820
크게 성공하여 인정받는 것이 중요하다	0.1841	**0.7541**	0.0244	0.3968
모험과 위험에 도전하며 흥미진진한 인생을 사는 것이 중요하다	-0.0679	**0.6827**	0.2549	0.4643
바르게 행동하며 비난받지 않는 삶을 사는 것이 중요하다	**0.6743**	0.0444	0.1376	0.5244
자연환경을 돌보는 것이 중요하다	**0.6970**	0.0078	0.3002	0.4241
전통을 따르는 것이 중요하다	0.2578	0.0736	**0.6039**	0.5635
내 삶에 종교는 중요하다	-0.0858	-0.0123	**0.7405**	0.4442
법과 권위를 준수하는 것이 개인의 자유보다 우선한다	0.1834	0.1446	**0.6884**	0.4716

주: 각 요인에서 0.6 이상의 요인 부하값을 가진 항목을 강조했음.

요인분석 결과 12개의 가치관 문항은 세 가지 요인으로 구분되었다. 세 가지 요인은 각각 '안정적·규범순응적' 가치관, '도전적·성공지향적' 가치관, '전통적·권위수용적' 가치관으로 지칭했다.

첫 번째 요인인 '안정적·규범순응적' 가치관에는 '새로운 아이디어를 생각하고 창의적인 방식으로 행동하는 것이 중요하다', '안전한 환경에서 살며 위험을 피하는 것이 중요하다', '좋은 사회를 만들기 위해 노력하는 것이 중요하다', '바르게 행동하여 비난받지 않는 삶을 사는 것이 중요하다', '자연환경을 돌보는 것이 중요하다' 등 여섯 가지 문항에 찬성하는 태도를 포함했다.

두 번째 요인인 '도전적·성공지향적' 가치관에는 '돈을 많이 벌어 부유하게 사는 것이 중요하다', '크게 성공하여 인정받는 것이 중요하다', '모험과 위험에 도전하여 흥미진진한 인생을 사는 것이 중요하다' 등 세 가지 문항에 찬성하는 태도를 포함하고 있다.

마지막 요인인 '전통적·권위수용적' 가치관에는 '전통을 따르는 것이 중요하다', '내 삶에 종교는 중요하다', '법과 권위를 준수하는 것이 개인의 자유보다 우선한다' 등 세 가지 문항에 찬성하는 태도를 포함했다.

03 정치적 세대 갈등

세대별 정치적 의견과 결집력의 차이

세대 정치의 등장과 세대별 정치적 결집력

주요 선거 때마다 세대는 정치적 관심의 대상이 되어왔다(강원택, 2003, 2010). 특히 2012년 18대 대선에서는 고령화에 따른 유권자 구성의 변화가 정치적 선택에 커다란 영향을 미쳤다(이내영·정한울, 2013). 향후 50, 60대 이상 유권자의 비중은 지속적으로 증가할 것이다. 또한 은퇴를 앞둔 베이비붐 세대는 과거 은퇴 노인과는 달리, 상대적으로 많은 인구, 높은 교육 수준, 많은 자산과 소득을 갖고 있다(유철규, 2004). 이러한 인구학적·경제적 특성을 배경으로 베이비붐 세대는 상당한 정치적 영향력을 행사할 가능성이 있다.

서구에서는 노인 지배 정치체제gerontocracy가 등장할 것이라는 주장이 빈번하게 제기되고 있다(Binstock, 2010). 고령화에 따라 노인 유권자가 증가하고, 정치인들은 강력한 유권자 블록을 형성하는 노인들의 표심에 주목하게 된다는 것이다(Binstock, 2010). 청년층을 위한 일자리 창출, 주택문제 해결 등의 요구가 반영될 수 있는 기회가 점차 제한될 것이라는 우려도 있다. 그러나 노인 인구가 증가한다고 해서 자동적으로 노인 지배 정치체제가 도래하는 것은 아니다(Tepe and Vanhuysse, 2009). 특히 선거에서는 후보의 이미지, 표출되는 쟁점, 세력 동원 양상 등 우발적인 요인들이 중요하게 작용하기 때문이다.

이 장에서는 세대 정치에 초점을 맞출 것이다. 고령화사회의 도래에 따른 정치적 결과에 주목하여, 정치적 세대 갈등에 관해 두 가지 연구 문제를 중심으로 분석을 진행할 것이다. 첫째, 세대 간 정치적 성향, 사회적 쟁점에 대한 인식, 후보 지지도에서 차이가 있는지, 과연 세대 정치가 존재하는지에 관한 해답을 찾고자 한다. 예를 들어 40대 후반, 50대 초반인 386세대가 다른 세대에 비해 상대적으로 진보적인지를 탐색할 것이다. 둘째, 5060세대가 2030세대에 비해 정치적으로 더욱 결집된 세대인지, 정치적으로 가장 결집된 세대는 어떤 세대인지를 분석할 것이다.

기존 연구에서는 주로 세대별 정치 성향의 평균 점수, 진보와 보수 비율, 후보 지지율에 주된 관심을 두고 경험적 분석을 수행했다(강원택, 2003, 2010). 세대별 정치적 태도의 동질성, 또는 결집력에 관한 연구는 매우 부족했다(류재성, 2013). 투표 행위 등 정치적 선택에 관한 분석에서 어느 집단이 정치적으로 결집력 있는 세력인지를 밝히는 것은 매우 중요하다. 정치적으로 모호한 입장을 취하는 집단에 비해, 결집된 의견을 지닌 세력이 투표행위에 적극적으로 참여할 가능성이 높기 때문이다.

정치적 결집력에 관한 분석에서는 2012년 대통령 선거에서 박근혜 후보에 대한 투표 여부를 이용하여, 누가 정치적으로 동질적인 의견을 갖고, 결집력 있는 투표를 했는지를 밝힐 것이다. 정치적 영역에서 세대 갈등은 세대 간 정치적 인식의 격차뿐만 아니라, 각 세대 집단 내 정치적 태도의 동질성, 응집성이 클수록 더욱 심화되어 나타날 가능성이 있다(류재성, 2013). 이 글에서는 각 세대가 지닌 정치적 태도의 평균뿐만 아니라 분산을 분석함으로써 세대 정치의 실상을 다각도로 조망할 것이다.

연구 방법

정치적 세대 갈등에 관한 분석을 위해 세대공생연구팀이 2014년 1월부터 3월까지 성인 1214명을 대상으로 조사한 자료를 활용했다. 설문 조사에서는 정치적 성향, 정치·사회 현안에 대한 인식, 정치적 관심을 비롯한 정치적 효능감, 선호 정당, 2012년 대통령 선거 투표 여부 및 투표 후보 등에 관한 항목을 조사했다(세대공생연구팀, 2014).

세대별로 정치적 성향, 투표 행위 등에서 차이가 있는지를 밝히기 위해 다음과 같은 분석을 수행했다. 첫째, 빈도 분석, 교차표 분석을 통해 연령대별 정치적 성향, 정치적 쟁점에 대한 의견, 정치 효능감, 선호 정당, 대선 후보 투표 등에서 차이가 있는지를 살펴보았다. 둘째, 세대별 정치적 결집력에 관한 분석은 이분산 로짓 분석heteroskedastic logit analysis을 이용하여 특정 후보에 대한 투표의 분산이 연령대별로 차이가 있는지를 분석했다.

일반적인 로짓 분석은 범주형 종속변수의 예측값과 관련된 독립변수의 효과를 분석한다. 반면 이분산 로짓 분석은 각종 독립변수가 종속변수의 예측값 및 종속변수의 분산과 어떠한 관련을 맺는지를 분석한다(Franklin, 1991; Alvarez and Brehm, 1998). 예를 들어, 특정 후보 투표 여부를 종속변수로 한 경우, 투표 여부에 관한 회귀식과 투표 여부의 분산과 관련된 회귀식을 동시에 추정한다. 따라서 세대별로 특정 후보 지지 성향에 차이가 있는지, 어떤 세대가 더 응집적인 투표 성향을 갖고 있는지를 분석할 수 있다.

표 3-1 | 연령대별 정치 성향 (단위: 점, %)

구분	20대	30대	40대	50대	60대	70대 이상	전체
평균	5.33	5.20	4.88	4.43	3.89	3.62	4.68
표준편차	1.37	1.55	1.67	1.74	1.83	1.78	1.74
진보적	31.3	32.1	26.1	20.1	11.3	5.0	23.0
중도적	54.4	50.2	43.2	31.9	35.3	36.2	42.8
보수적	14.3	17.7	30.7	48.0	53.4	58.9	34.3
사례 수	217	237	257	229	133	141	1214

출처: 세대공생연구팀(2014).

세대별 정치 성향

응답자의 정치 성향은 11점 척도로 측정했다. 진보 성향에 높은 점수를 부여하여 '매우 진보적'(10점), '매우 보수적'(0점)으로 측정했다. 〈표 3-1〉은 연령대별 평균 점수를 나타낸 것이다. 응답자의 정치 성향 평균은 4.7로 중간값인 5점에 비해 약간 낮았다. 연령대가 높을수록 보수적인 성향을 띠었다. 11점 점수의 분포를 기초로 보수적(0~4), 중도적(5), 진보적(6~10)으로 정치 성향을 구분했다.[1] 응답자의 43%가 중도적, 34%가 보수적, 23%가 진보적인 것으로 분류되었다. 20, 30대의 경우 진보적인 비율이 30%를 넘는 반면, 보수적이라고 응답한 비율은 20%에 못 미쳤다. 60대와

1 주관적 정치 성향 점수를 이용하여 세 가지 집단으로 구분한 것은 다소 자의적인 측면이 있다. 보수(0~3), 중도(4~6), 진보(7~10) 등 다른 범위를 이용하여 정치 성향을 구분할 수 있기 때문이다. 11점 척도를 이용한 측정에서 응답자들은 중간 점수(4~6)에 표시하는 경향이 많다. 이로 인해 중도층, 약한 정치 이념층의 규모가 과대평가되는 문제가 있다(류재성, 2013). 이러한 문제를 완화하기 위해 5점에 응답한 집단만 중도라고 지칭했다.

70대 이상의 경우 보수적이라고 응답한 비율이 50%를 넘는 반면, 진보적이라고 응답한 비율은 각각 11%, 5%정도에 불과했다.

응답자는 무엇을 기준으로 자신의 정치 성향을 평가하는가? 진보 성향과 보수 성향 응답자는 다양한 사회 현안에 대해 어떠한 입장을 갖고 있는가? 연령대별로 자신을 진보 또는 보수라고 판단하는 기준에 차이가 있는가? 이에 대한 해답을 찾기 위해서 아래에서는 연령대별로 정치·사회 현안에 대한 인식이 어떠한지, 진보와 보수 성향에 따라 연령대별로 이러한 쟁점에 대한 인식에서 차이가 있는지를 살펴볼 것이다.

세대별 정치·경제 현안 인식

〈표 3-2〉는 한국 사회의 정치·경제 현안에 관한 인식을 '북한과의 경제협력', '미국과의 우방 관계 강화', '철도, 의료 등의 민영화', '복지 공약 축소', '대기업에 대한 규제 강화', '미래 환경보호를 위한 규제 강화' 등 여섯 가지 문항을 이용하여 조사한 결과이다.

'북한과의 경제협력'에 대해 동의하는 비율은 약 42%였으며, 40대가 가장 높은 동의 비율을 보였다. 이는 북한과의 평화협력을 강조하는 40대 고유의 세대 효과를 반영한 것이다. 또한 북한의 경제 문제를 해결하고, 한국의 경제 발전을 실현할 수 있는 돌파구로써 북한과의 경제협력을 떠올릴 수도 있기 때문이다.

'미국과의 우방 관계 강화'에 대해 동의하는 비율은 64%로 나타났다. 연령대가 높을수록 동의하는 비율이 높았다. 연령이 높고 보수적일수록 한국의 경제 발전과 안보에 미국의 도움이 필수적이라고 인식하기 때문이다. 60, 70대의 경우 자신의 경험을 통해서 이러한 인식을 확고하게 형성해왔

표 3-2 | 연령대별 정치·경제 현안에 대한 인식(동의 비율) (단위: %)

구분	20대	30대	40대	50대	60대	70대 이상	전체	χ^2
북한과의 경제협력	34.6	33.3	48.6	44.5	46.6	44.7	41.7	19.1**
미국과의 우방 관계 강화	47.9	55.7	65.0	72.1	79.0	75.9	64.3	59.7**
철도, 의료 등의 민영화	15.2	24.1	27.6	29.3	24.8	22.7	24.1	14.6*
복지 공약의 축소	11.5	17.3	23.7	19.2	22.6	16.3	18.5	13.9*
대기업에 대한 규제 강화	44.7	54.0	62.7	51.1	46.6	43.3	51.6	22.5**
미래 환경보호를 위한 규제 강화	50.7	57.8	62.3	60.3	53.4	51.8	56.8	9.7

주: '동의', '매우 동의'하는 비율을 합산한 것임(*p〈.05 **p〈.01).
출처: 세대공생연구팀(2014).

을 가능성이 있다.

'철도, 의료 등의 민영화'에 찬성하는 비율은 24%로 낮았다. 동의 비율은 50대까지는 연령대가 높을수록 높았다. 40, 50대의 경우 직업 경험을 바탕으로 민간 부문이 철도, 의료 등의 사업을 더 효율적으로 운영할 수 있다고 여길 수 있다. 반면 60, 70대의 동의 비율은 50대에 비해 낮았다. 60, 70대는 지하철 무료 승차, 건강보험의 혜택을 가장 많이 받는 수혜자 집단이다. 민영화로 인해 이러한 혜택이 축소되는 것을 우려할 가능성이 있다.

박근혜 정부의 '복지 공약 축소'에 동의하는 비율은 19%로 전반적으로 낮았다. 40대가 상대적으로 높은 동의 비율을 보였다. 이들은 복지공약을 축소함으로써 증세를 하지 않는 방안을 선호할 수 있다. 원안대로 복지 공약을 추진하는 데 필요한 재정 마련이 세금 인상으로 이어질 가능성을 우려하기 때문이다. 반면 20대는 가장 낮은 수준의 동의 비율을 보였다.

'대기업에 대한 규제 강화'에 동의하는 비율은 52%로 절반을 조금 상회했다. 40대가 가장 높은 수준의 동의 비율을 보였다. 2장의 분석에서도 나타났듯이 40대는 정부의 적극적인 시장 개입을 찬성하는 입장을 보이고 있다. 불투명한 지배 구조, 시장 독과점 등 불합리한 경쟁, 협력 업체 수탈을 통한 과도한 이윤 추구 등의 문제를 해결하기 위해 정부 규제의 필요성을 요청하고 있다. 반면 20대의 경우, 상대적으로 낮은 동의 비율을 보이고 있다. 이는 비정규직 일자리가 증가하는 현실에서 안정적인 대기업 취업을 선호하는 20대의 심리를 반영하는 것으로 보인다.

'미래 환경보호를 위한 규제 강화'에 동의하는 비율은 57%로, 환경보호를 위한 정부의 적극적인 역할을 긍정적으로 평가하고 있다. 환경 규제에 대해서도 40대의 동의 비율이 가장 높았다.

분석 결과, 정치·사회 현안에 대한 인식은 연령대별로 차이를 보였다. 각 연령집단의 상이한 생애 경험으로 인해 연령집단마다 각종 사안에 대해 다른 인식을 갖고 있었다. 정치·사회 현안에 대한 인식은 응답자의 정치 성향과도 관련 있다. 연령이 높을수록 보수적인 성향이 강하기 때문에 북한과 미국에 대한 인식, 국가 대 시장의 역할 등의 쟁점에서 정치 성향과 개인의 가치관이 작용할 가능성이 있다. 다양한 연령집단 중 40대의 성향이 독특한데, 이들은 북한과의 경제협력에 긍정적인 입장을 취하고, 대기업 규제와 환경 규제 등에서는 정부의 적극적인 시장 개입을 강조한다.

정치 성향에 따른 세대별 정치·경제 현안 인식의 차이

이 절에서는 정치적 성향과 연령집단 간의 상호작용 등 연령집단별 정치·경제 현안에 대한 인식을 좀 더 엄밀히 살펴볼 것이다. 연령별 정치·경제 현안에 대한 의견이 응답자의 정치 성향에 따라 차이가 있는지를 살펴

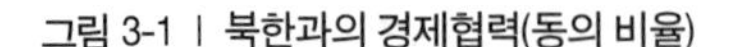
그림 3-1 | 북한과의 경제협력(동의 비율) (단위: %)

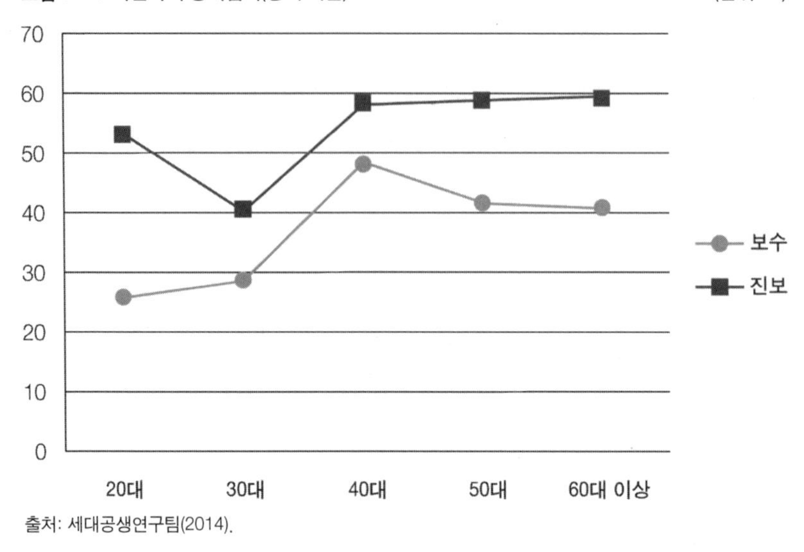

출처: 세대공생연구팀(2014).

볼 것이다. 제시하는 그림들은 앞서 교차표에서 제시한 연령대별 정치·경제 현안에 대한 동의 비율을 진보와 보수로 나누어 나타낸 것이다.

북한과의 경제협력

〈그림 3-1〉은 '북한과의 경제협력'에 관한 인식을 연령집단, 정치 성향별로 나타낸 것이다. '북한과의 경제협력'에 관해서 진보 성향 응답자가 보수 성향 응답자보다 높은 동의 비율을 보였다. 정치 성향에 따른 차이는 20대에서 가장 컸다가 30, 40대에서 줄어들었다. 30, 40대의 경우 정치 성향과 무관하게 북한과의 경제협력 효과를 현실적으로 인식할 수 있기 때문이다. 진보 성향의 40~60대 이상 응답자들은 유사한 수준의 동의 비율을 보였다.

그러나 보수 성향 응답자의 경우, 40대에 비해, 50대와 60대 이상에서

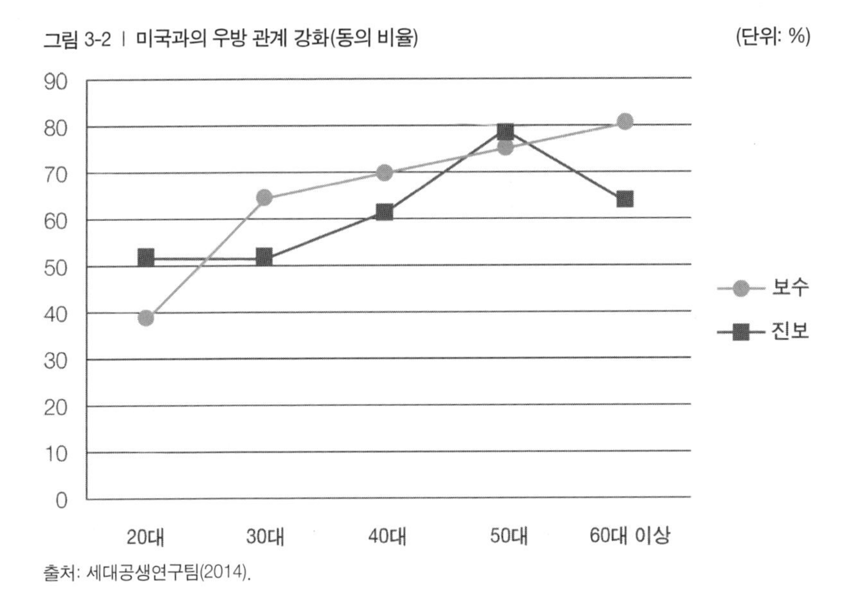

그림 3-2 | 미국과의 우방 관계 강화(동의 비율) (단위: %)

출처: 세대공생연구팀(2014).

북한과의 경제협력에 반대하는 의견이 높았다. 보수 성향 고령 응답자의 한국전쟁 경험, 반공 이데올로기의 영향 등이 크게 작용했기 때문이다(강원택, 2005). 2014년 조사 당시에는 천안함 피격, 연평도 포격 사건 등의 여파로 대북 관계에서 갈등이 심화되었다. 이것이 보수 성향 고령층 응답자가 북한과의 경제협력을 부정적으로 바라보는 데 작용했을 가능성이 있다.

미국과의 우방 관계 강화

'미국과의 우방 관계 강화'와 관련하여 진보와 보수 모두 연령대가 높을수록 동의하는 비율이 높았다(〈그림 3-2〉). 20대의 경우 오히려 진보 성향 응답자가 보수 성향 응답자에 비해 동의하는 비율이 높았다. 60대 이상 진보 성향 응답자의 경우 미국과의 우방 관계 강화에 동의하는 비율이 50대

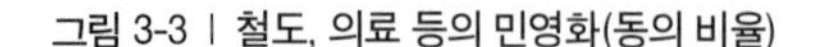
그림 3-3 | 철도, 의료 등의 민영화(동의 비율) (단위: %)

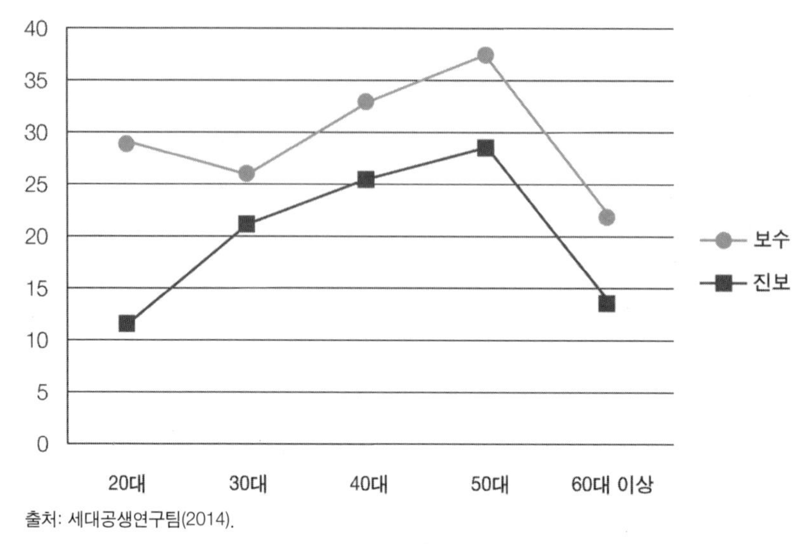

출처: 세대공생연구팀(2014).

진보 성향 응답자에 비해 낮았다. 60대에도 진보적인 태도를 가진 이들은 '미국과의 관계'에서 자신의 정치적 정체성을 형성하는 것으로 보인다.

철도, 의료 등의 민영화

'철도, 의료 등의 민영화'에 대해서는 보수적일수록 동의하는 비율이 높았다. 20대의 경우, 정치 성향에 따른 격차가 가장 컸다(〈그림 3-3〉). 30대 이후부터는 진보 성향 응답자와 보수 성향 응답자가 일정한 격차를 유지하는 가운데 동의 비율이 증가했다. 그러나 건강 문제에 관심이 많은 60대 이상의 경우 진보와 보수 모두 민영화에 동의하는 비율이 낮았다. 이는 설문 문항에 '의료'가 포함되어 있기 때문이다. 60대 이상 노인 집단은 의료 민영화에 의해 현행 건강보험 혜택이 축소될 가능성을 우려할 수 있다.

그림 3-4 | 복지 공약의 축소(동의 비율) (단위: %)

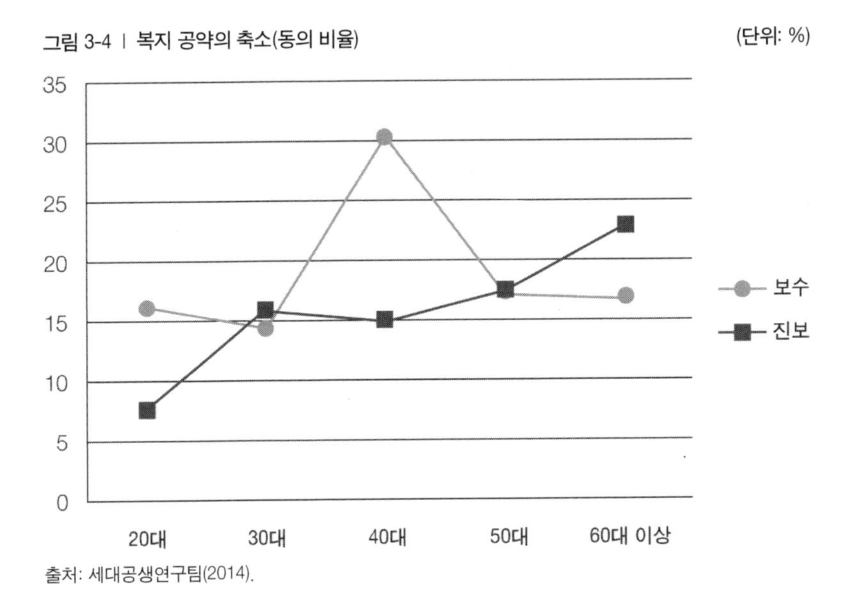

출처: 세대공생연구팀(2014).

복지 공약의 축소

박근혜 정부의 '복지 공약 축소'에는 진보와 보수 모두 연령이 높을수록 동의하는 비율이 높았다(〈그림 3-4〉). 정치 성향에 따른 격차는 40대에서 가장 컸는데, 특히 보수 성향의 40대 응답자의 경우 복지 공약 축소에 동의하는 비율이 가장 높았다. 60대 이상에서는 오히려 진보 성향 응답자의 동의 비율이 보수 성향 응답자의 동의 비율보다 높았다.

대기업에 대한 규제 강화

'대기업에 대한 규제 강화'에 관한 의견에서 정치 성향에 따른 격차는 20대에서 가장 컸다가, 30대 이후 수렴하는 양상을 보였다(〈그림 3-5〉). 보수

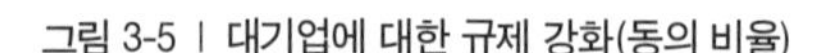
그림 3-5 | 대기업에 대한 규제 강화(동의 비율)

(단위: %)

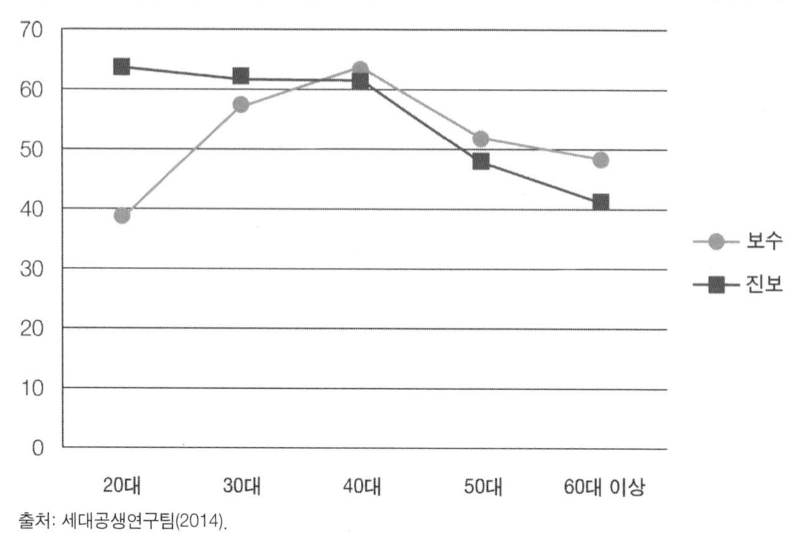

출처: 세대공생연구팀(2014).

의 경우 40대에서 가장 높은 동의 비율을 보였다. 대기업의 시장 지배 관행에 대해 정부가 적절한 규제를 해야 할 필요성에 대해 공감하는 인식을 보여준다.

미래 환경보호를 위한 규제 강화

'미래 환경보호를 위한 규제 강화'에 대한 태도의 경우에도 20, 30대에서 발견된 정치 성향에 따른 차이가 40대 이후에서는 점차 감소하는 양상을 보였다(〈그림 3-6〉). 특히 진보 성향 응답자의 경우, 50대와 60대 이상에서 동의 비율이 보수 성향 응답자에 비해 상대적으로 낮았다. 그 이유는 연령에 따라 보수적이 되는 연령 효과가 작용하기 때문이다. 또한 50, 60대 진보 성향 응답자의 경우, 환경문제에 관심이 적으며, '북한 문제', '미국과의

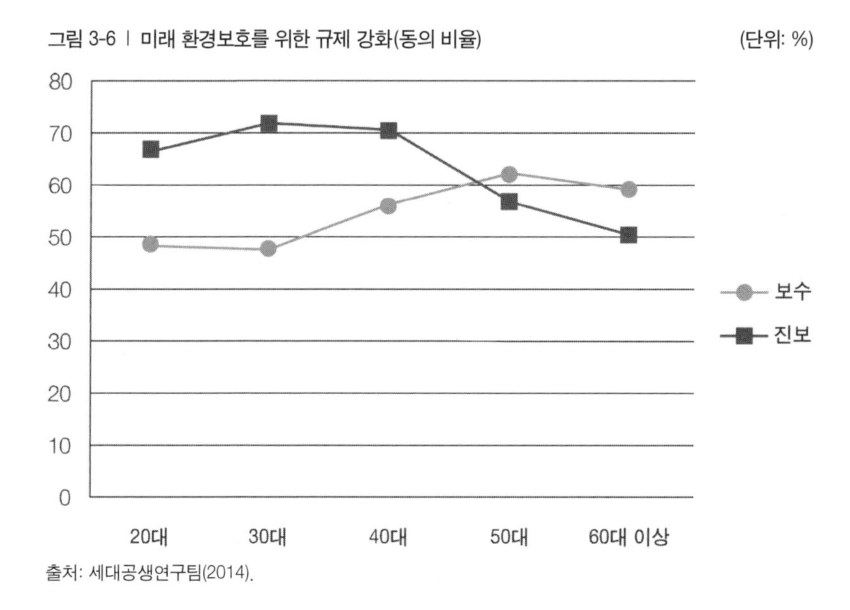

그림 3-6 | 미래 환경보호를 위한 규제 강화(동의 비율) (단위: %)

출처: 세대공생연구팀(2014).

우방 관계' 등 전통적인 쟁점에서 자신의 진보 성향 정체성을 강하게 간직하고 있기 때문이다.

세대별 정치적 효능감

〈표 3-3〉은 연령대별로 세대를 나누어 정치적 효능감을 나타낸 자료이다. 정치에 대한 관심 등 정치적 효능감은 전반적으로 연령대가 높을수록 높았다. '정치에 관심이 많은 편'이라고 응답한 비율은 20% 정도였다. 20대의 경우 13%인 반면, 60대 이상은 28%로 두 배 정도 높은 비율을 보였다. '반드시 투표한다'는 비율은 거의 70% 정도에 달했다. 60대 이상은 80%를 상회한 반면, 20대는 50%에 못 미쳤다. '주변 사람과 정치 문제에

표 3-3 | 연령대별 정치적 효능감(동의 비율) (단위: %)

구분	20대	30대	40대	50대	60대	70대 이상	전체	χ^2
정치에 관심이 많은 편이다	13.4	13.9	21.0	24.5	27.8	27.7	20.4	24.2**
반드시 투표한다	48.9	57.0	73.5	79.5	82.0	85.1	69.3	99.5**
주변 사람과 정치 문제에 대해 자주 이야기하는 편이다	14.8	11.0	15.2	23.6	24.1	24.8	18.0	23.5**
다른 세대가 투표장에 몰려가는 현상을 보고 나도 꼭 투표해야겠다고 생각했다	29.0	23.6	30.4	34.1	32.3	35.5	30.3	8.7
내가 투표함으로써 선거 결과를 바꿀 수 있다	35.9	31.2	37.4	41.5	46.6	37.6	37.7	10.4
인터넷 정치 관련 게시글, 댓글을 자주 보는 편이다	19.8	12.7	14.4	9.6	6.8	5.0	12.2	25.0**

주: '동의', '매우 동의'하는 비율을 합산한 것임(*p〈.05 **p〈.01).
출처: 세대공생연구팀(2014).

대해 자주 이야기'하는 비율은 18% 정도였다. 대체로 연령대가 높을수록 높은 비율을 보였다. '다른 세대가 투표장에 몰려가는 현상을 보고 나도 꼭 투표해야겠다고 생각했다'고 답한 비율은 30% 정도였다. 연령대별로 유의미한 차이는 없지만, 70대 이상이 가장 높은 비율을 보였다. '내가 투표함으로써 선거 결과를 바꿀 수 있다'고 생각하는 비율은 38% 정도였다. 60대가 47%로 가장 높았으며, 30대가 31%로 가장 낮았다. '인터넷 정치 관련 게시글, 댓글을 자주 보는 편'은 12% 정도였다. 인터넷 활용도가 높은 20대의 경우 가장 높은 비율을 보였다.

표 3-4 | 연령대별 선호 정당 (단위: %)

구분	20대	30대	40대	50대	60대	70대 이상	전체	χ^2
새누리당	10.6	17.3	28.4	43.7	56.4	55.3	32.1	185.3**
민주통합당	10.6	13.9	16.0	10.0	7.5	8.5	11.7	
통합진보당	0.9	0.8	0.4	0.0	0.0	0.0	0.4	
진보정의당	0.5	0.0	0.0	0.4	0.8	0.0	0.3	
안철수신당	12.4	15.6	11.3	7.9	3.0	2.1	9.7	
기타	1.4	0.4	0.8	1.3	0.0	0.0	0.7	
없음	63.6	51.9	43.2	36.7	32.3	34.0	45.1	

주: '동의', '매우 동의'하는 비율을 합산한 것임(*p〈.05 **p〈.01).
출처: 세대공생연구팀(2014).

세대별 선호 정당

〈표 3-4〉는 세대별 선호 정당을 나타낸 것이다. 선호하는 정당이 없다는 비율이 45%로 가장 많았다. 새누리당 선호 비율은 32%였다. 연령이 높을수록 새누리당을 선호하는 비율이 높았다. 민주통합당(이후 더불어민주당)을 선호하는 비율은 12%였다. 전반적으로 연령이 낮을수록 민주통합당, 통합진보당, 안철수신당(이후 국민의당)을 선호하는 비율이 높았다.

선호 정당이 없는 20대 응답자는 64%에 달하는 반면, 70대 이상 응답자는 34% 정도였다. 이는 청년들의 정치에 대한 무관심뿐만 아니라, 기성 정당에 대한 불신이 작용한 것일 수 있다. 기존 정당이 2030세대의 이해관계와 정치적 관심을 충분하게 대변하지 못하고 있다는 인식에서 비롯된다. 안철수신당에 대한 선호 비율이 상대적으로 높은 것도 새누리당과 민주통합당이 양분하는 정당 구도의 개편에 대한 당시의 열망을 반영하는 것이

표 3-5 | 선호 정당 관련 요인 다항 로짓 분석(n=1,197)

구분		새누리당			민주통합당			안철수신당		
		회귀계수	표준오차		회귀계수	표준오차		회귀계수	표준오차	
연령		0.039	0.007	**	0.005	0.009		0.001	0.009	
교육 수준		-0.003	0.136		-0.093	0.184		0.397	0.209	†
남성(여성)		-0.147	0.161		0.073	0.207		0.473	0.224	*
가구 소득		-0.026	0.021		0.014	0.007	†	0.010	0.008	
지역 (수도권)	경상	0.690	0.179	**	0.105	0.275		-0.339	0.305	
	전라	-1.397	0.389	**	1.455	0.272	**	0.764	0.318	*
	충청	-0.368	0.266		-0.185	0.369		-0.472	0.400	
	강원	0.239	0.432		-0.957	1.057		-0.332	0.802	
	제주	1.120	0.694		-12.125	470.117		0.235	1.164	
정치 성향		-0.285	0.051	**	0.242	0.068	**	0.331	0.074	**
정치 관심		0.539	0.087	**	0.625	0.115	**	0.280	0.121	*
북한 경제협력		0.006	0.095		0.221	0.127	†	0.316	0.137	*
미국 우방 관계		0.292	0.120	*	-0.236	0.148		0.001	0.160	
민영화 찬성		0.242	0.080	**	-0.096	0.101		-0.325	0.110	**
대기업 규제 강화		-0.168	0.093	†	-0.029	0.119		-0.003	0.126	
상수		-3.581	0.824	**	-4.216	1.075	**	-5.594	1.195	**
Log likelihood		-1162.2263								

주: 괄호 안은 더미 변수에서 기준 범주를 나타냄(+ p〈0.1 *p〈0.05 **p〈0.01).

라고 볼 수 있다.

각 정당을 선호하는 사람들은 누구인지를 분석하기 위해 '선호 정당 없음'을 기준 범주로 다항 로짓 분석을 수행했다. 새누리당, 민주통합당, 안철수신당을 선호하는 사람들은 선호 정당이 없는 무당파와 어떠한 다른 특성을 지니는지를 동시에 분석했다. 〈표 3-5〉는 분석 결과를 나타낸 것이다.

새누리당, 민주통합당, 안철수신당을 선호하는 사람들은 선호하는 정당이 없는 집단과는 상이한 특성을 보였다. 새누리당을 선호할 가능성이 높은 사람들은 무당파에 비해 연령이 높고, 정치 성향이 보수적이고, 정치에 관심이 많은 사람들이었다. 경상도 지역에 거주하는 경우 새누리당을 선호할 가능성이 높고, 전라도 지역에 거주할 경우 새누리당을 선호할 가능성이 낮았다. 정치·사회 현안에 대한 인식에서 보면 미국과의 우방 관계 강화, 민영화에 찬성하고, 대기업 규제 강화에 반대하는 보수적 성향을 지닌 사람들이 무당파에 비해 새누리당을 선호하는 경향이 있었다.

한편 민주통합당을 선호하는 사람들은 새누리당 선호 집단과 차이를 보였다. 가구 소득이 높을수록, 전라도 지역에 거주할수록, 진보적일수록, 정치에 관심이 많을수록 무당파보다 민주통합당을 선호했다. 민주통합당을 선호하는 집단은 무당파에 비해 북한과의 경제협력에 찬성하는 경향이 있었다.

안철수신당을 선호하는 사람들은 민주통합당 선호 집단과 유사점을 보였다. 진보 성향을 갖고, 호남 지역에 거주하며, 북한과의 경제협력에 찬성하는 태도를 지닌 응답자라는 점에서 유사했다. 2016년 4월, 20대 총선에서 안철수 공동대표의 국민의당이 전라도 지역을 기반으로 선전을 한 것도 민주통합당과 지지 기반이 유사한 점에서 그 이유를 찾을 수 있다. 그러나 일부 특성에서 차이를 보였다. 교육 수준이 높을수록, 남성일수록, 민영화에 반대할수록 무당파보다 안철수신당을 선호했다. 정치에 관심이 많은 것은 다른 정당 선호 집단과 동일했다.

세대별 역대 대통령 인식

〈표 3-6〉은 현직 대통령을 제외한 역대 대통령에 대한 평가를 나타낸 것이다. 박정희 대통령에 대한 긍정적인 평가가 66%로 가장 높았다. 다음으로는 노무현, 김대중 대통령 순이었다. 연령이 높을수록 이승만, 박정희 등 보수 성향 대통령에 대해 긍정적인 평가를 내렸다. 반면 연령이 낮을수

표 3-6 ㅣ 연령대별 '역대 대통령에 대한 인식'(긍정 비율) (단위: %)

구분	20대	30대	40대	50대	60대	70대 이상	전체	χ^2
이승만	12.9	19.4	19.1	21.4	27.1	35.5	21.3	30.0**
박정희	35.9	54.4	68.9	78.2	88.7	84.4	65.9	169.2**
전두환	5.1	13.1	17.9	18.8	17.3	22.0	15.2	27.3**
노태우	1.8	5.1	3.9	3.9	3.8	7.8	4.2	8.1
김영삼	4.6	8.4	9.0	10.5	7.5	6.4	7.9	6.3
김대중	34.6	31.7	34.6	30.1	21.1	23.4	30.4	12.9*
노무현	48.4	44.7	38.9	24.5	19.6	19.9	34.7	68.3**
이명박	6.9	8.4	9.7	10.9	16.5	14.9	10.5	12.3*

주: '잘했다', '매우 잘했다'는 비율을 합산한 것임(+ p〈0.1 *p〈0.05 **p〈0.01).
출처: 세대공생연구팀(2014).

록 김대중, 노무현 등 진보 성향 대통령에 대한 긍정적인 평가가 높았다. 노태우, 김영삼 대통령의 경우, 연령대별로 평가에 차이가 없었다.

박정희, 노무현 대통령에 대한 평가는 연령대별로 극심한 차이를 보였다. 20대와 60대 이상 세대는 두 대통령에 대한 평가에서 거의 두 배 이상 차이를 보였다. 지난 2012년 대통령 선거에서 박근혜, 문재인 후보 간의 대결은 박정희, 노무현 대통령의 대리전 양상을 보였다(최영재, 2014). 이승만, 전두환, 이명박 대통령에 대한 평가에서도 20대와 60대 이상 세대 간에는 큰 차이가 있었다. 이는 연령대별 정치 성향 차이에 비해 더 큰 인식 격차이다. 이러한 현상은 한국 정치에서 연령대별 정치 의식을 파악하는 데 역대 대통령에 대한 평가가 높은 수준의 변별력을 지님을 보여준다(최영재, 2014). 역대 대통령에 대한 평가는 선거 등 각종 정치적 선택에서 상당히 큰 역할을 수행할 가능성이 있다.

표 3-7 | 연령대별 18대 대선 투표율, 박근혜 후보 투표율 설문 조사 결과 (단위: %)

구분	20대	30대	40대	50대	60대	70대 이상	전체	χ^2
투표율 (n=1,160)	74.6	86.9	90.7	97.4	98.5	100.0	91.0	93.2**
박근혜 후보 투표율 (n=1,055)	39.0	41.3	57.5	66.2	74.6	83.0	59.5	99.0**

출처: 세대공생연구팀(2014).

정치적 선택과 결집력의 세대 간 차이

〈표 3-7〉은 2012년 18대 대선 투표율과 박근혜 후보 투표율을 연령대별로 나타낸 것이다. 투표 자격이 있는 응답자(n=1,160)의 투표율은 91%였다. 이 수치는 18대 대선 투표율 75.8%(중앙선거관리위원회, 2013)에 비해 높은 수치이다. 연령대가 높을수록 투표율도 높았다. 박근혜 후보 투표율은 약 60%로 나타났다. 이 수치도 실제 박근혜 후보 득표율 51.6%에 비해 상당히 높은 수치이다. 투표가 종료된 이후 진행되는 사후 조사에서 응답자들은 이미 선출된 후보에 투표했다고 응답하는 경향이 있기 때문이다.

어떠한 요인이 지난 18대 대선에서 박근혜 후보에 대한 투표와 관련이 있는지를 규명하기 위하여 박근혜 후보 투표 여부를 종속변수로 이분산 로짓 분석을 수행했다(〈표 3-8〉). 모델1은 선호 정당을 제외한 분석이고, 모델2는 선호 정당을 포함한 분석이다. 이분산 로짓 분석은 각 독립변수가 종속변수의 평균과 분산의 추정치에 미치는 영향을 보여준다. 〈표 3-8〉의 상단은 평균 모형, 하단에는 분산 모형의 추정치가 제시되어 있다. 평균 모형에는 연령, 성별, 교육 수준, 가구 소득, 거주 지역 등의 기본적인 인구학적 변인과 함께 정치 성향, 정치에 대한 관심, 박정희 대통령에 대한 평가를 분석에 투입했다. 분산 모형에는 연령, 정치 성향, 박정희 대통령에

표 3-8 | 박근혜 후보 투표에 관한 이분산 로짓 분석(n=1,055)

구분		모델1 (선호 정당 제외)			모델2 (선호 정당 포함)		
		회귀계수	표준오차		회귀계수	표준오차	
평균 모형							
연령		0.017	0.008	*	0.014	0.009	
교육 수준		0.066	0.081		0.039	0.102	
남성(여성)		-0.149	0.103		-0.093	0.122	
가구 소득		-0.006	0.005		-0.004	0.006	
지역	경상	0.550	0.255	*	0.581	0.333	†
(수도권)	전라	-1.233	0.565	*	-1.138	0.632	†
	충청	0.205	0.165		0.256	0.209	
	강원	0.573	0.365		0.501	0.421	
	제주	-0.371	0.417		-0.841	0.581	
진보적		-0.199	0.085	*	-0.171	0.085	*
정치 관심		-0.046	0.054		-0.074	0.074	
박정희 평가		0.434	0.182	*	0.334	0.167	*
선호 정당	새누리당				0.862	0.467	†
(없음)	민주통합당				-1.526	1.080	
	안철수신당				-0.828	0.608	
분산 모형							
연령		-0.013	0.005	*	-0.012	0.005	*
진보적		-0.026	0.040		-0.044	0.050	
박정희 평가		0.044	0.073		0.086	0.084	
선호 정당	새누리당				-0.258	0.232	
(없음)	민주통합당				0.181	0.438	
	안철수신당				0.269	0.427	
	상수	1.250	0.648	†	0.823	0.688	
Log likelihood		-488.1941			-404.6572		

주: 괄호 안은 더미 변수에서 기준 범주를 나타냄(† p<0.1 *p<0.05 **p<0.01).

대한 평가를 포함했다.

분석 결과, 연령이 높을수록, 박정희 대통령에 대해 긍정적으로 평가할수록 박근혜 후보에 투표했을 확률이 높았다. 경상도 지역 거주자가 수도권 지역 거주자에 비해 박근혜 후보에 투표했을 확률이 높았다. 반면 전라도 지역에 거주할수록, 진보적 정치 성향을 지닐수록 박근혜 후보에 투표했을 확률이 낮았다. 분산 모델에서는 연령이 높을수록 박근혜 후보에 대한 지지도의 분산이 낮았다. 이를 평균 모델과 함께 고려하면, 연령이 높을수록 박근혜 후보에 대한 지지도가 높을 뿐만 아니라, 높은 수준의 동질적인 태도를 갖고 있다. 즉 연령이 높을수록 박근혜 후보에 대해 매우 결집된 지지도를 나타냈다. 정치 성향, 박정희 대통령에 대한 평가는 분산과 관련이 없었다.

분석모델2에서는 선호 정당을 추가로 투입하여 분석했다. 분석모델1과 마찬가지로, 지역, 정치 성향, 박정희 대통령에 대한 평가가 박근혜 후보에 대한 투표 확률과 관련을 맺었다. 새누리당을 선호하는 경우 선호 정당이 없는 경우에 비해, 박근혜 후보에 대한 투표 확률이 높았다. 반면 민주통합당을 선호하는 경우, 선호 정당이 없는 경우에 비해 박근혜 후보에게 투표할 확률이 낮았다.

분석모델1과 달리, 연령은 박근혜 후보에 대한 투표 확률과 관련이 없었다. 그 이유는 연령이 선호 정당을 매개로 박근혜 후보 투표에 영향을 미치기 때문이다. 연령이 높을수록 새누리당을 지지하고, 이들은 박근혜 후보에 투표하는 성향을 지닌다. 분석모델2에서 연령 회귀 계수값이 감소한 이유는 연령이 박근혜 후보 투표 확률에 미치는 전체 효과 중에서 직접 효과만을 포착하기 때문이다. 연령이 선호 정당을 매개로 박근혜 후보 투표에 영향을 미치는 간접 효과는 연령 회귀 계수에서 제외되었기 때문이다. 한편 분산모델에서는 여전히 연령이 높을수록 분산이 낮은 양상을 보여준다. 선호 정당을 통제한 후에도 연령이 높을수록 박근혜 후보에 대한 결집된 지지를 나타내고 있다.

이러한 연령과 정치적 결집력과의 관련성은 2012년 박근혜 후보 투표 분석에서만 발견되는 고유한 현상이다. 정치적 성향, 선호 정당 등을 종속변수로 유사한 분석을 수행했으나, 연령과 정치적 성향, 선호 정당의 분산은 관련이 없었다.

세대별 정치적 정체성과 결집력의 차이

이 장에서는 연령대별로 세대를 나누어 각 세대별 정치적 의견과 태도에 대해 살펴보았다. 정치 성향, 정치·경제 현안에 대한 입장, 정치적 효능감, 선호 정당, 역대 대통령에 대한 평가, 박근혜 후보 투표 여부 등 다양한 측면에서 세대 간 정치적 정체성에서 차이가 있는지, 정치적 세대 갈등의 가능성을 탐색했다.

분석 결과, 연령이 높을수록 보수적인 정치 성향을 띠었다. 그러나 연령대별로 자신의 정치 성향을 평가하는 판단 기준이 다른 것으로 나타났다. 특히 20대의 경우 국가와 시장을 둘러싼 쟁점(예: 대기업, 환경 규제 강화)에서 진보와 보수 간의 입장 차이가 컸다. 반면 50대 이상에서는 북한과의 경제협력 등 북한과의 관계에서 진보와 보수 간의 견해 차이가 컸다. 연령대별로 응답자들은 자신의 정치적 정체성을 서로 다른 기준으로 표출하는 것으로 보인다. 이는 쟁점에 대한 연령대별 관심 정도의 차이에서 비롯될 수도 있다(류재성, 2013). 이에 대한 좀 더 엄밀한 탐구가 요청된다.

진보와 보수 간의 인식 차이는 20대에서 가장 큰 차이를 보였다. 일부 쟁점(예: 박근혜 정부의 복지공약 축소)을 제외하면, 40, 50대에서는 진보와 보수 간의 인식 차이가 점차 감소하는 양상을 띠었다. 이러한 현상이 연령이 증가하면서 전반적으로 보수적으로 바뀌는 연령 효과에서 비롯되는 것인지를 좀 더 탐색할 필요가 있다.

정치적 관심을 비롯한 정치적 효능감도 연령이 높을수록 컸다. 선호 정당의 경우 선호 정당이 없다고 응답한 비율이 45%에 달했다. 새누리당에 대한 선호도가 32%인 반면, 민주통합당에 대한 선호도는 12%에 불과했다. 2014년 기준 전반적으로 응답자들은 정당들이 국민들의 이해관계와 관심을 충분히 수렴하여 해결하는 데 한계가 있다고 여기고 있다.

연령대별 정치적 선택의 차이와 결집력에 대한 분석은 지난 2012년 대통령 선거에서 박근혜 후보 투표에 관한 분석을 통해 살펴보았다. 연령이 높을수록 박근혜 후보에게 투표할 확률이 높았고, 박근혜 후보에 대한 투표의 결집력도 높았다. 이러한 현상은 박근혜 후보가 문재인 후보에 비해 노년층을 결집하고 동원하는 데 성공적이었다는 점을 의미한다. 그 이유가 박근혜 후보가 새누리당 후보였기 때문인지, 선거 전략의 성공에서 비롯된 것인지를 엄밀하게 구분하는 것은 쉽지 않다. 다만 '모든 노인에게 기초연금 제공', '건강보험 보장성 강화' 등의 공약은 노년층의 표심을 얻는 데 상당한 역할을 수행했다.

한편, 2016년 4월에 치러진 20대 총선 결과는 16년 만에 여소야대 정국을 만들어냈다. 정권 심판론이 새누리당의 공천 파동과 결합하여 민심을 돌아서게 했다. 민심은 대통령에 대한 충성 경쟁보다는 경제와 노동문제의 해법에 더 큰 관심을 기울였다. 2030세대 청년층의 투표율 증가는 일자리 문제 등 청년들의 분노가 정치적으로 표출된 것이라고 볼 수 있다. 아무리 뛰어난 스펙을 쌓아도 생존경쟁에서 혈로를 뚫을 수 없는 상황에 대한 분노가 정치적으로 폭발한 것이다.

현재 3당 구도는 향후 복지 정치에 긍정적인 영향을 미칠 가능성이 있다. 서구 유럽 복지국가 발전의 배경이 된 것은 정치 세력 간의 연합정치이다(권형기, 2007b; 선학태, 2015). 양당 구도의 승자 독식 제도와는 달리, 연합 정치에서는 실효성 있는 정책 대안을 둘러싼 긴밀한 협의와 타협의 정치가 필수적이다(권형기, 2007b; 선학태, 2015). 따라서 이념적 지향 못지않게 현실적인 문제 해결에 필요한 정책을 모색하는 정당들의 노력이 증가할 수 있다. 각 정당은 국민들의 마음을 더 많이 얻기 위한 정책 개발에 몰두하고, 정책에 기반을 둔 정당 간의 연합이나 경쟁이 이루어질 수 있기 때문이다.

과거 한국의 양당 정치체제에서는 정당의 이념적 정체성에 기반을 둔 정책이 강압적으로 제기되곤 했었다. 기업의 이해관계만을 주로 담고 있는 현 정부의 해고 요건 완화 등 노동 개혁 프로그램을 예로 들 수 있다. 반면 여소야대, 3당 구도의 정치에서는 정책에 대한 합의를 통해 정당들이 자신의 지지 기반을 구성하는 사회 세력 모두의 이익을 증진할 수 있는 타협의 정치를 진행할 수 있다.

20대 총선 이후에도 연령은 정치적 선택에 영향을 미칠 것이다. 고령화에 따라 보수적 성향의 유권자가 많아질 것이다. 고령층 유권자들의 높은 투표 참여율을 고려하면 보수적 성향의 후보가 선거에서 유리해질 수 있다. 그러나 선거에는 후보자의 인물로서의 매력, 쟁점으로 부각되는 사안의 특성 등 복합적인 요인이 작용할 수 있다. 특정 연령층의 표심을 얻기 위한 공약 경쟁을 통해 해당 연령집단이 응집력 있는 투표 성향을 보이게 될 수 있다. 따라서 향후에 어떠한 쟁점이 선거에서 부각되는지, 정당과 후보는 이를 어떻게 유권자의 동원에 활용하는지, 선거 경쟁의 맥락에서 다양한 세대 집단이 어떻게 동원되는지를 면밀히 살펴볼 필요가 있다.

04 경제적 자원 배분과 세대 갈등

일자리, 소득, 자산의 세대 간 차이

세대 간 경제적 자원의 분포와 세대 갈등

이 장에서는 경제 영역에서 세대 간의 자원 배분과 세대 갈등이 발생하는 양상을 탐색할 것이다. 청년층과 고령층에 초점을 맞추어, 세대별로 경제적 자원이 어떠한 분포를 보이는지, 분포의 양상은 어떻게 변화했는지를 밝히고자 한다. 주로 2000년 이후 세대 간 일자리, 소득, 자산 등 경제적 자원의 세대별 분포가 어떻게 변화했는지를 탐색할 것이다. 〈표 4-1〉에 제시한 「경제활동인구조사(고용 동향)」, 「경제활동인구조사 부가조사(근로형태별 및 비임금 근로, 청년층 및 고령층)」 자료를 활용해 근로자의 고용형태, 종사상 지위, 산업, 직종, 임금수준 등에 관한 연령대별 분포 상태를 파악할 것이다. 「가계금융 복지조사」 자료 또한 참고해 연령대별 가구소득, 자산과 부채 규모 등 가계의 재무 상태와 건전성을 파악할 것이다.

표 4-1 | 경제적 자원 배분의 분석 항목과 분석 자료

분석 항목	분석 자료 및 출처
연령대별 고용 동향 - 경제활동 참가율, 취업률, 실업률 - 취업 구조(산업, 직업, 종사상 지위, 취업 시간)	통계청(2000~2015), 경제활동인구조사(고용 동향)
연령대별 임금 근로자 근로형태(정규직 및 비정규직), - 근속 기간, 월평균 임금(산업, 직업)	통계청(2002~2015), 경제활동인구조사 부가조사(근로형태별)
청년층(만 15~29세), 고령층(만 55~79세) 취업 및 근로 형태	통계청(2002~2015), 경제활동인구조사 부가조사(청년층 및 고령층)
가구주 연령대별 가구 소득, 자산, 부채	통계청(2010~2015), 가계금융 복지조사

경제활동 변화: 고령층 고용 증가

2005~2015년 동안 청년층과 고령층의 경제활동의 변화 양상을 탐색했다. 〈표 4-2〉는 경제활동 상태의 변화를 15세 이상 인구, 청년층, 고령층으로 나누어 나타낸 것이다. 2015년 5월 기준, 15세 이상 인구의 경제활동 참가율과 고용률은 각각 63%와 61%로 나타났다. 이 수치는 10년 전인 2005년과 거의 유사한 수준이다.

2015년 청년층(15~29세) 인구의 경제활동 참가율과 고용률은 각각 46%와 42%로 10년 전인 2005년 이후 지속적으로 하락하는 양상을 보였다. 반면 실업률은 9.3%로 다소 증가했다. 지난 10년간 청년층 인구 규모와 전체 인구에서 차지하는 청년층의 비중은 모두 감소했다. 청년층 인구는 약 43만 명 정도 감소하여, 2005년 대비 4.3%의 감소율을 보였다. 같은 기간 경제활동인구와 취업자는 더 큰 폭의 감소세를 보였다. 경제활동인구는 약 49만 명이 감소했으며, 취업자 수는 약 54만 명이 감소했다. 각각 10%

표 4-2 | 경제활동 상태: 15세 이상, 청년층, 고령층 인구 (단위: 천 명, %)

구분	항목	2005년	2010년	2015년	2005~2015년 증감(률)
15세 이상 인구	15세 이상 인구	38,274	40,533	42,975	4,701(12.3)
	경제활동인구	24,051	25,099	27,211	3,160(13.1)
	취업자	23,199	24,306	26,189	2,990(12.9)
	실업자	852	793	1,022	170(20.0)
	비경제활동인구	14,223	15,434	15,764	1,541(10.8)
	경제활동 참가율(%)	62.8	61.9	63.3	
	고용률(%)	60.6	60.0	60.9	
	실업률(%)	3.5	3.2	3.8	
청년층 (15~29세)	청년층 인구	9,926	9,720	9,499	-427(-4.3)
		(25.9)	(24.0)	(22.1)	
	경제활동인구	4,858	4,301	4,369	-489(-10.1)
	취업자	4,499	4,027	3,963	-536(-11.9)
	실업자	360	274	406	46(12.8)
	비경제활동인구	5,068	5,418	5,130	62(1.2)
	경제활동 참가율(%)	48.9	44.3	46.0	
	고용률(%)	45.3	41.4	41.7	
	실업률(%)	7.4	6.4	9.3	
고령층 (55~79세)	고령층 인구	8,099	9,481	11,834	3,735(46.1)
		(21.2)	(23.4)	(27.5)	
	경제활동인구	4,045	4,886	6,538	2,493(61.6)
	취업자	3,952	4,780	6,374	2,422(61.3)
	실업자	93	106	164	71(76.3)
	비경제활동인구	4,055	4,594	5,296	1,241(30.6)
	경제활동 참가율(%)	49.9	51.5	55.2	
	고용률(%)	48.8	50.4	53.9	
	실업률(%)	2.3	2.2	2.5	

출처: 통계청, 경제활동인구조사(2005, 2010, 2015).

와 11%의 감소율이었다. 이는 경제활동에서 벗어난 비경제활동인구의 증가에서 비롯된다. 청년층 인구가 해당 기간 동안 감소했지만, 비경제활동인구는 오히려 6만 명가량 증가했다.

반면 2015년 고령층(55~79세) 인구의 경제활동 참가율과 고용률은 각각 55%와 54%로 청년층보다 높은 수준을 보였으며, 10년 전에 비해 증가하는 추세이다. 고령층 인구의 규모도 10년 사이에 무려 374만 명이 증가하여, 청년층에 비해 더 큰 비중을 차지하고 있다. 고령층 규모의 증가는 경제활동인구, 취업 인구의 급증으로 이어졌다. 해당 기간 동안 취업 인구는 약 242만 명이 증가하여 61%의 증가율을 보였다. 반면 비경제활동인구 증가율은 31%에 그쳤다.

고령층 인구는 청년층에 비해 경제활동에 더욱 적극적으로 참가하는 양상을 보이고 있다. 고령층의 경제활동 참가율이 증가한 이유는 다양하다. 베이비붐 세대의 고령화로 인한 고령 근로자의 증가가 기본적인 배경이다. 또한 기대 수명의 연장으로 인해, 은퇴 후 수명이 연장되어 생계유지를 위해 근로 활동을 계속해야 할 필요성이 증가했기 때문이다. 다음 절에서는 이러한 변화의 원인을 본격적으로 규명하고자 한다.

청년 고용 지표의 변화: 청년 고용률 하락

청년층의 고용률은 2005년 이후 점차 하락세를 보이면서, 전체 고용률과의 격차가 점점 더 벌어지고 있다(나승호 외, 2013). 청년층의 고용률은 2005년 45%에서 2013년 40%로 낮아졌다가, 2015년 42%로 다소 증가했다. 그러나 이러한 청년층 고용률은 OECD 국가와 비교해볼 때 상당히 낮은 비율이다(나승호 외, 2013).

청년층 취업률의 성별 분포를 살펴보면, 2001년 이후 취업자 중에서 여성이 차지하는 비율이 남성의 비율보다 더 높았다(나승호 외, 2013). 또한 2004년 이후 성별 취업률의 경우에도 여성의 취업률이 남성에 비해 높았

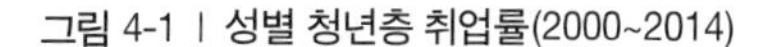
그림 4-1 | 성별 청년층 취업률(2000~2014)

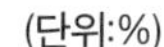
(단위:%)

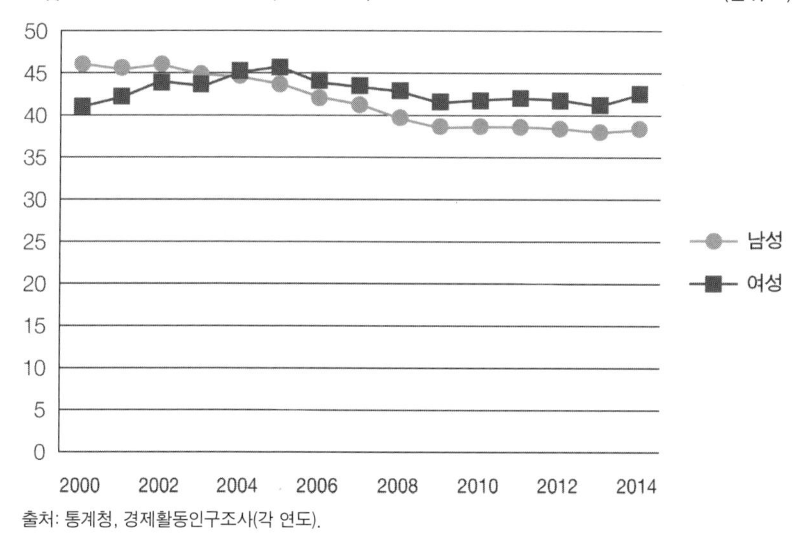

출처: 통계청, 경제활동인구조사(각 연도).

다(〈그림 4-1〉). 이는 산업구조가 제조업에서 서비스업으로 개편되면서 여성 일자리가 증가되고, 여성의 대학 진학률이 높아지면서 여성 대졸자 취업률이 높아졌기 때문이다.

〈그림 4-2〉는 대학 진학률의 변화를 성별로 나타낸 것이다. 대학 진학률은 1991년 33%에서 계속 증가하여 2008년 84%로 정점에 달했다가 이후 감소하는 추세이다.[1] 2009년 이후에는 여학생의 대학 진학률이 더 높은 비율을 보이며, 대학 진학률의 성별 격차가 계속 증가하는 추세이다.

---

1 대학 진학률은 당해 연도 고교 졸업자 중의 대학 진학자를 백분율로 환산한 것이다. 2011년 이전에는 당해 연도 2월 대학 합격자를 기준으로 했다. 그러나 2011년부터는 대학 진학자 기준이 대학 등록자로 변경되었다(통계청, 2015). 대학 진학자 산정 기준의 변경이 2011년 이후 대학 진학률이 낮아진 이유 중의 하나이다.

그림 4-2 | 성별 대학 진학률(1991~2014) (단위:%)

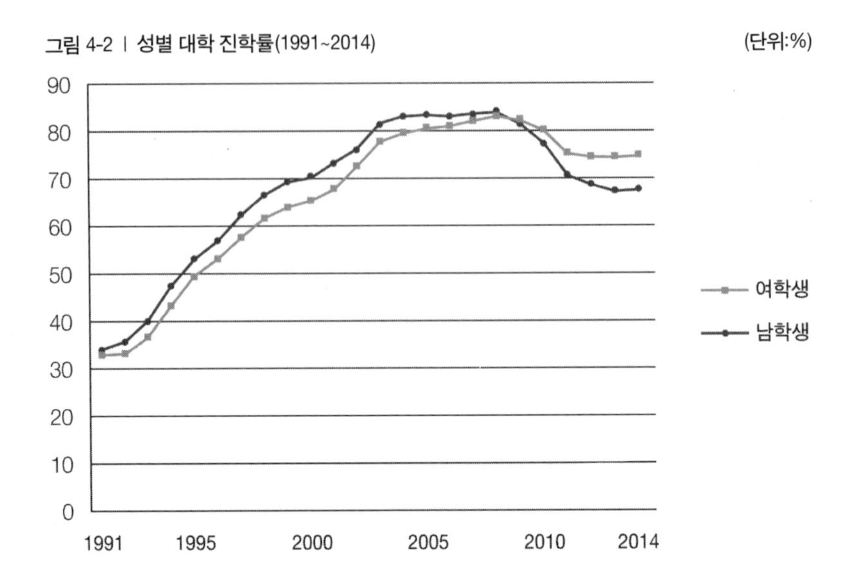

출처: 한국교육개발원, 교육통계연보(각 연도).

이러한 추세는 향후 결혼과 출산 등 가족구조의 변화에도 영향을 미칠 수 있다. 대학 교육을 받은 남성이 여성에 비해 점차 감소하고, 좋은 일자리를 가진 남성의 비율도 감소하기 때문이다. 대졸자의 특성을 면밀히 살펴볼 필요가 있지만, 좋은 직장을 가진 남성 비율이 감소함으로써, 직장을 가진 여성이 자신에 걸맞은 배우자를 찾기 어렵고, 이는 결혼과 출산을 늦추는 결과로 이어진다. 대졸 여성의 경우 낮은 지위의 배우자를 찾기보다 오히려 혼자 사는 '골드 미스'를 선택할 가능성이 높기 때문이다. 이러한 경향은 결국 한국 사회에서 향후에도 저출산 추세가 지속될 수 있음을 보여준다.

청년층 고용 감소의 주요 원인은 경제활동 참가율의 감소에서 찾을 수 있다. 청년층의 경제활동 참가율은 2000년대 중반 이후 큰 폭으로 하락했다. 청년층 인구와 비경제활동인구 비율을 비교한 〈그림 4-3〉에서 보듯이

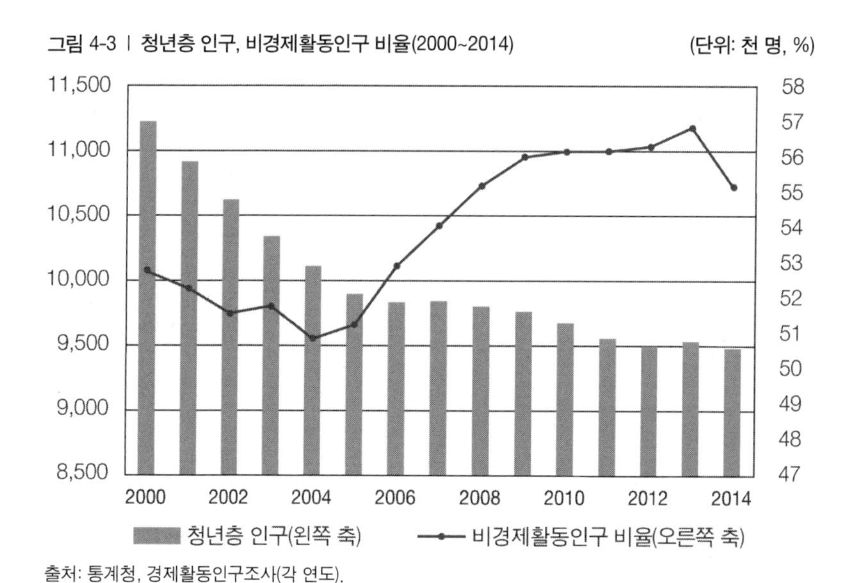

그림 4-3 | 청년층 인구, 비경제활동인구 비율(2000~2014) (단위: 천 명, %)

출처: 통계청, 경제활동인구조사(각 연도).

비경제활동인구 비율은 2005년 51%에서 2012년 56%로 증가하는 양상을 보이고 있다.

결국 경제활동 참가율 하락이 고용률 하락으로 이어지고 있다. 〈표 4-3〉은 청년층 비경제활동인구가 어떤 특성을 지니는지를 조사한 결과이다(나승호 외, 2013). 청년층 비경제활동인구의 구성과 변화 추이를 살펴보면, 2005~2012년 동안 정규교육기관에 등록하여 통학하는 인구가 45만 명 증가했다. 이들이 비경제활동인구 증가의 주요 원인이 되고 있다(나승호 외, 2013). 이는 해당 기간 대학 진학률의 증가에서 비롯된 것이다. 2004~2009년 동안 대학 진학률은 80%를 상회했다. 청년층의 고학력화가 비경제활동인구 증가의 가장 큰 원인이다(나승호 외, 2013).

2005~2012년 동안 이른바 니트NEET의 증가도 눈여겨 볼 필요가 있다. 니트는 '교육, 훈련을 받지 않고, 일도 하지 않는 젊은 사람들NEET: Not in

표 4-3 | 청년층 비경제활동인구의 활동 상태 (단위: 만 명, %)

구분	2005년 (A)	2006년	2007년	2008년	2009년	2010년	2011년	2012년 (B)	B-A
육아 및 가사	57.1	52.1	50.1	47.6	46.6	43.1	39.7	36.0	-21.0
정규교육기관 통학	348.9	366.9	382.5	391.4	393.9	392.1	390.8	393.4	44.5
학원 통학	26.4	25.6	24.7	26.2	25.0	26.1	24.3	22.1	-4.3
취업 준비	17.6	23.2	24.4	27.4	25.6	25.9	24.7	26.9	9.3
진학 준비	12.2	12.1	13.0	11.9	13.9	17.3	16.7	13.8	1.5
쉬었음	27.8	25.8	24.5	24.9	29.7	27.4	30.9	31.7	3.9
기타[1]	18.3	15.2	13.4	13.0	12.9	13.2	11.8	12.2	-6.1
니트[2]	57.7	61.1	61.8	64.2	69.2	70.7	72.3	72.4	14.8
합계	508.3	520.9	532.5	542.3	547.7	545.1	539.0	536.1	27.7

주: 1 일시 휴직, 심신장애, 군 입대 대기, 결혼 준비 등 포함.
2 취업 준비, 진학 준비, 쉬었음 등 포함.
출처: 나승호 외(2013).

Education, Employment, or Training'을 칭하는 용어이다(나승호 외, 2013). 해당 기간 동안 '취업 준비', '진학 준비', '쉬었음'으로 응답한 청년층은 약 15만 명이 증가했다. 괜찮은 일자리가 감소하면서 더 나은 일자리를 얻기 위해 취업과 진학을 준비하는 청년들이 증가한 것이다(나승호 외, 2013).

청년층의 학업과 취업: 취업난에 따른 재학률 증가

〈표 4-4〉는 청년층 인구의 학업 및 취업과 관련된 특성을 나타낸 것이다. 청년층 인구 중에서 학교에 재학 중인 비율은 2005년 39%에서 2015년

표 4-4 | 청년층의 학업 및 취업 (단위: 천 명, %)

구분	2005년	2010년	2015년
청년층 인구(15~29세)	9,926	9,720	9,499
수학 상태			
졸업 및 중퇴	54.3	48.6	48.8
재학	39.3	45.2	45.2
휴학	6.3	6.1	5.9
대학 졸업 소요 기간*		4년 0개월	4년 1.5개월
남성		5년 2개월	5년 2.1개월
여성		3년 3개월	3년 5.4개월
평균 휴학 기간*		2년 5개월	2년 3.5개월
첫 취업 평균 소요 기간	10개월	10개월	11.0개월
첫 일자리 평균 근속 기간	1년 9개월	1년 7개월	1년 6.4개월
첫 일자리를 그만둔 경우	1년 5개월	1년 4개월	1년 2.6개월
첫 일자리가 현 직장인 경우	2년 4개월	2년 3개월	2년 0.9개월

주: *대학 졸업 소요 기간, 휴학 경험 여부 및 평균 휴학 기간은 2007년부터 조사됨.
출처: 통계청, 경제활동인구조사: 청년층 부가조사(각 연도).

45%로 증가했다. 해당 기간 동안 대학 진학률이 급격히 증가했기 때문이다. 대학 졸업 소요 기간의 경우, 4년에서 4년 1.5개월로 증가했다. 취업난을 경험하는 대학생들이 휴학, 졸업 유예 등으로 졸업을 늦추면서 취업을 준비하기 때문이다.

첫 번째 직장에 취업하는 데 소요된 기간도 2005년 10개월에서 2015년 11개월로 증가했다. 반면 첫 일자리의 평균 근속 기간은 2005년 1년 9개월에서 2015년 1년 6.4개월로 감소되었다. 근속 기간의 감소는 계약직의 증가 등 신규 노동시장에서 정규직 일자리의 감소에 따른 것이다.

표 4-5 | 청년층 취업자의 산업별, 직업별 분포 (단위: 천 명, %)

구분		2005년	2010년	2015년
취업자 수		3,796	3,327	3,200
산업	농림, 어업	0.8	0.6	1.0
	제조업	23	18.2	19.2
	건설업	5.6	3.7	3.2
	도·소매, 음식·숙박업	24.4	22.9	23.9
	사업, 개인, 공공서비스업	37.3	42.1	42.1
	전기, 운수, 창고, 금융업	8.9	12.6	10.5
직업	전문, 기술, 행정관리직	27.7	30.5	30.2
	사무직	28.7	28.6	26
	서비스, 판매직	19.7	20.3	22.3
	농림, 어업직	0.6	0.5	0.8
	기능, 기계 조작, 단순 노무직	23.2	20.1	20.7

출처: 통계청, 경제활동인구조사: 청년층 부가조사(각 연도).

〈표 4-5〉는 학교를 졸업 또는 중퇴한 청년 취업자의 산업별·직업별 분포를 나타낸 것이다. 산업별 분포를 보면 '사업, 개인, 공공서비스업' 취업자 비중이 42%로 가장 높았다. 다음으로는 '도·소매, 음식·숙박업' 취업자가 24%를 차지했다. 시계열 추이를 보면 제조업 취업자는 2005년 23%에서 2015년 19%로 감소했다. 제조업 취업자의 임금수준이 서비스업에 비해 높은 점을 감안할 때, 제조업 취업자의 감소로 인해 좋은 일자리를 가진 청년층이 감소했을 가능성이 있다.

청년 취업자의 직업 분포를 살펴보면 2015년 전문, 기술, 행정관리직이 30%로 가장 높았다(〈표 4-5〉). 다음으로는 사무직이 26%였다. 전문, 기술, 행정관리직에 취업한 청년층의 비율은 2005년에 비해 다소 증가했다. 정보 기술 산업의 발달 등 산업구조의 변화에 따라 신속한 기술 변화에 적응

표 4-6 | 청년 취업자의 첫 일자리 특성 (단위: 천 명, %)

구분				2007년	2010년	2015년
취업 유경험자				3,139	4,245	4,000
임금 근로자	계약 여부	계약 기간 정함	1년 이하	12.2	16.3	20.3
			1년 초과	4	5.3	4
		계약 기간 정하지 않음	계속 근무 가능	59.7	59.3	60.4
			일시적 일자리	21.9	16	11.8
	근로 형태	전일제			85.9	83
		시간제			11	13.4
자영업자				1.4	2.1	2
무급 가족 종사자				0.8	1	1.6

출처: 통계청, 경제활동인구조사: 청년층 부가조사(각 연도).

하기에 유리한 고학력 청년층의 취업이 증가한 것으로 보인다.

〈표 4-6〉은 청년층의 첫 번째 일자리의 특성을 나타낸 것이다. 2015년 기준 계약 기간을 정하지 않고 '계속 근무 가능'한 일자리에 취업한 비율은 60%로 나타났다. 1년 이하 계약직은 2007년 12%에서 2015년 20%로 증가했다. 2006년 통과된 비정규직 보호법에 따라 계약 기간을 2년 이하로 명시하는 비율이 증가했기 때문이다. 한편 계약 기간을 정하지 않는 '일시적 일자리'에 취업한 비율은 2007년 22%에서 2015년 12%로 감소했다. 일시적 일자리는 계약 기간을 정하는 일자리로 전환되었을 가능성이 높다. 계약 여부, 근로형태에 따른 임금수준, 근로시간 등 일자리의 속성을 면밀히 탐색할 필요가 있다.

고령층의 경제활동과 복지: 고령층 취업 증가

〈표 4-7〉은 2005~2015년 동안 고령층의 경제활동과 관련된 내용을 나타낸 것이다. 2005~2015년 동안 55~79세 고령층 인구는 약 810만 명에서 1183만 명으로 급격히 증가했다. 가장 오래 근무한 일자리를 기준으로 평균 근속 기간은 2005년 16년 10개월에서 2015년 14년 9개월로 감소했다. 약 10년 사이에 2년 1개월 가까이 감소한 것이다. 이는 고용구조의 변화로 인한 조기퇴직, 명예퇴직 등의 증가에서 비롯되는 것이다.

조사 시점을 기준으로 지난 1년간 취업 경험을 살펴보면 취업률은 2005년 56%에서 2015년 62%로 증가했다. 청년층의 취업률이 감소한 반면, 고령층의 취업률은 증가했다. 구직 경험도 2005년 11%에서 2015년 16%로 증가했다.

한국의 고령층 취업이 증가하는 원인은 매우 다양하다. 먼저 고령화된 베이비붐 세대가 취업 증가를 주도하는 점에 주목할 필요가 있다(남재량, 2014). 1차 베이비붐 세대라고 불리는 1955~1963년 출생 코호트가 50대가 되기 시작한 2005년부터 고령층 취업률이 가파르게 증가하고 있다(남재량, 2014). 베이비붐 세대의 고령화에 따른 전체 연령 상승이 고령층 고용의 증가를 가져왔다. 그러나 베이비붐 세대가 처한 경제적 상황, 부모 부양 가치관의 변화, 독립적 생활 선호 등 이 세대의 고유한 특성도 취업률 증가에 영향을 미치고 있다.

베이비붐 세대는 자녀의 대학 교육, 결혼 준비 등으로 노후를 위한 투자나 저축이 부족한 실정이다(최연자·주소현, 2011). 여기에 부모 부양 가치관의 변화로 성인 자녀가 노인 부모를 부양하는 비율이 감소하면서 고령층의 경제활동이 늘어났다. 통계청 2014 사회조사 결과에 따르면, 부모의 노후 생계는 가족이 돌봐야 한다는 비율이 2008년 41%에서 2014년 32%로

표 4-7 | 고령층의 경제활동 (단위: 천 명, %)

구분		2005년	2010년	2015년
55~79세 인구		8,099	9,481	11,834
가장 오래 근무한 일자리 (55~64세)	평균 근속 기간	16년 10개월	16년 5개월	14년 9.4개월
	남성	19년 8개월	20년 1개월	18년 7.8개월
	여성	13년 11개월	12년 7개월	10년 9.9개월
	평균 이직 연령(세)	50	49	49
	남성(세)	52	52	52
	여성(세)	48	47	47
지난 1년간의 취업 경험	취업 경험 있음	56.3	60.2	62.2
	구직 경험 있음	11.3	15.9	16.0
연금 수령 여부*	연금 수령자		4,348(45.9)	5,328(45.0)
	평균 수령액(만 원)		35	49
	남성(만 원)		51	67
	여성(만 원)		18	31
장래 근로 희망 여부	장래 근로 원함	58.8	60.1	61.0
	남성	56.6	56.8	57.3
	여성	43.4	43.2	42.7

주: *연금 수령 여부는 2008년부터 조사됨.
출처: 통계청, 경제활동인구조사: 고령층 부가조사(각 연도).

급격히 감소했다(통계청, 2014). 그리고 이러한 의식을 반영하듯 실제로 자신의 성인 자녀와 함께 생활하면서 노후 문제를 해결하는 노인의 비율 또한 2008년 38%에서 2014년 31%로 급감했다(통계청, 2014). 노인들이 성인 자녀와 독립적으로 생활하면서 자신의 생계를 유지하기 위해서 다시 취업 전선에 나서는 것이다. 그 결과 노인 부모의 생활비를 부모 자신이 해결하는 비율도 2008년 47%에서 2014년 50%로 증가했다(통계청, 2014).

복지제도 측면에서 살펴보면, 국민연금제도의 미성숙, 적용 범위의 한계로 인해 노후 소득을 보장하는 기능이 여전히 부족한 것도 고령층 취업률을 증가시켰다. 2015년 기준, 국민연금 등 노령연금을 받는 비율은 45%

였으며, 평균 연금 수급액은 49만 원에 불과하다. 이 금액으로는 생계를 유지하기 어렵다. 또한 55세 정년 이후에도 취업할 수 있는 건강한 노인들이 증가한 것도 취업률 증가의 원인 중 하나이다.

연령별 고용형태와 임금수준의 변화

〈표 4-8〉은 2003년과 2014년 두 시점에서 임금 근로자의 연령대별 구성, 각 연령대별 정규직의 비율을 나타낸 것이다. 2014년 임금 근로자의 분포를 살펴보면 30, 40대가 전체 근로자의 절반 이상을 차지하고 있다. 20대 근로자는 18%, 50대 이상 근로자는 29%였다. 이러한 연령별 구성은 약 10여 년 전인 2003년에 비해 상당한 변화를 보이고 있다. 한국 사회의 고령화에 따라 근로자의 고령화 현상도 뚜렷이 나타난다. 임금 근로자에서 청년층의 비중이 감소하고, 퇴직 후에도 생계를 위해 취업에 나서는 고령층이 급증한 것이다. 특히 20대 근로자는 약 11% 정도 감소한 반면, 50대와 60대 이상 근로자는 두 배 이상 증가했다.

연령별 고용 변화: 청년층, 정규직 비율 감소

2014년 정규직의 연령별 구성을 살펴보면, 정규직의 30%가 30대, 28%가 40대였다. 전체 임금 근로자의 연령별 구성에 비해 30, 40대의 정규직 비중이 상대적으로 높았다. 연령대별 정규직 비율을 살펴보면, 30, 40대의 정규직 비율은 각각 78%와 74%로 전체 근로자의 정규직 비율 68%에 비해 높은 비율을 보였다. 30, 40대 임금 근로자는 다른 연령대 근로자에 비해 상대적으로 안정적인 지위를 차지하고 있다.

표 4-8 | 임금 근로자의 연령별 구성과 정규직 비율 (단위: 천 명, %)

구분	2003년 8월			2014년 8월		
연령	임금 근로자 (구성비)	정규직 (구성비)	정규직 비율	임금 근로자 (구성비)	정규직 (구성비)	정규직 비율
15~19세	268 (1.9)	101 (1.1)	37.7	262 (1.4)	80 (0.6)	30.5
20~29세	3,830 (27.1)	2,697 (28.3)	70.4	3,410 (18.2)	2,320 (18.3)	68.0
30~39세	4,320 (30.5)	3,184 (33.4)	73.7	4,801 (25.6)	3,755 (29.6)	78.2
40~49세	3,393 (24.0)	2,337 (24.5)	68.9	4,867 (25.9)	3,575 (28.2)	73.5
50~59세	1,647 (11.6)	990 (10.4)	60.1	3,710 (19.8)	2,428 (19.1)	65.4
60세 이상	690 (4.9)	235 (2.5)	34.1	1,726 (9.2)	541 (4.3)	31.3
계	14,149 (100.0)	9,542 (100.0)	67.4	18,776 (100.0)	12,699 (100.0)	67.6

출처: 통계청, 경제활동인구조사: 근로형태별 부가조사(각 연도).

10여 년 전인 2003년과 비교해보면, 전체 근로자 중에서 정규직 비율은 약 68%로 유사했다. 그러나 연령대별 정규직 비율은 다소 차이를 보였다. 해당 기간 동안 30대와 40대는 각각 4.5%p와 4.6%p 증가한 반면, 20대의 정규직 비율은 2.4%p 감소했다. 또한 15~19세 정규직 비율도 약 7.2%p 감소했다. 유연화된 노동시장으로 인해 20대가 첫 직업을 갖는 신규 노동시장에서 비정규직 일자리가 증가한 것이 가장 큰 원인이라고 할 수 있다. 2003년에 정규직을 가졌던 20, 30대는 10여 년 후인 2014년에도 계속 정규직을 갖고 있을 가능성이 크다.

임금수준 변화: 청년층 비정규직, 실질임금 하락

〈표 4-9〉는 2006년과 2014년 두 시점에서 연령과 고용형태에 따른 월

표 4-9 | 근로자 임금수준 변화: 연령별, 고용형태별 (단위: 월 급여(천 원), 시간당 급여(원))

고용형태	연령	2006년		2014년		급여 증감			
		월 급여 (천 원)	시간당 급여(원)	월 급여 (천 원)	시간당 급여(원)	월 급여 증감	시간당 급여 증감	실질 월 급여 증감	실질 시간당 급여 증감
전체 근로자	전체	1,742	9,400	2,353	14,587	611	5,187	159	2,383
	29세 이하	1,273	6,965	1,700	10,583	427	3,618	100	1,583
	30~39세	1,887	10,209	2,537	15,392	650	5,183	162	2,224
	40~49세	2,049	10,980	2,718	16,803	669	5,823	146	2,593
	50~59세	1,948	10,403	2,492	15,624	544	5,221	65	2,217
	60세 이상	1,383	7,319	1,739	11,685	356	4,366	22	2,120
정규 근로자	전체	1,925	10,141	2,698	15,684	773	5,543	254	2,528
	29세 이하	1,408	7,418	2,039	11,608	631	4,190	239	1,958
	30~39세	2,007	10,655	2,698	15,759	691	5,104	172	2,074
	40~49세	2,261	11,863	3,027	17,703	766	5,840	184	2,437
	50~59세	2,195	11,432	2,932	16,964	737	5,532	173	2,271
	60세 이상	1,654	8,579	2,288	13,360	634	4,781	194	2,213
비정규 근로자	전체	1,053	6,608	1,305	11,253	252	4,645	1	2,482
	29세 이하	902	5,718	1,046	8,609	144	2,891	-57	1,236
	30~39세	1,206	7,676	1,572	13,183	366	5,507	64	2,973
	40~49세	1,131	7,145	1,431	13,058	300	5,913	25	3,403
	50~59세	1,127	6,980	1,401	12,308	274	5,328	5	2,962
	60세 이상	941	5,271	1,179	9,977	238	4,706	11	2,788

출처: 통계청, 경제활동인구조사: 근로형태별 부가조사(2006, 2014).

급여, 시간당 급여의 변화를 나타낸 것이다. 2014년 전체 근로자의 월평균 급여는 약 235만 원이었으며, 시간당 급여는 약 1만 5천 원이었다. 40대 근로자의 월 급여, 시간당 급여가 가장 높았고, 해당 기간 동안 급여 증가 폭도 가장 컸다. 이는 40대 근로자가 기업에서 안정적인 직위를 갖고 있으며, 임금체계가 연공서열적인 성격을 띠고 있기 때문이다. 50대 초중반에 퇴직하는 경우가 많기 때문에 50대의 임금수준은 40대에 비해 낮았다. 15~29세 청년층의 경우 월 급여 및 시간당 급여에서 60세 이상 근로자에 비해서도 낮은 수준이었다. 이는 청년층에서 시간제 근무 등 비정규직의 비중이 높기 때문이다.

정규직, 비정규직 근로자의 임금수준을 살펴보면, 2014년 정규직 근로자의 월 임금수준은 약 270만 원이었으며, 시간당 급여는 약 1만 6천 원이었다. 반면 비정규직 근로자의 월 임금수준은 약 130만 원에 불과했으며, 시간당 급여도 1만 1천 원으로 나타났다.

2006~2014년 동안 임금수준의 변화를 고용형태에 따라 살펴보면 정규직 근로자만 급여가 증가했다. 정규직 근로자의 경우 해당 기간 동안 명목임금이 월평균 77만 원, 실질임금으로는 25만 원 정도 증가했다. 그러나 비정규직 근로자의 경우에는 명목임금이 25만 원 증가했으나, 실질임금으로 거의 1천 원 증가에 불과했다.

비정규직 근로자의 경우 약 10여 년 동안 임금수준이 거의 정체 상태에 놓인 것이다. 특히 청년층의 경우 정규직 근로자가 약 24만 원 정도의 월 급여 인상을 경험한 반면, 청년층 비정규직은 오히려 약 6만 원 정도의 실질임금 하락을 경험했다. 이는 정규직과 비정규직 노동시장에서 임금수준의 양극화가 심화되었다는 점을 보여준다. 이러한 상황에서 청년층 근로자들이 첫 직장을 선택할 때 정규직을 선호하는 것은 당연한 일이다. 정규직 근로자의 경우, 모든 연령대의 근로자가 월평균 17~24만 원의 실질임금 상승을 경험했다. 그러나 비정규직 근로자의 경우, 가장 많은 임금수준 증가를 경험한 30대 근로자의 월 급여가 6만 원 정도 증가하는 데 그쳤다.

청년층 일자리 변화: 양질의 일자리 감소

청년층이 갖는 일자리의 질이 어떠한지를 밝히기 위하여 10분위 고용증가율을 살펴보았다(김복순, 2015). 중위 임금을 이용하여 일자리를 10분

그림 4-4 | 일자리 10분위별 고용 증가율(2008~2014) (단위: %)

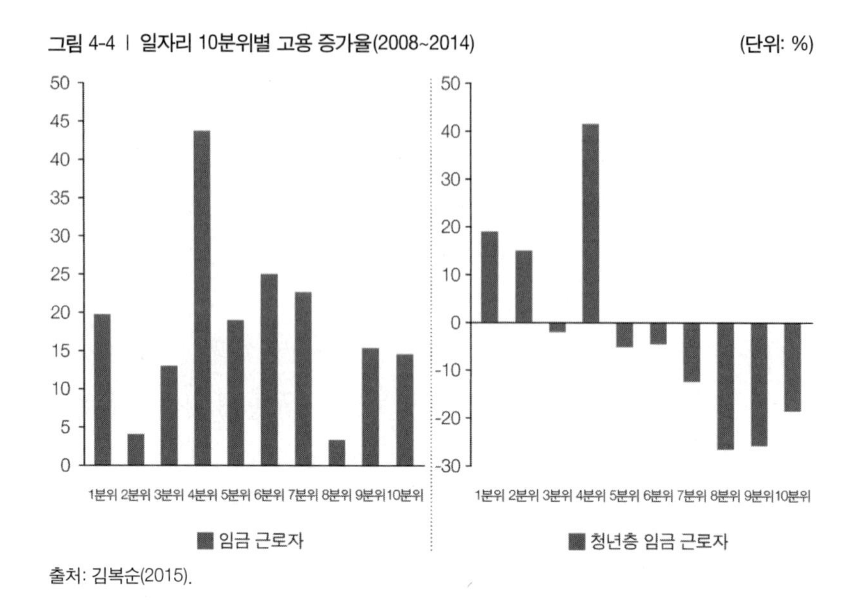

출처: 김복순(2015).

그림 4-5 | 청년층 하위 연령대별 10분위별 일자리 고용 증가율(2008~2014) (단위: %)

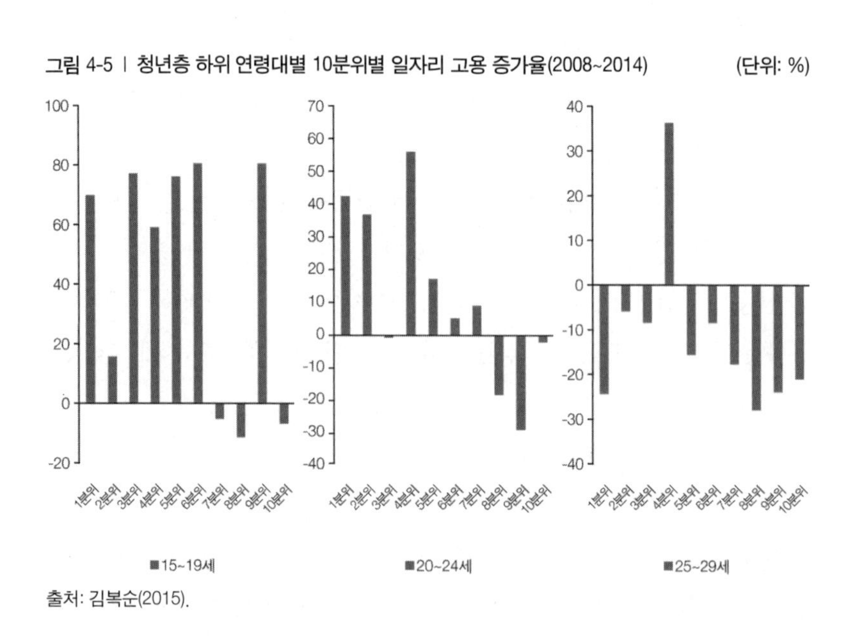

출처: 김복순(2015).

위로 구분하고, 각 분위별로 고용 증가율의 양상을 통해 고용이 증가된 일자리가 양질의 일자리인지를 파악할 수 있다(김복순, 2015; Wright and Dwyer, 2003; Goos and Manning, 2003). 〈그림 4-4〉는 2008~2014년 동안 전체 임금 근로자와 청년층 임금 근로자의 10분위별 고용 증가율을 나타낸 것이다.

전체 임금 근로자의 경우, 전반적으로 고용이 증가하고, 중간 분위인 4~7분위의 증가율이 상대적으로 높았다(김복순, 2015). 그러나 청년 임금 근로자의 경우, 7~10분위에 속하는 상위 일자리의 고용은 오히려 감소했다. 하위 일자리인 1~2분위, 4분위 일자리가 증가했다.

청년 근로자의 일자리 변화를 하위 연령별로 살펴보면, 20대, 특히 25~29세 연령층에서 상위 일자리가 감소했다(〈그림 4-5〉). 대학을 졸업하고 괜찮은 직업을 갖는 것이 점점 더 어려워짐을 보여준다. 15~19세, 20~24세 연령층에서는 하위 일자리가 증가했다. 이러한 2008~2014년 동안 10분위별 일자리의 변화는 청년층이 양질의 일자리를 얻기가 점점 더 어려워지는 현실을 보여준다.

연령별 소득, 자산, 부채 수준 및 변화

〈표 4-10〉은 연령별 소득, 자산, 부채 수준은 어떠한지를 나타낸 것이다. 소득, 자산, 부채 등의 정보는 주로 가구 수준에서 집계하기 때문에 분석 단위는 가구를 이용했다. '가구주'의 연령을 기준으로 소득, 자산, 부채 수준을 살펴보았다. 2014년 가구당 평균 경상 소득은 약 4700만 원, 중위 소득은 3800만 원이었다. 50대 가구주의 소득이 약 5800만 원으로 가장 많았으며, 다음으로는 40대가 약 5600만 원을 벌어들였다.

표 4-10 | 가구주 연령대별 소득, 자산, 부채 (단위: 만 원)

구분	30세 미만		30대		40대		50대		60대 이상		전체	
	평균	중위수	평균	중위수	평균	중위수	평균	중위수	평균	중위수	평균	중위수
경상 소득	3,413	2,800	4,988	4,360	5,558	4,800	5,843	4,711	2,718	1,560	4,676	3,800
자산	8,788	5,500	23,115	17,130	33,072	22,673	43,025	25,968	33,660	15,620	33,364	19,386
부채	1,558	1,079	5,235	4,000	6,824	4,500	7,911	4,700	4,372	3,000	5,994	4,000
이자 및 상환액	364	325	884	600	1,050	703	1,007	615	447	420	823	600
순 자산액	7,229	4,742	17,880	13,475	26,249	17,376	35,113	20,724	29,287	13,690	27,370	15,453
부채/순 자산(%)	21.6		29.3		26.0		22.5		14.9		21.9	
부채/소득(%)	45.6		105.0		122.8		135.4		160.9		128.2	

출처: 통계청, 가계금융 복지조사(2015).

가구별 자산의 평균은 약 3억 3000만 원, 중위 자산 규모는 1억 9000만 원이었다. 소득과 마찬가지로 50대가 약 4억 3000만 원으로 가장 많은 자산을 보유했으며, 60대 이상이 약 3억 4000만 원의 자산을 보유하고 있었다. 평균 부채는 약 6000만 원이었으며, 부채를 차감한 순 자산 규모는 약 2억 7000만 원 정도였다. 부채는 50대가 약 7900만 원으로 가장 많았으며, 다음으로는 40대가 약 6800만 원 정도의 부채를 보유하고 있었다.

연간 이자 및 부채 상환액은 평균 800만 원 정도였으며, 40, 50대가 약 1000만 원 정도였다. 이들은 연간 소득의 20%에 조금 못 미치는 금액을 부채 상환 및 이자 지급에 쓰고 있다. 순 자산 대비 부채비율은 평균 22%였으며, 30대가 29%로 가장 높은 비율을 보이고 있다. 이는 주택 구입 또는 전세 자금 마련을 위한 대출 등으로 높은 수준의 부채를 지고 있지만, 자신이 보유한 부동산의 가치가 40, 50대에 비해 상대적으로 높지 않기 때문이다. 한편 소득 대비 부채비율은 연령이 증가할수록 높아진다. 60대 이상이 161%로 가장 높고, 20대가 46%로 가장 낮았다. 이는 60대 이상의 경우, 은퇴 후 소득이 부채의 감소폭에 비해 급격히 하락하기 때문이다.

40, 50대에 집중된 가계 부채는 향후 어떻게 변화할 것인가? 이는 가계 부채 문제를 전망하는 데 매우 중요한 질문이다. 40, 50대 가구주가 보유한 가계 부채의 상당 부분은 10여 년 후, 50, 60대 가구주가 보유할 가능성이 크다(김지섭, 2015). 주택 담보 대출에서 생애 전체에 걸쳐 원리금을 분할 상환하는 방식보다는 단기 상환이나 일시 상환 방식의 비중이 높기 때문이다(김지섭, 2015). 대출 상환 시점이 오면 다시 새롭게 대출하는 경우가 많아 연령이 증가하더라도 부채 총액이 크게 감소하지 않는 특성을 보인다(김지섭, 2015). 40, 50대 중장년층은 순 자산 대비 부채 규모가 23~26% 정도이기 때문에 부채 상환 문제는 심각하지 않을 수도 있다. 그러나 이들이 부채 규모를 축소하지 못한 상태에서 은퇴한다면 소득이 급감해 부채 상환 가능성이 현저히 하락할 수 있다(김지섭, 2015). 따라서 10여 년 후에는 가계 부채 문제가 구조적으로 심화될 가능성이 있다.

전망: 경제적 자원 배분과 세대 갈등

이 장에서는 일자리, 소득, 자산 등 경제적 자원의 세대별 분포가 어떠한지, 세대 간 점유하는 자원의 차이가 세대 갈등에 미치는 영향이 어떠한지를 살펴보았다. 경제활동과 관련하여 청년층과 고령층은 상이한 양상을 보였다. 청년층의 경제활동은 2000년대 중반 이후 지속적으로 감소하는 반면, 고령층의 경제활동 참여는 증가하는 모습을 보였다. 2003년과 2014년 전체 취업률은 60%대로 비슷했지만, 2014년의 경우 고령층의 취업이 뒷받침된 수치였다. 기대 수명의 연장으로 은퇴 후 생애 기간이 늘어나면서 고령층의 경제활동 참여가 증가하고 있다.

청년층 취업률이 감소하는 이유 중의 하나는 청년층이 진입하는 노동시장에서 새롭게 창출되는 일자리가 점차 감소하기 때문이다. 또한 높은 대학 진학률에서도 비롯된다. 80% 이상이 대학에 진학하지만, 대졸 학력에 걸맞은 괜찮은 일자리가 부족한 현실이다. 대학 진학 등 인적자원에 투자를 했지만, 교육투자에 따른 높은 소득을 실현할 수 있는 좋은 일자리를 얻기가 매우 힘든 상황이다. 정규직과 비정규직 간의 임금격차가 심화되고, 비정규직에서 정규직으로의 전환이 쉽지 않은 상황에서 청년층은 양질의 일자리를 얻기 위해 졸업을 늦추거나, 학력을 높이는 전략을 취하고 있다. 1~2년 늦더라도 정규직을 갖는 것이 생애 전체에서 더 많은 소득을 올릴 수 있는 방안이기 때문이다.

그러나 청년층 취업이 감소하고 니트족이 증가하면서, 취업 연령이 증가하고, 결혼과 출산이 늦춰지는 악순환이 발생하고 있다. 또한 이들이 취업을 통해 기업에서 전문 지식을 쌓고, 기술을 개발하고, 인적자원을 축적할 수 있는 기회를 놓치게 되는 것도 커다란 경제적 손실이다. 졸업 이후에도 취업하지 못하고 사회로부터 고립, 단절되는 청년들이 아예 구직을 단념하는 경향도 나타나고 있다. 이는 청년층 비정규직 증가에 따른 심각한 부정적 영향 중 하나이다. 평생직장의 비전이 없는 비정규직 청년층은 정규직에 비해 회사에 대한 애착이 낮고, 자신의 업무에 몰입하여 장기적으로 활용할 수 있는 지식과 기술을 습득하려는 동기도 낮다.

최근 진행되는 다양한 청년 지원 정책이 일자리의 질적 측면을 얼마나 고려하고 있는지 의문이다. 또한 향후 노동 개혁을 통해 이루어질 해고 완화가 신규 일자리의 질적 측면에 어떠한 영향을 미칠지도 궁금하다. 양질의 신규 일자리를 창출하기보다는 오히려 비정규직을 양산하고 있지는 않은지 주목해보아야 한다.

청년층 일자리의 변화 추이를 살펴보면, 청년층이 점차 양질의 일자리를 얻기 어려운 구조가 심화되고 있다. 20대 정규직 비율은 감소한 반면, 30~50대 정규직 비율은 오히려 증가했다. 이렇게 청년층을 수탈하는 구조는 기업의 입장에서는 단기적으로 이익이 될 수 있다. 그러나 청년층의 인적자원 개발에 대한 유인을 감소시켜 장기적으로는 기업 경쟁력의 약화, 경기 침체의 지속으로 이어질 수 있다. 이러한 우울한 전망은 이른바 '헬조선'이라는 청년층의 불만과 절규의 목소리와도 연결된다.

한편 고령층의 현실도 녹록치 않다. 일상적인 구조 조정으로 인해 고용안정성이 점차 약화되고 있다. 연금 수급액은 생계유지에 턱없이 부족해서 생계유지를 위해 취업과 구직을 경험하는 비율이 증가하고 있다. 자녀의 대학 등록금 마련, 결혼 준비를 위한 막대한 재정 출혈로 기진맥진한 상황에서 자신의 생계를 스스로 부양해야 하는 처지에 놓인 것이 현실이다. 또한 현재의 중장년층은 고령층이 되어서도 상당히 많은 부채를 그대로 보유할 가능성이 있다. 고령층은 은퇴 후 소득이 급감하면서 부채 상환에 부담이 생기고, 생계유지를 위해 근로 활동을 하게 되면서 여유로운 노년을 보내기 어려운 상황에 처할 수도 있다.

한국 사회는 이처럼 모두에게 살아가기 힘든 곳이 되어가고 있는가? 청년층의 취업률이 감소하고, 고령층의 취업률이 증가하는 상황에서 고령층이 청년층의 일자리를 빼앗아가고 있는가? 정치적·경제적 자원 배분을 둘러싼 세대 전쟁이 벌어지고 있는가? 다음 장에서는 세대 간 갈등과 연대에 대한 국민들의 인식이 어떠한지를 살펴보고, 세대 갈등을 세대 연대로 나아가게 하는 기반이 무엇인지 알아보려고 한다.

05 세대 간 연대 의식의 기반*

가족주의 연대

고령화, 저성장 시대의 세대 간 연대와 갈등

고령화, 저성장 시대는 한국 사회에서 세대 갈등을 격화시킬 것이다. 저성장으로 인해 분배할 몫이 크게 증가하지 않는 상황에서 노인 인구의 급증, 근로 계층의 노인 부양 부담 증가는 세대 간 자원 배분의 형평성을 둘러싼 이해 갈등을 증폭시킬 수 있기 때문이다(박재홍, 2009). 정치·경제·복지 등의 영역에서 각 세대가 차지하는 위치 또는 기회 구조는 해당 세대의 이해관계에 영향을 미치고, 세대 간의 갈등을 빚어낼 수 있다(박재홍, 2009; 박길성, 2011; Binstock, 2010).

그러나 이러한 구조적 요인이 세대 갈등으로 직접적으로 표출되는 것은 아니다. 각 세대 집단이 지닌 가치관이 세대 갈등을 억제할 수 있기 때문

---

* 이 장은 ≪한국인구학≫, 2014년, 37권 4호에 실은 논문을 수정한 것이다.

이다. 특히 개인이 일상적으로 경험하는 가족 관계는 다른 세대에 관한 인식과 태도에 영향을 미친다(박경숙 외, 2013; Gorres and Tepe, 2010). 예를 들어 서구에 비해 높은 수준인 한국의 효 의식은 가족 관계를 통해 재생산되어 높은 수준의 세대 간 연대 또는 세대 통합 의식으로 표출될 가능성이 있다.

이러한 가족주의 또는 효 의식에 기초한 세대 간 연대 의식은 세대 간 불평등 문제를 해결하고 세대 간 연대를 증진할 수 있는 토대가 될 수 있는가? 오히려 세대 간 상이한 정치적·경제적 이해관계에 기반을 둔 세대 갈등의 표출을 억제하는 것은 아닌가? 가족주의로 인해 세대 간 연대의 기반이 확대되지 못하고 가족의 울타리 안으로 제한되는 것은 아닌가? 이 장은 이러한 질문에 대한 해답을 찾는 출발점으로써, 세대 간 연대 의식의 기반이 무엇인지를 탐색하고자 한다. 이 장에서는 한국 사회의 세대 간 연대 의식의 양상과 수준이 어떠한지를 밝힐 것이다. 또한 세대 간 연대 의식이 효 의식에서 비롯되는 것인지, 가족의 경계를 넘어서 사회적 신뢰 의식 등 폭넓은 연대의 성격을 갖는 것인지를 탐색하고자 한다.

이 장은 별개로 진행되어온 사회적 세대 연구와 가족적 세대 연구를 연계하는 시도이다. 기존의 세대 연구는 크게 두 가지 흐름으로 진행되어왔다(전상진, 2002; 박재흥, 2005). 고유한 정치적·경제적·문화적 특성을 지닌 세대의 형성에 주목하는 거시적·사회적 세대 연구(우석훈·박권일, 2007; 박재흥, 2009, 2010; 윤상철, 2009; 황아란, 2009)와 부모와 자녀 관계 등 가족 내 세대 관계의 특성을 밝히는 미시적·가족적 세대 연구(김두섭·박경숙·이세용, 2000; 김정석·김익기, 2000; 박경숙, 2003; 한경혜·한민아, 2004; 한경혜·김상욱, 2010)가 독자적인 연구 영역으로 구분되어왔다.

사회적 세대 연구는 주로 정치적·경제적 상황 등 구조적 요인이 동년배 집단의 가치관과 행위 패턴에 미치는 영향을 탐색하는 데 초점을 맞추었다(전상진, 2002, 2004). 그러나 이러한 구조적 요인이 굴절되는 가족 내 세대 관계의 영향에 대한 관심은 상대적으로 부족했다(박경숙 외, 2013). 가족의 정서적·경제적 지원, 부모와 자녀 관계의 경험 등은 다른 세대에 대한 인식에 영향을 미칠 수 있다. 이 장은 세대 간 연대 의식의 기반을 탐색하는 시도로써, 부모와 자녀 관계의 경험, 한국 사회의 효 의식 등 가족주의적 연대가 세대 간 연대 의식과 어떠한 관련을 맺는지를 밝히고자 한다.

이 장에서는 세대공생연구팀이 2014년 전국 19세 이상 성인 1214명을 대상으로 수행한 설문 조사를 이용하여 다음과 같은 분석을 수행할 것이다. 첫째, 세대 간 연대 의식의 전반적인 수준은 어떠한지, 연령대별로 세대 간 연대 의식의 차이가 발생하는 영역이 무엇인지, 유사한 인식을 보이는 영역은 무엇인지를 탐색할 것이다. 둘째, 연령대별로 효 의식, 부모와의 친밀감, 신뢰 의식, 정치 성향 등에서 차이가 있는지를 밝힐 것이다. 셋째, 회귀분석을 통해 어떠한 요인이 세대 간 연대 의식의 변이와 관련을 맺는지를 규명할 것이다.

세대 간 연대 의식과 관련된 요인

유럽연합은 고령화에 따른 공적연금의 세대 간 형평성 문제 심화 등 세대 간 협약으로서 복지제도의 붕괴 위험에 직면해 세대 간 연대를 강화하는 다양한 전략을 모색해왔다(European Commission, 2009; Zaidi, Gasior and Manchin, 2012). 이 장에서는 유럽연합 집행위원회 설문 조사(European Commission, 2009) 문항을 참고하여 세대 간 연대 의식을 세대 갈등 인식, 노인복지정책 인식, 노인의 기여에 관한 인식 등 세 가지 영역으로 구성했다.[1] 세대 간 연대 의식과 관련된 요인은 매우 다양하다. 이 연구에서는 가족 영역에서 효 의식과 부모와의 친밀감을 다루고, 사회적 영역에서 사회적 신뢰 의식을 다룰 것이다. 정치적 영역에서는 정치적 성향과 정치적 관심 등을 주로 살펴볼 것이다.

가족 관계: 효 의식, 부모와의 친밀감

먼저 효 의식이 세대 간 연대 의식에 영향을 미칠 가능성이 있다. 노인 부양, 노인의 사회 기여에 관한 태도는 한국 사회의 전통적인 효 의식과 관련을 맺고 있다(김여진, 2014). 효 의식이 높을수록 부모에 대한 도구적·정서적 지원이 높게 나타난다(김여진, 2014; Lin and Yi, 2013). 효 의식이 높을수록 자녀 양육을 위한 부모의 노력과 희생을 높게 평가하고, 노인 부모를 부양하는 책임을 높게 인식하기 때문이다. 따라서 효 의식이 높을수록 노인 세대와의 갈등을 상대적으로 낮게 인식하고, 노인복지정책의 확대를 지지하며, 노인의 사회적·경제적 기여에 대해 긍정적으로 평가할 것이다.

가족 내에서 부모 세대와의 친밀감 등 부모와 자녀 관계에 대한 개인적인 경험도 노인 세대에 대한 인식에 영향을 미칠 수 있다. 가족 내 세대 관계 인식이 노인 세대와의 관계에 투영되어 영향을 미칠 가능성이 있기 때문이다(김숙경, 2010; 김욱, 2011). 부모 세대와 친밀한 관계를 맺을수록 세

---

1 이 장의 세대 간 연대 의식의 구성은 유럽연합 25개 국가 2만 7000명 대상의 대규모 설문조사(European Commission, 2009)의 조사 영역을 참고했다. 부모와 자녀 관계에 초점을 둔 가족 수준의 세대 간 연대에 관한 이론적 논의와 경험적 연구는 상당히 많이 축적된 반면, 사회적 수준의 세대 간 연대의 개념과 경험적 지표에 관한 연구는 부족한 실정이다. 따라서 이 장에서 제시한 세대 간 연대 의식의 세 가지 영역의 구성은 엄밀한 이론적 논의에서 도출한 것이라기보다는, 사회적 세대 관계의 양상을 탐색하는 차원에서 이루어졌다. 또한 8장에서 수행할 국가 간 비교 연구를 위해 유사한 영역과 설문 항목을 활용했다.

대 간 경제적·정서적 지원이 증가하는 경향을 보인다(김여진, 2014). 이러한 부모와의 친밀감은 노인 세대에 대한 인식에 긍정적인 영향을 미칠 수 있다. 노인 세대 일반에 대한 설문 응답 과정에서 자신의 부모와의 친밀한 관계를 염두에 두고 응답할 가능성이 있기 때문이다. 따라서 부모와 친밀한 관계를 맺을수록 노인 세대와의 갈등보다는 화합을 강조하고, 노인복지정책의 확대에 찬성하고, 노인의 사회적·경제적 기여를 긍정적으로 평가할 가능성이 있다.

사회적 신뢰와 세대 간 연대 의식

사회적 신뢰가 세대 간 연대 의식과 맺는 관계는 세대 간 연대 의식의 각 영역에서 다르게 나타날 수 있다. 이 장에서 다루는 신뢰는 한국 사회에 대한 신뢰이다. 한국 사회에 대한 신뢰가 높은 사람들은 세대 간 연대와 통합에 대해서 긍정적으로 평가하고, 세대 갈등을 낮게 인식할 것이다. 사회적 신뢰가 높을수록 가족, 친구 등의 친밀한 집단을 넘어서, 다른 집단과의 연대에 긍정적인 태도를 취할 가능성이 높기 때문이다. 또한 사회적 신뢰가 높을수록 다른 세대 집단의 노력과 기여에 대해서 긍정적으로 인식할 수 있다.

한편 사회적 신뢰 의식과 노인복지정책에 관한 태도는 일관된 결과를 보이지 않을 것이다. 사회에 대한 신뢰 의식은 제도 운영의 공정성, 노력과 투자에 따른 보상의 공정성 등 투명하고 공정한 제도의 운영과 해당 제도를 운영하는 조직의 효율성에 대한 인식과도 관련을 맺는다(박찬웅, 1999). 이와 관련하여 노인복지정책에 대한 태도는 사회 일반에 대한 신뢰보다는 정부 또는 시장에 대한 신뢰 의식과 직접적인 관련성을 맺는다. 정부에 대한 신뢰가 높을수록 노인복지정책의 확대에 대해 긍정적인 입장을 보이는 반면, 시장에 대한 신뢰가 높을수록 노인복지정책에 대해 부정적인 태도를 보일 것이다. 따라서 정부와 시장 등 조직 또는 제도에 대한 신뢰에 비해, 일반적인 사회적 신뢰 의식과 노인복지정책에 대한 인식 간의 관계는 일관된 양상을 보이지 않을 것이다.

정치 성향, 정치에 대한 관심과 세대 간 연대 의식

정치적 성향도 영역별로 세대 간 연대 의식과 상이한 관련성을 맺을 것이다. 세대 갈등과 관련하여 진보적일수록 세대 갈등 수준을 높게 인식할 가능성이 있다. 진보적일수록 정치적·경제적 불평등에 더 많은 관심을 갖고, 평등과 분배 정의에 높은 가치를 부여한다(박종민, 2008; 이강국, 2010; 최유석, 2011; Knutsen, 1995). 진보적일수록 노인 세대 증가에 따른 청년 세대의 정치적 영향력 감소 등 정치적·경제적 자원이 불균등하게 분배될 가능성을 높게 인식할 수 있기 때문이다. 한편 노인복지정책에 관한 인식에서 진보적일수록 정부의 노인복지정책 확대에 찬성하는 의견을 보일 것이다. 진보적일수록 사회적 약자로서 노인의 생활 보장을 위한 정부 지출 확대에 적극적이기 때문이다(박종민, 2008; 이강국, 2010; 최유석, 2011; Knutsen, 1995).

그러나 정치적 성향과 노인의 사회적·경제적 기여에 관한 인식은 일관된 경향을 보이지 않을 수 있다. 진보적일수록 노인의 기여를 긍정적으로 인식할 수 있다. 진보적일수록 배려와 평등의 가치를 높이 평가하기 때문에 노인 등 다른 세대의 기여에 대해 긍정적으로 인식할 가능성이 있다(Haidt, 2012). 그러나 보수적인 입장을 가진 경우에도 한국의 경제성장에 기여한 노인 세대의 역할에 대해서 긍정적으로 평가할 수 있다. 따라서 정치적 성향과 노인의 사회적·경제적 기여 인식 간의 관련성은 경험적 검증의 문제로 남는다.

정치적 관심은 주로 세대 갈등과 노인의 기여에 관한 인식과 관련을 맺을 수 있다. 정치에 관심이 많을수록 세대 갈등 수준을 높게 인식할 수 있다. 사회 변화에 관심이 많고, 이에 대한 지식도 갖고 있기 때문이다. 고령화에 따른 자원 배분의 갈등이 격화되어 세대 간 대립이 심화될 것이라고 인식할 수도 있다. 또한 이들은 노인의 사회적·경제적 기여를 높게 평가할 가능성이 있다. 경제 발전을 위한 노인 세대의 노력과 노인 관련 산업의 경제적 파급효과에 대해 긍정적으로 평가하기 때문이다. 그러나 정치에 대한 관심은 노인복지정책에 관한 인식과는 관련이 없을 것이다. 노인복지정책 확대 등 정부의 책임에 대한 인식은 주로 정치 성향과 관련을 맺는데, 정치에 관심이 많더라도 정치 성향은 다를 수 있기 때문이다.

이와 같이 세대 간 연대 의식은 효 의식, 부모와의 친밀감, 신뢰 의식, 정치적 성향, 정치적 관심 등 개인이 지닌 다양한 가치관과 태도와 관련을 맺을 수 있다. 세대 간 연대 또는 갈등 의식으로 표출되는 세대 간 인식의 차이는 이러한 가치관과 태도가 연령대별로 다르게 분포되었기 때문에 발생할 가능성이 있다.

연구 방법

한림대학교 세대공생연구팀에서는 세대별 특성의 유사성과 차이점, 세대 간 연대 의식의 수준을 다각적으로 파악하기 위해 설문 조사를 수행했다. 정치, 경제, 사회, 문화, 가족, 사회보장 등 다양한 영역별로 조사 항목을 구성했다. 설문 조사는 2014년 1~3월에 걸쳐 수행했다. 표본추출은 통계청 인구 분포에 따라 지역별, 연령별, 성별 층화표집을 했으며, 19세 이상 성인을 대상으로 1214명을 조사했다(세대공생연구팀, 2014).

세대 간 연대 의식은 청년과 노인 간의 세대 갈등에 관한 인식, 노인복지 정책에 관한 인식, 노인의 기여에 관한 인식 등 크게 세 가지 영역으로 구성했다. 설문 문항은 유럽연합 집행위원회(European Commission, 2009)에서 조사한 세대 간 연대 문항의 일부를 번역하여 활용하고 한국 사회의 실정에 맞게 추가했다.

먼저 세대 갈등에 관한 인식은 여섯 개 문항으로 구성했다. '청년층과 노인들은 사회문제에 대한 합의가 어렵다', '언론 매체는 세대 간 갈등을 과장하고 있다', '노인들이 계속 일하기 때문에 청년층의 일자리가 줄어든다', '노인이 많아짐에 따라 선거에서 청년층의 의견이 반영되기 어렵다', '청년층이 많은 회사가 더 큰 성과를 거둔다', '노인은 사회에 부담이 된다' 등 여섯 개 문항을 이용하여 동의하는 정도를 5점 척도로 측정했다.

노인복지정책에 관한 인식은 네 개 문항으로 이루어져 있다. '정부는 노인복지를 위해 더 많은 예산을 지출해야 한다', '노인이 은퇴 후에도 계속 일할 수 있도록 정부가 도와야 한다', '노인복지를 위해 청년층의 세금을 늘려서는 안 된다', '노인은 사회적 기여를 감안할 때 연금 등의 혜택을 받을 자격이 있다' 등 네 개 문항을 이용하여 동의하는 정도를 5점 척도로 측정했다.

노인의 기여에 관한 인식은 다섯 개 문항으로 측정했다. '부모는 결혼하는 자녀에게 재정적 도움을 주어야 한다', '노인은 봉사 활동을 통해 사회에 기여를 한다', '가족, 친척을 돌보는 노인의 활동은 제대로 평가받지 못하고 있다', '노인과 청년층은 함께 일할 기회가 충분하지 않다', '노인은 한국 경제 발전에 도움이 된다' 등 다섯 개 문항을 이용하여 동의하는 정도를 5점 척도로 측정했다.

세대 간 연대 의식과 관련된 주요 독립변수로 효 의식, 부모와의 친밀감,

신뢰 의식, 정치적 성향, 정치적 관심 등을 분석에 활용했다. 효 의식은 설문에서 조사한 여섯 개 문항 중에서 네 개 문항의 평균 점수를 이용했다.[2] 점수가 높을수록 효 의식이 높은 것이다. 부모와의 친밀감은 5점 척도로 측정했다. 신뢰 의식은 한국 사회에 대한 신뢰 정도를 11점 척도로 측정했다. 점수가 높을수록 사회에 대한 신뢰 의식이 높게 나타나도록 구성했다. 정치 성향은 응답자의 진보와 보수 성향을 11점 척도로 측정했다. 점수가 높을수록 진보적 성향에 가깝다. 정치적 관심은 5점 척도로 측정했다. 응답자의 성별, 학력(고졸 미만, 고졸, 대학 이상), 취업 여부, 취업 형태(상용직, 고용주, 비고용주, 가족종사자, 임시직 및 일용직), 월평균 가구 소득, 사회보장급여 수급 여부, 부모 생존 여부를 조사하여 연령대별 차이를 살펴보았다.

이 장에서는 다음과 같은 분석을 수행할 것이다. 첫째, 연령대별로 세대 간 연대 의식에 차이가 있는지를 살펴볼 것이다. 세대 간 연대 의식에서 연령대별로 차이를 보이는 영역과 유사한 인식을 보이는 영역은 무엇인지를 밝힐 것이다. 둘째, 연령대별로 효 의식, 부모와의 친밀감, 신뢰 의식, 정치적 성향 등에서 어떠한 차이가 있는지를 밝힐 것이다. 세대 간 연대 의식의 차이는 효 의식, 신뢰 의식 등이 연령대별로 다르게 분포되었기 때문에 발생할 가능성이 있다. 연령집단별로 해당 특성의 차이가 있는지를

2 효 의식을 측정한 여섯 개 문항에 대한 요인분석 결과, 두 가지 요인이 추출됐다. 첫 번째 요인은 보상적 효 의식이다. '부모님께 잘해드려야 한다', '생계를 지원해야 한다', '자랑스러운 자식이 되도록 노력해야 한다', '부모에 대한 효가 가장 귀한 것이다' 등 네 개 문항이 이에 속한다. 두 번째 요인은 권위주의적 효 의식(Yeh and Bedford, 2003)이다. '아들 한 명은 있어야 한다', '부모의 기대에 부응하기 위해 원하는 진로를 포기할 수 있다' 등 두 개 문항이 이에 속한다, 이번 분석에서는 첫 번째 요인인 보상적 효 의식에 속하는 네 개 문항의 평균값을 이용하여 효 의식 척도를 구성했다.

탐색할 것이다. 셋째, 연령대별로 세대 간 연대 의식의 차이가 크게 나타난 문항을 중심으로 서열 로짓 분석을 수행할 것이다.[3] 이를 통해 어떠한 요인이 세대 간 연대 의식과 관련을 맺는지를 밝힐 것이다.

분석 결과

분석 대상자의 특성

〈표 5-1〉은 분석 대상자의 특성을 나타낸다. 응답자의 49%가 남성이었으며, 미혼은 25%, 결혼한 경우는 약 67% 정도였다. 대학 이상 학력이 44%를 차지했다. 응답자의 69% 정도가 취업했으며, 상용직은 37%, 자영업 중 비고용주는 37%, 임시직 및 일용직은 13%로 나타났다. 평균 가구원 수는 3.2명이었으며, 연령이 높을수록 가구원 수가 적었다. 월평균 가구 소득은 약 355만 원이었으며, 40대를 정점으로 연령이 높을수록 감소하는 양상을 보였다. 사회보장제도 수급 종류는 평균 0.4개로 사회보장 수급 경험이 매우 적었다. 연령이 높을수록 사회보장 수급 경험은 많았다. 부모 중 적어도 한 분이 생존한 비율은 연령이 높을수록 낮았다.

효 의식, 신뢰 의식 등 세대 간 연대 의식과 관련을 맺을 것으로 예상되

3 각 영역별로 연령대별 차이가 크게 나타난 두 개 문항, 총 여섯 개 문항을 선정하여 서열 로짓 분석을 수행했다. 대안적인 방법은 각 영역별로 요인분석을 수행하고, 요인 점수를 산출하여 회귀분석을 수행하는 것이다. 탐색적 요인분석 결과, 요인 점수의 의미가 명확하지 않은 문제가 있었다. 따라서 각 영역에서 연령대별 차이를 보이는 대표적인 두 개 문항을 선택하여 서열 로짓 분석을 수행했다.

표 5-1 | 조사 대상자의 특성 (단위: 점, %)

구분		20대 (N=217)	30대 (N=237)	40대 (N=257)	50대 (N=229)	60대 (N=133)	70대 이상 (N=141)	평균	χ^2
남성		50.2	50.2	51.8	52.4	48.1	37.6	49.3	9.5
혼인 상태	미혼	94.0	29.1	9.0	3.1	0.0	0.7	25.0	1000.0**
	결혼	6.0	69.2	87.2	92.1	86.5	58.9	66.7	
	이혼	0.0	1.3	2.7	3.1	3.0	0.0	1.7	
	사별	0.0	0.4	1.2	1.8	10.5	40.4	6.5	
학력	고졸 미만	0.5	0.8	3.9	16.2	57.1	78.0	19.4	702.7**
	고졸	25.4	28.7	47.5	57.6	30.8	14.9	36.2	
	대학 이상	74.2	70.5	48.6	26.2	12.0	7.1	44.4	
취업		43.8	79.8	87.9	83.4	72.9	27.0	68.9	259.5**
취업 형태	상용직	63.2	56.6	37.6	26.7	9.3	5.3	37.6	173.8**
	고용주	3.2	7.9	10.6	10.5	5.2	0.0	8.0	
	비고용주	7.4	22.8	35.4	48.7	60.8	63.2	36.6	
	가족 종사자	3.2	2.1	3.5	5.8	11.3	10.5	4.9	
	임시/일용직	23.2	10.6	12.8	8.4	13.4	21.1	12.9	
가구원 수		3.7	3.3	3.7	3.4	2.5	2.3	3.2	57.8**
가구 소득(만 원/월)		403.6	389.5	392.0	406.6	256.2	168.1	355.3	41.2**
사회보장 수급		0.2	0.5	0.4	0.3	0.5	0.8	0.4	34.4**
부모 생존		100.0	98.3	93.4	80.4	43.6	18.4	78.9	553.7**
효 의식		3.7	3.7	3.8	3.8	3.9	4.0	3.8	9.2**
부모 친밀도		4.0	3.8	3.8	3.7	3.7	3.8	3.8	4.7**
신뢰 의식		4.6	4.8	4.9	5.0	5.3	5.4	4.9	4.5**
정치 성향		5.3	5.2	4.9	4.4	3.9	3.6	4.7	31.3**
정치 관심		2.5	2.6	2.8	2.9	2.7	2.8	2.7	4.8**

주: *$p < .05$ **$p < .01$
출처: 세대공생연구팀(2014).

는 핵심 변수들은 모두 연령대와 관련을 맺었다. 연령이 높을수록 높은 수준의 효 의식과 신뢰 의식을 나타냈다. 반면 연령이 높을수록 부모와의 친밀감은 낮았다. 정치적 성향은 연령대가 높을수록 보수적인 성향이 강한 것으로 나타났으며, 연령이 높을수록 정치에 관심이 많았다.

연령대별 세대 간 연대 의식

세대 갈등에 관한 인식: 일자리, 선거에서 세대 간 차이

세대 간 연대 의식을 세대 갈등에 대한 인식, 노인복지정책에 대한 인식, 노인의 기여에 관한 인식 등 세 가지 영역에서 살펴보았다. 〈표 5-2〉는 청년 세대와 노인 세대 간의 갈등에 관한 여섯 개 문항에 대한 연령대별 인식을 나타낸 것이다.

먼저 '청년층과 노인들은 사회적 문제에 대한 합의가 어렵다'는 질문에 대해 동의하는 비율은 약 40%에 달했다. 연령대별로 응답의 차이는 없었다. '언론 매체는 세대 간 갈등을 과장하고 있다'는 질문에 대해 거의 절반에 가까운 응답자가 동의했다. 중간 연령층에서 동의하는 비율이 상대적으로 높았으며, 특히 40대가 가장 많이 동의했다. '노인들이 계속 일하기 때문에 청년층의 일자리가 줄어든다'는 의견에 대해 27% 정도가 동의하는 반면, 41%가 동의하지 않았다. 이는 청년 일자리 문제가 노인 세대의 근로 연장에서 비롯되는 것만은 아니라는 인식을 보여준다. 연령대별로 찬반 의견에 차이가 없었다. '노인들이 많아짐에 따라 선거에서 청년층의 의견이 반영되기 어렵다'는 의견에 대해 34%가 동의했다. 연령이 낮을수록 동의하는 비율이 높았다. 20, 30대가 가장 많이 동의하는 반면, 70대 이상이 가장 낮은 동의 비율을 나타냈다. 20, 30대는 고령화에 따라 노인의 정치적 영향력이 증가하고 있다고 인식하고 있다. '청년층이 많은 회사일수록

표 5-2 | 청년 세대와 노인 세대 간의 갈등에 관한 인식(n=1,214) (단위: %)

구분	20대	30대	40대	50대	60대	70대 이상	평균	χ^2
청년층과 노인들은 사회적 문제에 대한 합의가 어렵다	44.2	40.1	37.7	35.8	43.6	39.0	39.8	6.2
언론 매체는 세대 간 갈등을 과장하고 있다	42.4	51.9	56.8	47.6	48.1	34.8	48.0	26.2**
노인들이 계속 일하기 때문에 청년층의 일자리가 줄어든다	25.4	27.0	29.6	23.6	33.1	22.7	26.8	16.1 +
노인들이 많아짐에 따라 선거에서 청년층의 의견이 반영되기 어렵다	41.9	43.0	28.4	31.0	36.1	21.3	34.2	38.4**
청년층이 많은 회사일수록 더 큰 성과를 거둔다	36.4	34.6	37.7	36.2	38.4	35.5	36.4	13.7
노인들은 사회에 부담이 된다	24.9	29.1	30.4	38.4	42.9	37.6	32.9	24.0**

주: '동의', '매우 동의'하는 비율을 합산한 것임(*p〈.05 **p〈.01).
출처: 세대공생연구팀(2014).

더 큰 성과를 거둔다'는 의견에 대해 36% 정도가 동의했다. 그러나 연령대별로 동의 비율에 차이는 없었다. 마지막으로 '노인들은 사회에 부담이 된다'는 의견에 대해 33% 정도가 동의했다. 연령대별로 동의 비율에 차이를 보였는데, 연령대가 높은 집단의 동의 비율이 상대적으로 높았다. 60대가 가장 높은 동의 비율을 보인 반면, 20~40대의 경우 동의하는 비율이 상대적으로 낮았다. 노인들 자신이 사회에 부담이 된다고 인식하고 있다.

노인복지정책에 관한 인식: 노인복지에 대한 공감

노인복지 예산, 증세 등 노인복지정책에 관한 인식은 네 가지 항목으로 이루어졌다. 〈표 5-3〉은 연령대별 각 문항에 대한 동의 비율을 나타낸 것이다. 앞서 세대 갈등 인식에 비해, 예산 지출, 증세와 관련된 노인복지정책에 관한 인식에서는 연령대별 차이가 명확하게 나타났다.

표 5-3 | 노인복지정책에 관한 인식(n=1,214) (단위: %)

구분	20대	30대	40대	50대	60대	70대 이상	평균	χ^2
정부는 노인복지를 위해 더 많은 예산을 지출해야 한다	45.6	43.5	51.4	41.9	57.9	52.5	47.9	22.1*
노인이 은퇴 이후에도 계속 일할 수 있도록 정부가 도와야 한다	69.1	66.7	75.5	69.0	82.7	67.4	71.3	27.0**
노인복지를 위해 청년층의 세금을 늘려서는 안 된다	44.7	51.1	45.9	45.4	43.6	34.0	45.0	19.3*
노인은 사회적 기여를 감안할 때 연금 등의 혜택을 받을 자격이 있다	54.8	54.0	58.4	55.0	63.2	56.0	56.5	17.5+

주: '동의', '매우 동의'하는 비율을 합산한 것임(*$p<.05$ **$p<.01$).
출처: 세대공생연구팀(2014).

'정부는 노인복지를 위해 더 많은 예산을 지출해야 한다'는 의견에 대해 거의 절반 정도가 동의했다. 연령대별로는 60, 70대의 동의 비율이 높은 반면, 50대가 가장 낮은 수준의 동의 비율을 보였다. '노인이 은퇴 이후에도 계속 일할 수 있도록 정부가 도와야 한다'는 의견에 동의하는 비율은 71%에 달했다. 60대가 가장 많이 동의한 반면, 30대는 가장 낮은 동의 비율을 나타냈다. '노인복지를 위해 청년층의 세금을 늘려서는 안 된다'는 의견에 대해 45% 정도가 동의했다. 20~40대가 70대에 비해 동의하는 정도가 높았다. '노인은 사회적 기여를 감안할 때 연금 등의 혜택을 받을 자격이 있다'는 의견의 경우, 전체의 57%가 동의했다. 60대가 가장 높은 동의 비율을 보인 반면, 30대가 가장 낮은 동의 비율을 보였다.

분석 결과, 30대가 노인복지를 위한 증세, 예산 지출 확대에 대해 상대적으로 부정적인 인식을 하는 것으로 나타났다. 30대의 경우 아직 직장 내에서 안정된 지위를 갖지 못하고, 결혼과 출산 등으로 지출이 많기 때문이다. 따라서 증세가 예상되는 노인복지정책의 확대에 대해서 비판적인 입장을 취할 수 있다. 50대의 경우에도 노인복지 예산 확대, 노인의 연금 혜택 자격에 대해 상대적으로 낮은 수준의 동의 비율을 보였다. 이는 50대가 10여 년 후 자신의 노후 준비에 대한 관심보다 현재 직면한 자녀의 대학 교육과 결혼 준비에 대한 관심이 상대적으로 더 높기 때문일 수 있다.

노인의 가족·사회·경제 기여: 저평가된 노인의 기여

노인의 기여에 대한 의견은 다섯 가지 항목으로 구성되었다(〈표 5-4〉). 먼저 '부모는 결혼하는 자녀에게 재정적 도움을 주어야 한다'는 의견에 대해 32%가 동의했다. 60, 70대의 동의 비율이 높은 반면, 30대와 50대는 동의 비율이 상대적으로 낮았다. '노인은 봉사 활동을 통해 사회에 기여를 한다'는 의견에 대해 44%가 동의했다. 60대의 동의 비율이 가장 높은 반면, 20대가 가장 낮은 수준의 동의 비율을 보였다.

'가족, 친척을 돌보는 노인의 활동은 제대로 평가받지 못하고 있다'는 의견에 대해 절반 정도가 동의하는 것으로 나타났다. 40, 50대가 높은 수준의 동의 비율을 보인 반면, 20대의 동의 비율이 가장 낮았다. '노인과 청년층은 함께 일할 기회가 충분하지 않다'는 의견에 대해 66% 정도가 동의하는 것으로 나타났다. 연령대별로 차이는 없었다. 마지막으로 '노인은 한국 경제 발전에 도움이 된다'는 의견에 대해 34% 정도가 동의하는 것으로 나타났다. 40, 50대가 노인의 경제에 대한 기여를 높이 평가하는 반면, 20대는 상대적으로 낮게 평가했다.

앞서 노인복지정책에 관한 인식과는 달리, 노인의 가족적·사회적·경제적 기여에 대해 20대가 가장 부정적으로 인식하는 것으로 나타났다. 이는 가정 및 결혼 생활, 직업 생활 등의 영역에서 일상적인 노동과 기여의 중요성에 대한 경험 또는 인식 부족에서 비롯되는 것으로 보인다. 전반적으로 20, 30대와 60대 이상 세대가 상이한 인식을 하는 것으로 나타났다. 40, 50대는 20, 30대, 60대 이상 세대와 빈번한 접촉을 하면서 다른 세대와 교류

표 5-4 | 노인의 기여에 관한 인식(n=1,214) (단위: %)

구분	20대	30대	40대	50대	60대	70대 이상	평균	χ^2
부모는 결혼하는 자녀에게 재정적 도움을 주어야 한다	35.0	25.3	31.1	28.4	42.1	39.0	32.3	17.9+
노인은 봉사 활동을 통해 사회에 기여를 한다	33.2	41.8	47.9	45.0	51.9	47.5	43.9	20.0*
가족, 친척을 돌보는 노인의 활동은 제대로 평가받지 못하고 있다	41.9	53.6	56.0	58.5	51.1	50.4	52.3	19.7*
노인과 청년층은 함께 일할 기회가 충분하지 않다	60.4	63.3	69.7	68.1	69.2	62.4	65.6	9.4
노인은 한국 경제 발전에 도움이 된다	28.6	30.4	38.5	36.7	32.3	34.8	33.7	31.2**

주: '동의', '매우 동의'하는 비율을 합산한 것임(*p〈.05 **p〈.01).
출처: 세대공생연구팀(2014).

하고 경험을 공감할 기회가 있다. 반면 20, 30대와 60대 이상 세대는 상호 간에 공감할 기회가 부족하고, 삶의 경험에서 비롯된 가치관의 차이가 상대적으로 크기 때문이다.

회귀분석 결과

세대 갈등 인식

세대 갈등 인식과 관련된 요인을 밝히기 위해 연령대별로 인식의 차이가 크게 나타난 항목을 중심으로 서열 로짓 분석을 수행했다. 〈표 5-5〉는 세대 갈등 영역에서 '선거에서 청년층의 의견 반영이 어렵다', '노인은 사회에 부담이 된다' 등 두 가지 항목에 대해 회귀분석을 수행한 결과이다. 각 문항별로 두 가지 분석을 수행했다. 첫 번째 분석은 독립변수로 연령대만 투입했으며, 두 번째 분석에서는 연령대와 각종 독립변수와 통제변수를

표 5-5 | 서열 로짓 분석: 세대 갈등에 관한 인식

구분		선거에서 청년층의 의견 반영이 어렵다						노인은 사회에 부담이 된다					
		모델1-1			모델1-2			모델2-1			모델2-2		
		회귀 계수	표준 오차		회귀 계수	표준 오차		회귀 계수	표준 오차		회귀 계수	표준 오차	
연령	20대	0.868	0.197	**	0.909	0.369	*	-0.572	0.198	**	-0.331	0.366	
(70대 이상)	30대	0.823	0.194	**	0.758	0.318	*	-0.434	0.196	*	-0.234	0.316	
	40대	0.263	0.191		0.229	0.305		-0.469	0.194	*	-0.239	0.306	
	50대	0.366	0.195	+	0.302	0.289		-0.184	0.198		0.001	0.288	
	60대	0.607	0.218	**	0.654	0.249	**	0.067	0.222		0.154	0.254	
효 의식					-0.254	0.106	*				-0.335	0.108	**
부모 생존					0.474	0.475					-1.283	0.475	**
부모 친밀감					0.048	0.083					-0.241	0.083	**
사회 신뢰					-0.025	0.032					0.147	0.033	**
진보적					0.061	0.033	+				-0.019	0.034	
정치 관심					0.100	0.059	+				-0.076	0.059	
남(여)					-0.237	0.118	*				-0.102	0.118	
혼인 상태	결혼				0.001	0.207					-0.086	0.206	
(미혼)	이혼				-0.784	0.436	+				-0.667	0.445	
	사별				0.467	0.325					0.374	0.337	
학력	고졸				0.113	0.198					0.325	0.199	
(고졸 미만)	대학 이상				-0.111	0.218					0.197	0.218	
취업					-0.044	0.207					-0.025	0.211	
취업 형태	상용직				0.272	0.213					0.049	0.214	
(임시직 및 일용직)	고용주				0.004	0.294					-0.123	0.294	
	비고용주				0.296	0.211					0.110	0.214	
	가족종사자				0.069	0.348					0.510	0.361	
가구원 수					-0.056	0.057					-0.048	0.057	
가구 소득					-0.017	0.031					-0.071	0.030	*
복지수급					0.009	0.118					-0.070	0.119	
상수1		-2.864	0.208		-3.088	0.852		-3.347	0.202		-6.592	0.871	
상수2		-0.461	0.154		-0.652	0.837		-1.284	0.162		-4.456	0.854	
상수3		1.181	0.158		1.024	0.838		0.407	0.158		-2.701	0.848	
상수4		3.491	0.199		3.360	0.848		3.228	0.223		0.153	0.862	
Log likelihood		-1,592			-1,591			-1,557			-1,553		

주: 괄호 안은 더미 변수에서 기준 범주를 나타냄(+p < 0.1, *p < 0.05, **p < 0.01).

투입하여 분석했다. 주로 두 번째 분석 결과를 중심으로 서술했다.

'선거에서 청년층의 의견 반영이 어렵다'에 대해 각종 독립변수를 투입한 후에도 20, 30대와 60대가 70대에 비해 동의하는 경향이 높았다(모델 1-2). 효 의식이 높을수록 이 의견에 동의하는 경향이 낮았다. 효 의식이 높을수록 세대 갈등보다는 세대통합적인 인식을 하는 경향이 있기 때문이다. 한편 진보적일수록, 정치에 관심이 많을수록 선거에서 청년층 의견 반영의 어려움에 동의하는 경향이 높았다. 진보적일수록 노인 중심의 보수적인 정치체제의 도래로 인해 청년층 목소리가 약화될 것이라고 우려할 수 있다. 또한 정치에 관심이 많을수록 고령화에 따른 노인의 정치적 영향력 증가에 대해 더 잘 인식할 가능성이 있기 때문이다. 한편, 여성보다는 남성이 이 문항에 동의하는 경향이 낮았다. 이혼한 응답자 역시 이 문항에 낮은 동의 경향을 보였다.

'노인은 사회에 부담이 된다'라는 질문과 관련하여, 효 의식이 높을수록 동의하는 경향이 낮았다(모델 2-2). 효 의식이 높을수록 노인을 공경하고 배려해야 한다는 인식이 높기 때문이다. 마찬가지로 부모가 생존한 경우, 부모와의 친밀감이 높을수록 노인이 사회에 부담이라는 질문에 동의하는 경향이 낮았다. 가구 소득이 많을수록 노인이 사회에 부담이 된다는 인식에 동의하는 경향이 낮았다. 경제 수준이 높을수록 노인 부양 부담을 상대적으로 낮게 인식하기 때문이다. 반면 예상과는 달리 신뢰 의식이 높을수록 노인이 사회에 부담이라고 인식하는 경향이 높았다.

노인복지정책에 관한 인식

노인복지정책 영역에서는 '노인복지 예산 지출을 확대해야 한다', '노인 근로에 대해 정부 지원이 필요하다'라는 의견에 관한 서열 로짓 분석을 수행했다(〈표 5-6〉).

표 5-6 | 서열 로짓 분석: 노인복지정책에 관한 인식

구분		노인복지 예산 지출을 확대해야 한다						노인 근로에 대해 정부 지원이 필요하다					
		모델 3-1			모델 3-2			모델 4-1			모델 4-2		
		회귀 계수	표준 오차		회귀 계수	표준 오차		회귀 계수	표준 오차		회귀 계수	표준 오차	
연령	20대	-0.287	0.201		-0.446	0.382		0.078	0.211		0.147	0.400	
(70대 이상)	30대	-0.420	0.199	*	-0.412	0.327		0.002	0.210		0.084	0.341	
	40대	-0.056	0.197		-0.176	0.315		0.413	0.208	*	0.314	0.331	
	50대	-0.556	0.200	**	-0.666	0.297	*	0.019	0.211		-0.027	0.310	
	60대	0.018	0.229		0.000	0.261		0.653	0.240	**	0.625	0.272	*
효 의식					0.514	0.110	**				0.659	0.117	**
부모 생존					1.027	0.485	*				0.789	0.517	
부모 친밀감					0.181	0.085	*				0.161	0.091	+
사회 신뢰					-0.106	0.032	**				0.034	0.034	
진보적					-0.008	0.034					0.054	0.035	
정치 관심					0.067	0.060					0.109	+.063	+
남(여)					0.253	0.118	*				-0.005	0.126	
혼인 상태	결혼				-0.027	0.212					0.166	0.224	
(미혼)	이혼				-0.498	0.441					0.392	0.494	
	사별				0.149	0.341					0.248	0.356	
학력	고졸				-0.168	0.202					0.038	0.214	
(고졸 미만)	대학 이상				-0.230	0.223					0.104	0.235	
취업					0.023	0.209					0.460	0.230	*
취업 형태	상용직				0.114	0.212					-0.378	0.233	
(임시직 및 일용직)	고용주				-0.128	0.291					-0.494	0.317	
	비고용주				0.092	0.211					-0.312	0.231	
	가족 종사자				0.027	0.352					0.083	0.376	
가구원 수					0.167	0.059	**				0.094	0.062	
가구 소득					-0.026	0.030					-0.027	0.031	
복지 수급					-0.174	0.120					-0.121	0.128	
상수1		-3.981	0.242		-0.492	0.862		-5.335	0.474		-0.364	0.990	
상수2		-1.900	0.171		1.604	0.847		-2.838	0.205		2.145	0.896	
상수3		-0.164	0.161		3.402	0.851		-0.741	0.168		4.293	0.896	
상수4		2.331	0.185		5.992	0.865		2.174	0.182		7.329	0.916	
Log likelihood		-1,553			-1,522			-1,290			-1,258		

주: 괄호 안은 더미 변수에서 기준 범주를 나타냄(+ p<0.1, *p<0.05, **p<0.01).

'노인복지 예산 지출을 확대해야 한다'와 관련하여, 50대가 70대에 비해 동의하는 경향이 낮았다(모델 3-2). 효 의식이 높을수록 노인복지 예산 증액에 동의하는 경향을 보였다. 부모가 생존한 경우 노인복지 예산 증액에 찬성하는 태도를 보였다. 노인 부양을 위한 개인적인 부담을 완화하기 위해서 정부 지원을 기대하기 때문이다. 부모와의 친밀감이 높을수록 노인복지 예산 증액에 찬성하는 입장을 보였다. 반면 신뢰 의식이 높을수록 노인복지 예산 증액에 동의하는 경향이 낮았다. 이는 예상과는 다른 결과이다. 또한 정치적 성향과 정치적 관심은 정부의 노인복지 지출 확대와 관련이 없었다. 한편 여성에 비해 남성이, 가구원 수가 적은 응답자에 비해 많은 응답자가 노인복지 예산 지출에 찬성하는 경향을 보였다. 이는 이들이 갖는 가족부양에 대한 부담이 높기 때문이다. 노인 부양 부담을 완화하기 위해 노인복지 예산 증액에 대해 찬성하는 입장을 취할 수 있다.

'노인 근로에 대해 정부 지원이 필요하다'라는 의견에서는 각종 변수를 통제한 후에도 60대가 70대에 비해 높은 동의 경향을 보였다(모델 4-2). 효 의식이 높을수록, 부모와의 친밀감이 높을수록, 정치에 대한 관심이 많을수록 노인 근로에 대한 정부 지원에 찬성하는 태도를 보였다. 또한 취업자의 경우 미취업자에 비해 동의하는 경향이 높았다. 반면 신뢰 의식과 정치적 성향은 노인 근로 연장에 대한 정부 지원과 관련성이 없었다.

노인의 사회적·경제적 기여에 관한 인식

노인의 기여에 대한 인식은 '노인은 봉사 활동을 통해 사회에 기여한다', '노인은 경제 발전에 도움이 된다' 등 두 가지 문항을 분석했다(〈표 5-7〉).

'노인은 봉사 활동을 통해 사회에 기여한다'의 경우, 효 의식과 신뢰 의식이 높을수록, 정치 성향이 진보적일수록 동의하는 경향이 높았다(모델 5-2). 또한 미혼 응답자에 비해, 결혼 혹은 이혼한 응답자가 노인의 사회 기

표 5-7 | 서열 로짓 분석: 노인의 사회적·경제적 기여에 관한 인식

구분		노인은 봉사 활동을 통해 사회에 기여한다						노인은 경제 발전에 도움이 된다					
		모델5-1			모델5-2			모델6-1			모델6-2		
		회귀 계수	표준 오차		회귀 계수	표준 오차		회귀 계수	표준 오차		회귀 계수	표준 오차	
연령	20대	-0.481	0.206	*	-0.428	0.379		0.076	0.214		-0.617	0.392	
(70대 이상)	30대	-0.135	0.204		-0.269	0.326		0.143	0.211		-0.193	0.337	
	40대	0.090	0.201		-0.201	0.315		0.514	0.208	*	0.112	0.324	
	50대	-0.058	0.205		-0.297	0.298		0.301	0.214		0.005	0.307	
	60대	0.184	0.230		0.051	0.260		0.265	0.237		0.136	0.267	
효 의식					0.559	0.113	**				0.722	0.115	**
부모 생존					0.155	0.507					0.484	0.504	
부모 친밀감					0.065	0.089					0.116	0.089	
사회 신뢰					0.070	0.033	*				0.095	0.034	**
진보적					0.069	0.035	*				0.051	0.035	
정치 관심					0.047	0.061					0.075	0.062	
남(여)					0.178	0.121					0.240	0.123	+
혼인 상태	결혼				0.482	0.214	*				-0.322	0.218	
(미혼)	이혼				1.152	0.472	*				0.239	0.457	
	사별				0.315	0.345					-0.307	0.352	
학력	고졸				0.263	0.205					0.485	0.209	*
(고졸 미만)	대학 이상				0.334	0.223					0.619	0.229	**
취업					0.132	0.216					0.302	0.221	
취업 형태	상용직				-0.006	0.220					-0.283	0.224	
(임시직 및 일용직)	고용주				0.018	0.312					-0.218	0.311	
	비고용주				-0.365	0.219	+				-0.281	0.222	
	가족종사자				0.204	0.360					0.144	0.368	
가구원 수					0.049	0.060					0.044	0.061	
가구 소득					0.000	0.031					0.001	0.033	
복지 수급					-0.174	0.124					-0.183	0.124	
상수1		-4.361	0.289		-0.465	0.906		-4.674	0.369		-0.115	0.933	
상수2		-2.017	0.177		1.906	0.881		-1.642	0.181		2.959	0.881	
상수3		0.163	0.164		4.166	0.887		0.921	0.175		5.666	0.893	
상수4		3.341	0.223		7.434	0.909		3.630	0.230		8.469	0.913	
Log likelihood		-1,385			-1,351			-1,341			-1,295		

주: 괄호 안은 더미 변수에서 기준 범주를 나타냄(+ p<0.1, *p<0.05, **p<0.01).

여를 상대적으로 높게 평가했다. 한편 임시직 및 일용직에 비해, 비고용주의 경우 봉사 활동을 통한 노인의 사회 기여를 낮게 평가하고 있다.

'노인은 경제 발전에 도움이 된다'는 의견에 대해서는 효 의식과 신뢰 의식이 높을수록 동의하는 경향이 높았다(모델 6-2). 또한 여성에 비해 남성이, 학력이 낮은 응답자에 비해 높은 응답자가 노인의 경제 발전 기여를 높게 평가했다. 이는 남성과 고학력자의 경제활동 비율이 높고, 향후 노인을 위한 제품 및 서비스의 생산이 경제에 미치는 영향을 긍정적으로 평가하기 때문이다. 정치적 성향과 정치적 관심은 관련이 없었다.

가족주의에 기반을 둔 세대 간 공감과 연대

이 장에서는 세대 간 연대 의식의 정도는 어떠한지, 연령대별 세대 간 연대 의식의 차이는 어디에서 비롯되는지를 밝혔다. 연령대별로 상이한 분포를 보이는 효 의식, 부모와의 친밀감, 사회적 신뢰 의식, 정치적 성향, 정치적 관심 등이 세대 간 연대 의식과 어떠한 관련을 맺는지를 탐색했다.

청년 세대와 노인 세대 간의 세대 관계에 관한 인식에서 노인들도 청년 세대가 경험하는 문제에 대해 공감하는 태도를 보였다. '노인이 사회에 부담이 된다'는 문항에서는 오히려 노인들이 더 동의하는 태도를 보였다. 이는 자신이 자녀에게 부담이 되는 것을 꺼리는 노인들의 태도가 반영된 것이다. 그러나 '선거에서 청년층 의견 반영이 어려울 것'이라는 문항에서는 연령대별로 두드러진 차이를 보였다. 선거는 세대 차이가 가장 극명하게 표출되는 영역이다. 연령별로 차이가 있는 다양한 변수를 통제한 후에도 선거의 경우 연령대가 여전히 직접적인 효과가 있는 것으로 나타났다.

노인복지정책에서 재정문제와 관련된 경우, 연령대별 차이가 뚜렷하게 나타났다. 주로 30대와 60, 70대 간에 노인복지 예산 지출, 증세와 관련하여 상이한 인식을 보였다. 그러나 노인의 기여에 대한 의견의 경우, 봉사 활동과 가족 돌봄 활동에서 노인들의 기여를 전반적으로 높이 평가하고 있다. 다만 20대의 경우, 일상적인 가사 노동의 중요성에 대한 인식 부족 등으로 노인의 기여를 상대적으로 낮게 평가했다.

세대 간 연대 의식의 차이가 발생했던 대표적인 문항을 선정하여 서열 로짓 분석을 수행했다. 분석 결과, 다양한 변인 중에서 효 의식이 세대 간 연대 의식의 변이를 가장 잘 설명하는 것으로 나타났다. 효 의식이 높을수록 세대 갈등을 낮게 인식하고, 노인복지를 위한 정부 지원의 확대에 찬성하며, 노인의 사회적·경제적 기여를 긍정적으로 평가했다. 다만 효 의식이 높을수록 노인이 사회에 부담이 된다고 응답한 점에서 여전히 연령 효과가 개입되어 있을 가능성이 있다. 연령이 높을수록 전통적인 효 의식에 대해 긍정적으로 평가하기 때문이다. 부모와의 친밀감은 세대 갈등과 노인복지정책에 대한 인식과 관련을 맺었다. 부모와 친밀한 관계를 맺을수록 부모가 사회에 부담이 된다는 인식이 낮았으며, 노인복지정책 확대에 찬성하는 태도를 나타냈다.

사회적 신뢰 의식은 주로 노인의 사회적·경제적 기여에 관한 인식과 관련을 맺었다. 신뢰 의식이 높을수록 노인의 사회적·경제적 기여에 대해 긍정적으로 평가했다. 한편 신뢰 의식이 높을수록 노인이 사회에 부담이 된다고 인식하고, 노인복지 예산 확대에 동의하지 않는 입장을 취했다. 예상과 다른 이러한 결과는 신뢰 의식과 연령 간의 관련성에서 비롯될 가능성이 있다. 〈표 5-1〉에서 살펴보았듯이 연령대가 높을수록 신뢰 의식이 높았다. 또한 연령이 높을수록 노인이 사회에 부담이 된다고 인식하는 비율이 높았다. 따라서 신뢰 의식은 이러한 연령의 특성을 일부 반영한 측면도 있을 것이다. 이러한 신뢰 의식의 예상과는 다른 효과에 대해 좀 더 면밀한 검증이 요청된다.

정치 성향은 세대 갈등과 노인의 사회적·경제적 기여 인식과 관련이 있었다. 진보적일수록 선거에서 청년의 의견이 반영되기 어렵다는 데 동의하는 경향을 보였으며, 봉사 활동을 통한 노인의 사회 기여를 높게 평가했다. 정치 성향의 경우, 효 의식, 신뢰 의식 등의 변수가 동시에 투입됨으로써, 그 효과가 제대로 나타나지 않았을 가능성이 있다. 연령이 높을수록 보수적이고, 효 의식과 신뢰 의식이 상대적으로 높을 수 있기 때문이다.

분석 결과, 한국 사회에서 부모와 자녀 간의 윤리를 규정하는 효 의식, 부모의 생존 여부, 친밀감 등 부모와의 사적인 세대 관계의 특성이 노인 세대에 대한 태도에도 투영되어 사회적 세대 관계에 상당한 영향을 미치는 것으로 나타났다. 한국 사회의 세대 간 연대 의식은 가족주의 연대에 기반을 두고 있는 것이다. 이러한 결과는 기존 연구에서 한국 사회의 가족주의가 세대 갈등을 완화하는 역할을 수행한다는 주장(박경숙 외, 2013)을 경험적으로 입증한다.

한국 사회의 긴밀한 가족주의 연대는 극한 경쟁에 시달리는 상황에서 최후의 안전망 역할을 수행하고 있다. 사회복지의 외형적 성장에도 불구하고, 여전히 가족을 통한 정서적·경제적 지원이 시장 경쟁의 위험에서 개인을 보호하는 역할을 수행한다(박경숙 외, 2013). 자녀에 대한 상당한 재정적 지원과 교육투자는 뛰어난 인적자원을 형성함으로써 그동안 한국 경제의 성장에도 커다란 기여를 했다.

그러나 이러한 가족주의 연대는 당분간 지속될 수 있지만, 향후에는 점차 한계에 봉착할 가능성이 있다. 경제성장의 둔화, 출산율 감소, 부동산 가치 하락 등 가족 내 세대 간 이전 자원의 감소로 인해 가족주의 연대의 기반이 점차 침식되고 있기 때문이다(박종훈, 2013). 또한 가족을 통한 세대 갈등 문제의 해결은 세대 갈등을 봉합할 수는 있지만, 세대 문제로 표출된 한국 사회의 구조적인 문제에 대한 근본적인 해결을 더디게 만들 가능성이 있다(박경숙 외, 2013). 세대 갈등이 정치적 쟁점으로 부각되는 과정에서 청년 세대의 집합행동의 필요성을 약화시킬 수 있기 때문이다. 향후에는 이러한 가족주의 연대가 빚어내는 다양한 긍정적·부정적 효과와 정책적 시사점을 탐색할 필요가 있다.

또한 국가 간 비교 연구를 통해 부모와 자녀 간의 긴밀한 정서적·경제적 유대 관계가 한국 사회에만 특수한 현상인지를 밝힐 필요가 있다. 이른바 유교주의 복지국가의 유형에 속하는 다른 동아시아 국가에 비해서도 두드러지는 특성인지를 살펴볼 필요가 있다. 세대 간 신뢰 또는 연대 의식이 공적연금제도 등 복지제도의 발전과 어떠한 관련을 맺는지도 탐색할 필요가 있다. 공적연금제도가 세대 간 협약의 기능을 수행하면서 세대 간 연대를 강화하는지, 아니면 세대 간 형평성 문제를 유발하는지를 살펴볼 필요가 있다.

다음 장에서는 대학생 집단에 초점을 맞추어볼 것이다. 대학생들이 인식하는 세대 간 연대 의식의 수준과 특성을 살펴보면서 세대 간의 연대 가능성을 모색할 것이다.

06 대학생의 세대 연대 의식*

노인 세대에 관한 인식을 중심으로

고령화, 저성장 시대 대학생의 노인 세대 인식

고령화는 한국 사회의 세대 관계 균형을 급격히 무너뜨리고 있다. 세대 간 인구구성의 불균형뿐만 아니라, 무자녀 가구, 1인 가구 증가 등 가족구조의 변화는 세대 간 접촉 기회를 감소시킴으로써 세대 간 교류와 협력의 기반을 약화시키고 있다. 또한 최근에는 한국 경제의 저성장이 고착화되는 징후가 나타나고 있다. 2015년 1분기 실질 국내총생산GDP은 전기 대비 0.8% 성장에 그쳐, 4분기째 0%대 실질성장률을 보이고 있다(한국은행, 2015). 저성장 경제로 인해 한국 사회는 높은 수준의 노인 빈곤 문제를 해결

* 이 장은 오유진, 문유진과 함께 ≪한국콘텐츠학회논문지≫, 2015년, 15권 5호에 게재한 논문을 수정·보완한 것이다.

하기 위한 노인소득보장정책과 함께, 청년 세대를 위한 교육, 고용, 출산정책을 동시에 추진해야 하는 매우 어려운 상황에 직면해 있다(노대명, 2013).

고령화, 저성장 경제시대에서 한국의 대학생들은 노인 세대에 대해 어떻게 인식하고 있는가? 고령화에 따른 국민연금, 기초연금 재정의 증가는 청년 세대의 부담을 가중시킴으로써, 대학생을 비롯한 청년 세대가 노인 세대 부양에 대해 부정적인 태도를 갖게 할 수 있다. 점차 선거에서 노인들의 정치적 영향력이 강화되고, 노인 유권자의 표를 얻기 위한 공약 경쟁이 심화되면서 청년 세대를 위한 정책이 축소될 가능성도 있다(김현진, 2004).

이 장의 목적은 고령화와 저성장 경제라는 거시적 환경에서 대학생의 노인 세대에 관한 인식이 어떠한지를 사회정책적 측면에서 조망하는 것이다. 대학생들은 안정된 일자리 부족과 같은 노동시장 문제와 노인의 정치적 영향력 확대 등의 정치적 상황 변화에 대해서 어떠한 인식을 하는가? 졸업 후 불안정한 일자리 등 비관적인 전망이 노인 세대에 대한 반감으로 표출되는가? 대학생들은 정부의 노인복지정책과 재정 문제에 대해서 어떠한 인식을 하는가? 이 장에서는 대학생들이 노인 세대와 갈등 또는 대립되는 인식을 갖는지, 노인의 기여 및 노인복지정책에 대해 어떠한 인식을 하는지를 탐색하고자 한다.

대학생 시기는 성인으로서 자신의 가치관을 형성하고 자율적인 의사 결정을 통해 사회에 참여하는 시기이다(권명순·노기영·장지혜, 2013). 대학생들은 졸업 후 직업 활동을 통해 노인 세대를 부양해야 하는 위치를 차지하게 된다. 대학생들이 노인 세대에 대해 어떠한 인식을 하는지는 향후 노인복지정책에 필요한 재정지출과 서비스 제공에 대한 찬반 태도에 영향을 미칠 수 있다. 대학생들이 노인 세대와의 이해 갈등, 노인의 기여, 국민연금 등 노인복지정책에 대해 어떠한 인식을 하는지를 밝히는 것은 향후 세대 관계의 양상을 전망하는 출발점이 될 것이다. 또한 세대 간 연대와 협력을 위한 기본 방향 및 정책 프로그램을 구성하는 데 중요한 실증적 토대가 될 것이다.

대학생 대상의 세대 인식에 관한 기존 연구는 주로 미시적인 측면에서 노인에 대한 지식, 고정관념, 부양 태도와 의식 등을 다루었다(김욱, 2011; 김숙경, 2010; 김혜경·박천만·중화도부, 2010; 김정란·김경신, 2009; 이호정, 2008; 박경란·이영숙, 2001; 한정란, 2000; 서병숙·김수현, 1999). 일부 연구에서는 노인에 대한 이미지를 분석하는 데 주안점을 두었다(서병숙·김수현, 1999; 권명순·노기영·장지혜, 2013). 그러나 노인들의 정치적·경제적 영향력, 가족적·사회적·경제적 기여, 노인복지정책에 대한 태도 등 고령화에 따른 사회정책적 측면에서 대학생의 노인 세대에 관한 인식을 조사한 연구는 매우 부족했다. 또한 자료 수집의 한계로 인해 일부 지역의 대학생만을 대상으로 연구가 진행되어왔다(권명순·노기영·장지혜, 2013; 김욱, 2011; 박경란·이영숙, 2001; 한정란, 2000; 서병숙·김수현, 1999). 대학생의 인식에 대한 전국 규모의 조사는 매우 제한적으로 이루어져왔다.

이 장에서는 이러한 한계를 극복하기 위해 2013년에 복지국가청년네트워크에서 수행한 전국 대학생 설문 조사를 이용해 대학생의 노인 세대 인식을 살펴볼 것이다. 전국 대학생 865명을 대상으로 수행한 설문 조사를 이용하여 고령화, 저성장에 따른 정치적·경제적 이해관계를 중심으로 대학생이 바라보는 노인 세대에 대한 인식을 밝힐 것이다. 정치적·경제적 자원 배분을 둘러싼 노인 세대와의 대립 가능성, 노인의 기여, 노인복지에 대한 정부의 역할과 재정 문제에 관해 대학생들은 어떠한 인식을 하는지를 규명할 것이다. 또한 대학생 간의 노인 세대에 대한 인식 차이를 빚어내는 요인이 무엇인지를 대학생의 정치적·경제적 특성을 중심으로 밝힐 것이다. 이를 통해 향후 세대 간 연대와 통합을 위한 정책적 시사점을 도출하는 데 기여할 수 있을 것이다.

이론적 논의

노인 세대에 관한 인식: 세대 갈등, 노인의 기여, 노인복지정책

이 장에서는 정치적·경제적 이해관계를 중심으로 대학생이 바라보는 노인 세대에 관한 인식을 탐색적으로 살펴볼 것이다. 유럽연합 집행위원회 설문 조사 결과(European Commission, 2009)를 참고하여 한국 사회에 적용 가능한 '청년 세대와 노인 세대 간의 갈등', '노인의 기여', '노인복지정책에 대한 인식' 등 세 가지 하위 영역을 구성하여 대학생의 노인 세대에 대한 인식을 탐색했다.

첫째, '청년 세대와 노인 세대 간의 갈등 인식'은 한국 사회의 고령화에 따라 정치·경제 영역에서 자원 배분을 둘러싼 이 세대들 간 대립과 갈등에 관한 인식을 의미한다. 이 연구에서는 대학생들이 청년 세대와 노인 세대 간의 대립과 갈등에 대해 어떠한 인식을 하는지를 살펴볼 것이다. 노인 유권자의 증가에 따라 청년들의 의견이 반영되기 어려울 것인지, 노인들의 근로 연장에 따라 청년들의 일자리가 줄어들 것인지, 기업의 성과가 근로자의 연령과 관련을 맺는지, 노인들은 사회에 부담이 되는지 등의 질문을 통해 고령화에 따른 세대 간 대립 가능성에 대한 대학생의 인식을 탐색할 것이다.

둘째, '노인의 가족적·사회적·경제적 기여에 대한 인식'은 노인 세대에 대한 사회적 인식의 중요한 차원을 구성한다. 이 연구에서는 가족, 지역사회, 경제 등의 영역에서 대학생들이 노인의 기여를 어떻게 인식하는지를 살펴볼 것이다. 노인의 가족 돌봄 활동 등 가족 내 기여에 대한 인식은 어떠한지, 노인을 위한 제품, 서비스 개발이 경제 발전에 중요한 요인이 될 것인지, 지역사회에서 청년과 노인이 함께 일할 기회가 충분한지에 대해 대학생들이 어떠한 인식을 갖고 있는지를 탐색할 것이다.

셋째, '대학생과 노인 간의 대립 또는 갈등에 관한 인식'은 노인복지정책 등 정부 정책의 영향을 받을 수도 있다. 이 장에서 대학생의 노인복지정책에 대한 인식은 소득보장정책, 노인을 위한 일자리 정책과 재정 문제를 중심으로 살펴볼 것이다. 노인의 소득 보장과 돌봄을 위해 정부가 재정을 확대해야 하는지, 퇴직 이후에도 일하는 노인을 위한 정부 지원 정책에 대한 인식이 어떤지를 살펴볼 것이다. 또한 대학생들이 노인 부양을 위한 재정 문제에 대해 어떻게 전망하는지, 국민연금 재정 고갈 가능성, 노인복지를 위한 세금과 기여금 납부에 대해 어떻게 인식하는지를 탐색할 것이다.

노인 세대 인식과 관련된 요인

이 장에서는 노인 세대 인식과 관련된 요인으로 응답자의 정치적·사회적·경제적 특성과 대학생으로서의 각종 인구학적 특성을 살펴볼 것이다. 정치적 요인으로는 정치 성향과 정치에 대한 관심 정도가 미치는 영향을 탐색할 것이다. 사회적·경제적 요인으로는 주관적 계층 의식, 부채액, 생활비 지출액, 용돈액 등을 다룰 것이다. 대학생의 다양한 경제적 여건이 노인 세대에 관한 인식과 어떠한 관련성이 있는지를 세부적으로 파악하기 위해서 대학생의 부채, 수입, 지출 등을 포함할 것이다. 대학생 개인 특성으로서 성별, 학년, 계열, 취업 준비 여부, 가구원 수 등이 노인 세대에 대한 인식과 관련을 맺는지를 밝힐 것이다. 이 장의 목적은 대학생 집단 내에서 노인 세대에 대한 인식의 차이를 유발하는 요인을 집중적으로 살펴보는 것이다. 다음에서는 분석에 활용한 대학생의 정치적·사회적·경제적 요인을 중심으로 세대 갈등, 노인의 기여, 노인복지정책과의 관련성에 대해 논의할 것이다.

정치적 요인

먼저 정치 성향이 진보적일수록 노인 세대와의 갈등이 발생할 가능성이 높다고 인식할 수 있다(최유석, 2014). 세대 갈등에 관한 설문 항목은 주로 미래의 정치적·경제적 세대 갈등 및 대립 가능성을 다룬다. 진보적일수록 정치적·경제적 불평등에 더 많은 관심을 갖고, 평등과 분배 정의에 높은 가치를 부여한다(이강국, 2010; 박종민, 2008; Knutsen, 1995). 진보적일수록 향후 노인들의 증가에 따른 청년들의 정치적 영향력 감소 등 정치적 자원이 불균등하게 분배될 가능성이 높다고 인식하고, 노인 세대와의 갈등이 발생할 가능성이 높다고 인식할 수 있다.

노인의 가족적·사회적·경제적 기여와 관련하여, 진보적일수록 노인의 기여를 긍정적으로 인식할 수 있다. 진보적일수록 배려와 평등의 가치를 높이 평가하기 때문에 노인 등 다른 세대의 기여에 대해 긍정적으로 인식할 가능성이 있다(박재흥, 2005; Haidt, 2012). 한편 진보적일수록 정부의 적극적인 역할과 노인복지를 위한 재정지출에 찬성하는 태도를 보일 것이다(주은선, 백정미, 2007; 박종민, 2008; 김신영, 2010; 이강국, 2010; Knutsen, 1995).

정치에 대한 관심과 세대 갈등 전망에 대해서는 상반된 예측이 이루어질 수 있다. 정치에 관심이 많을수록 세대 갈등 가능성을 높게 인식할 수 있다. 정치에 관심이 많을수록 사회 변화에 대한 관심과 지식이 많을 수 있기 때문이다. 서구의 경우, 고령화사회의 진전에 따라 노인의 정치적·경제적 영향력이 확대되고, 자원 배분을 둘러싼 갈등이 심화되어왔다(Binstock, 2010). 따라서 정치에 관심이 많을수록 이러한 지식을 바탕으로 한국 사회에서도 세대 간 대립이 심화될 것이라고 인식할 수 있다. 그러나 정치에 대한 높은 관심이 한국 사회에 대한 깊은 이해로 이어진다면, 한국 사회의 효 의식, 강력한 가족 연대로 인해 세대 갈등이 심화되지 않을 것이라고 인식할 수도 있다. 따라서 정치에 대한 관심과 세대 갈등 간의 관계는 경험적으로 검증할 문제이다.

한편 정치에 관심이 많을수록 노인의 기여에 대해 긍정적으로 평가할 수 있다. 한국 사회의 경제 발전을 위한 노인 세대의 기여를 인정하여 긍정적으로 평가하기 때문이다. 반면 정치에 대한 관심은 노인복지를 위한 정부 역할을 바라보는 태도와는 관련이 없을 것이다. 정부의 노인복지 책임에 대한 인식은 주로 정치 성향과 관련을 맺기 때문이다. 그러나 정치에 관심이 많을수록 연금 재정 등 노인복지를 위한 재정 문제가 심각하다고 인식할 수 있다. 정치에 관심이 많을수록 고령화로 인해 노인복지를 위한 재정지출 확대가 불가피하다는 점을 인식할 가능성이 높기 때문이다. 따라서 정치에 관심이 많을수록 국민연금 지출 확대에 따른 정부의 지불 능력 위기, 증세에 따른 근로자의 저항이 발생할 가능성이 높다고 인식할 수 있다.

사회적·경제적 요인

사회적·경제적 요인과 관련하여 응답자의 계층적 지위는 주로 노인복지정책에 관한 인식과 관련을 맺을 것이다. 기존 연구에서는 소득수준이 높을수록 정부의 복지 책임에 대한 지지도가 낮았다(김신영, 2010). 따라서 계층적 지위가 높을수록 노인복지에 대한 정부 개입에 비판적인 태도를 가질 것이다(주은선·백정미, 2007; 박종민, 2008). 계층적 지위가 높을수록 정부의 복지 확대보다는 개인의 책임을 더 강조할 수 있기 때문이다(박종민, 2008; 김유경, 2012).

학자금 대출을 포함한 대출액 정도는 대학생의 노인복지정책 인식과 관련을 맺을 수 있다. 대출액의 규모는 노인복지정책에 관한 인식에 상반된 영향을 미칠 수 있다. 대출액이 많을수록 정부의 노인복지정책 확대에 찬성하는 태도를 보일 수 있다. 저소득층일수록 학자금 융자 등 대출액이 많으며, 계층적 지위가 낮을수록 정부의 사회복지 재정 지원에 대해 찬성하는 입장을 취하기 때문이다(박종민, 2008; 김신영, 2010). 반면 학자금 대출 등으로 부채가 많을수록 정부의 노인복지정책에 대해 부정적인 인식을 할 수도 있다. 당장 대학생 자신의 부채 문제를 해결해주지 못하는 정부가 노인복지정책을 확대하는 것을 비판적으로 인식하기 때문이다. 따라서 대출액이 노인복지정책에 대한 인식과 어떠한 관련성을 맺을지는 경험적으로 검증할 필요가 있다. 한편, 부채가 많을수록 노인복지 재정 문제의 심각성에 대해서 더 잘 인식할 수 있다. 학자금 상환 등 부채 상환 부담의 어려움을 인식하고, 노인복지 재정 확대에 따른 조세 저항의 증대, 정부의 지불능력 악화 등의 문제에 대해 현실적인 인식을 할 수 있기 때문이다.

대학생의 용돈액은 주로 노인의 기여에 관한 인식과 관련을 맺을 것이다. 부모와 조부모로부터 받는 용돈이 많을수록 부모 및 노인 세대에 대해 긍정적인 태도를 가질 수 있다. 따라서 노인의 기여에 대해 긍정적으로 평가할 가능성이 있다. 용돈이 많을수록 가족으로부터의 경제적 지원이 많기 때문에 정부의 노인복지 확대 필요성에 대해 상대적으로 비판적인 태도를 가질 수 있다(김신영, 2010). 대학생의 생활비 지출액은 노인복지정책 영역과 관련을 맺을 수 있다. 생활비 지출이 많을수록, 생계유지에 필요한 지출에 대해 더 잘 인식할 수 있고, 노인의 적절한 생계유지를 위해 정부의 역할을 확대해야 한다고 인식할 수 있다.

연구 방법

이 장에서는 복지국가청년네트워크에서 수행한 전국 대학생 설문 조사 자료를 이용하여 연구를 진행했다. 복지국가청년네트워크에서는 2013년

11~12월에 제주도를 제외한 전국 4년제 대학생을 대상으로 설문 조사를 수행했다. 2012 대학정보공시 자료(대학정보공시센터, 2013)를 이용하여, 4년제 대학생의 지역, 성별, 학년, 전공 계열에 비례하여 1000명의 표본을 추출했다. 조사상의 제약으로 인해 각 지역의 대학, 대학생 선정은 편의표집을 통해 이루어졌다. 조사원들이 표본 선정 대학에 직접 방문하여 설문지를 배부하고 회수했다. 최종적으로 회수하여 분석에 활용한 설문지는 865부였다. 설문 조사에서는 대학생의 복지 의식, 불평등 의식, 세대 관계 인식, 정치·경제 인식을 조사했다. 이 장에서는 세대 관계 인식과 관련된 문항을 중심으로 분석했다.

노인 세대에 대한 인식을 파악하기 위한 질문은 유럽연합 집행위원회 설문 조사(European Commission, 2009) 문항 중 청년 세대와 노인 세대 간의 갈등, 노인의 기여, 노인복지정책에 대한 인식 등 세 가지 영역의 설문 문항을 번역해 사용했다. 대학생의 노인 세대에 대한 인식을 알아보기 위해 청년 세대와 노인 세대 간의 갈등 네 개 문항, 노인의 사회 기여 세 개 문항, 노인복지정책 및 재정 다섯 개 문항을 5점 척도로 측정했다. 신뢰도 분석 결과, 크론바흐 알파값Cronbach's alpha은 세대 갈등이 0.79, 노인의 사회 기여는 0.78, 노인복지정책은 0.74로 나타났다.

대학생의 노인 세대에 대한 인식과 관련된 주요 독립변수로 정치 영역에서는 정치 성향과 정치적 관심 정도를 활용했다. 정치 성향은 점수가 높을수록 진보적인 것으로 5점 척도로 측정했다. 정치적 관심도 점수가 높을수록 정치적 관심이 높도록 5점 척도로 구성했다. 사회적·경제적 요인으로는 주관적 계층 인식을 10점 척도로 측정했다. 상층일수록 높은 점수를 부여했다. 응답자의 학자금 대출 등 부채 유무 및 부채액, 월평균 용돈과 생활비 지출액, 취업 준비 여부 등을 조사했다. 응답자의 성별, 학년, 전공 계열(인문·사회, 자연·공학, 예체능 기타), 가구원 수 등을 조사했다. 대학생의 개인적 특성에 따라 노인 세대에 대한 인식에 차이가 있는지를 살펴보았다.

이 장에서는 다음과 같은 분석을 수행했다. 첫째, 조사 대상자의 특성과 노인 세대 인식에 관한 기술통계분석을 수행했다. 이를 통해 대학생들의 노인 세대에 대한 인식이 어떠한지를 탐색했다. 둘째, 노인 세대와의 관계 인식에 영향을 미치는 요인을 규명하기 위해 OLS 회귀분석을 수행했다. 먼저 요인분석을 통해 노인 세대에 관한 인식을 하위 영역으로 구분하고, 각 영역별 요인 점수값을 산출했다. 각 하위 영역별로 요인 점수값을 종속변수로 OLS 회귀분석을 수행했다.

분석 결과

응답자의 특성

〈표 6-1〉은 응답자의 특성을 나타낸 것이다. 응답자 표본의 지역, 성별, 학년, 계열별 분포는 전국 대학생 분포와 대체로 유사한 양상을 띠었다. 지역별 분포를 보면, 응답자의 40%가 수도권, 30%가 경상 지역 대학에 다니는 것으로 나타났다. 남학생이 49%로 여학생에 비해 조금 높은 비율을 보였다. 연령은 19세 이하가 21%를 차지했으며, 24세 이상인 경우가 17%였다. 학년 분포는 1학년이 28%로 가장 높은 비율을 차지했으며, 4학년이 21%로 가장 낮은 비율을 보였다. 전공은 인문·사회·상경 등 문과 계열이 43%로 자연·공학·의학 등 이과 계열과 유사한 비율을 보였다.

응답자의 가구원 수는 4인 가구가 45%로 가장 높은 비율을 차지했다. 2인 가구 이하는 14%를 차지했다. 응답자의 주관적 계층 의식은 10점 척도로 측정했다. 무응답을 제외한 계층 점수 평균은 4.8로써 중간보다 조금

표 6-1 | 응답자의 특성(n=865) (단위: 원, %)

구분	비율	구분	비율 (표준편차)
지역		**가구원 수**	
수도권	40.1	1명	5.6
강원도	2.1	2명	8.9
충청도	14.1	3명	23.9
경상도	29.8	4명	45.4
전라도	13.9	5명 이상	15.5
성별		무응답	0.7
남성	48.8	**계층 인식**	4.8(1.9)
여성	47.6	**부채 유무**	
무응답	3.6	있음	25.8
연령		없음	74.2
19세 이하	20.5	**평균 부채액**	642.3만원(929.0만원)
20세	13.1	**생활비 지출액**	65.9만원(81.8만원)
21세	13.3	**용돈액**	41.3만원(41.5만원)
22세	16.4	**취업 준비**	
23세	15.8	예	25.7
24세 이상	17.1	아니오	65.6
무응답	3.8	무응답	8.8
학년		**정치 성향**	
1학년	28.3	매우 보수적	2.1
2학년	27.4	보수적	18.6
3학년	22.7	중도적	35.4
4학년	20.6	진보적	31.2
무응답	1.0	매우 진보적	4.2
전공		무응답	8.6
인문·사회·상경	43.2	**정치 관심**	
자연·공학·의학	42.7	매우 적음	4.9
사범·예체능, 기타	13.2	적음	25.3
무응답	0.9	보통	40.1
		많음	19.4
		매우 많음	7.4
		무응답	2.9

출처: 복지국가청년네트워크(2014).

낮았다.

학자금 대출 등으로 부채가 있다고 응답한 비율은 26%였다. 부채가 있는 대학생의 평균 부채액은 약 642만 원이었다. 월평균 생활비는 무응답을 제외한 729명을 대상으로 조사한 결과, 약 66만 원이었다. 월평균 용돈은 약 41만 원이었다. 취업 준비를 하는 대학생은 26%였다. 정치 성향이 진보적이라고 응답한 비율은 35%로, 보수적이라고 응답한 비율 21%에 비해 높았다. 한편 정치에 관심이 많다고 응답한 비율은 27%로, 관심이 적다고 응답한 비율 30%에 비해 조금 낮은 수준을 보였다.

대학생의 노인 세대에 대한 인식

대학생의 노인 세대에 대한 인식을 청년 세대와 노인 세대 간의 갈등, 노인의 사회 기여, 노인복지정책 등 세 가지 영역에서 살펴보았다(〈표 6-2〉~〈표 6-4〉). 각 빈도 분석표의 값은 각 의견에 대하여 '매우 동의', '동의'하는 비율을 합산한 결과이다.

세대 갈등에 관한 인식: 낮은 수준의 갈등적 시각

〈표 6-2〉는 청년 세대와 노인 세대 간의 갈등에 대한 대학생의 인식을 나타낸다. 대학생의 세대 갈등에 관한 인식은 네 개 문항으로 구성했다. 먼저 '노인 유권자가 많아지므로 정치적 의사 결정에서 청년층의 욕구에 관심이 줄어들 것이다'는 의견에 대해 33%가 동의하는 입장을 보였다. '노인들이 나이 들어서도 계속 일하기 때문에 청년층을 위한 일자리가 줄어들게 될 것이다'는 의견에 대해 26% 정도만이 동의했다. 대학생들은 청년 일자리 문제의 원인이 노인 세대의 근로 연장에서 비롯되는 것은 아니라고 인식하고 있다. '청년층을 주로 고용한 회사가 다른 연령대 사람을 고용

표 6-2 | 청년 세대와 노인 세대 간의 갈등에 대한 대학생의 인식(n=865) (단위: %)

설문 문항	동의 비율
노인 유권자가 많아지므로 정치적 의사 결정에서 청년층의 욕구에 관심이 줄어들 것이다	33.1
노인들이 나이 들어서도 일하기 때문에 청년층을 위한 일자리가 줄어들게 될 것이다	25.9
청년층을 주로 고용한 회사가 다른 연령대 사람을 고용한 회사에 비해 성과가 더 좋을 것이다	33.3
노인들은 사회에 부담이 된다	23.0

주: '동의', '매우 동의'하는 비율을 합산한 것임.
출처: 복지국가청년네트워크(2014).

한 회사에 비해 성과가 더 좋을 것이다'는 의견에 대해 33% 정도가 동의했다. 마지막으로 '노인들은 사회에 부담이 된다'는 질문에 대해 23% 만이 동의했다.

전반적으로 대학생들은 자신과 노인 세대와의 관계를 대립적으로 인식하지는 않았다. 고령화에 따라 선거와 일자리 등 정치적·경제적 자원을 둘러싼 이해관계의 갈등이 격화될 수 있는 영역에서도 노인과 갈등적 관계에 있다고 보는 비율이 낮았다. 또한 노인이 부담이 된다는 인식도 매우 낮았다. 이러한 결과는 유사한 설문 문항을 이용한 최근 조사 결과(최유석, 2014)와도 대체로 일치하는 것이다.

노인의 가족적·사회적·경제적 기여에 대한 인식: 노인 기여에 대한 긍정적 시각

〈표 6-3〉은 노인의 기여에 대한 대학생의 인식을 나타낸 것이다. 노인의 기여에 대한 의견은 세 개 항목으로 구성했다. 먼저 '가족 또는 친척을 돌보는 노인의 기여는 충분히 평가받지 못하고 있다'는 의견에 대해 57%가 동의했다. '노인과 젊은이는 각종 단체와 지역활동에서 함께 만나 일할 기회가 충분하지 않다'는 의견에 대해 약 65% 정도가 동의했다. 마지막으

표 6-3 | 노인의 기여에 대한 대학생의 인식(n=865) (단위: %)

설문 문항	동의 비율
가족 또는 친척을 돌보는 노인의 기여는 충분히 평가받지 못하고 있다	57.1
노인과 젊은이는 각종 단체와 지역 활동에서 함께 만나 일할 기회가 충분하지 않다	65.1
노인의 욕구에 맞는 제품, 서비스를 개발하는 것은 경제 발전에 중요한 요인이 될 것이다	61.4

주: '동의', '매우 동의'하는 비율을 합산한 것임.
출처: 복지국가청년네트워크(2014).

로 '노인의 욕구에 맞는 제품, 서비스를 개발하는 것은 경제 발전에 중요한 요인이 될 것'이라는 의견에 대해 61%가 동의했다. 대학생들은 노인들과 만나서 함께 일할 기회가 충분하지 않으며, 한국 사회에서 노인의 가족 돌봄, 경제 발전에 대한 기여에 대해 긍정적으로 인식하고 있다.

노인복지정책에 관한 인식: 정부 개입 찬성, 재원 마련 우려

앞서 대학생들은 정치·경제 영역에서 노인들과 심각한 갈등 관계를 보이지는 않았다. 대학생들의 노인 세대에 대한 태도가 국민연금, 노인 일자리 정책 등 구체적인 정부 정책에서는 어떻게 나타나는지를 살펴보았다. 〈표 6-4〉는 대학생들의 노인복지정책에 대한 인식을 나타낸 것이다. 대학생들은 정부가 노인복지정책에 적극적인 개입을 해야 한다고 인식하고 있다. 먼저 '정부는 국민연금과 노인 돌봄에 필요한 돈을 더 많이 마련해야 한다'는 의견에 대해 69%가 동의했다. '정부는 노인이 퇴직 연령 이후에도 계속 일하는 것을 용이하게 해야 한다'는 의견에 동의하는 비율은 74%에 달했다. 노인복지 재원과 관련하여 '정부는 수십 년 후에 국민연금과 노인 돌봄을 위한 돈을 지불할 수 없게 될 것이다'는 의견에 대하여 58%가 동의했다. '근로자들은 노인 지원을 위한 세금과 분담금 지급을 점차 꺼려할 것

표 6-4 | 노인복지정책에 대한 대학생의 인식(n=865) (단위: %)

설문 문항	동의 비율
정부는 국민연금과 노인 돌봄에 필요한 돈을 더 많이 마련해야 한다.	68.7
정부는 노인이 퇴직 연령 이후에도 계속 일하는 것을 용이하게 해야 한다.	73.6
정부는 수십 년 후에 국민연금과 노인 돌봄을 위한 돈을 지불할 수 없게 될 것이다.	58.0
근로자들은 노인 지원을 위한 세금과 분담금 지급을 점차 꺼려할 것이다.	62.3
노인들은 근로 세대의 재정 부담 완화를 위한 국민연금 개혁 필요성에 동의한다.	57.9

주: '동의', '매우 동의'하는 비율을 합산한 것임.
출처: 복지국가청년네트워크(2014).

이다'에 대해서 62%가 동의했다. 이와 같이 절반 이상의 대학생들은 노인 복지 재원 조성과 관련하여 정부의 재정 지불 능력에 대해 우려를 표하고 있다. 또한 노인 지원을 위한 증세로 인해 근로자의 조세 부담이 가중될 것이라고 대학생들은 인식하고 있다. 한편 '노인들은 근로 세대의 재정 부담 완화를 위한 국민연금 개혁 필요성에 동의한다'는 의견에 대해서 58%가 동의했다. 절반 이상의 대학생이 노인들도 근로 계층의 부담 완화를 위한 노력에 공감할 것이라는 의견을 보였다.

분석 결과, 국민연금 재정 문제 등 세대 간 재분배를 둘러싼 구체적인 정책에서 대학생들은 청년 세대와 노인 세대 간의 갈등이 발생할 가능성이 있다고 인식하고 있다.

회귀분석 결과

회귀분석은 각 문항별로 수행하지 않고, 요인분석을 통해 각 영역별 요인 점수를 산출하여 이를 종속변수로 활용했다. 노인 세대에 관한 인식 12

개 문항을 별개로 분석하기보다는 요인분석을 통해 각 영역별로 요약된 지표를 구성했다. 요인분석은 주성분 분석principal component analysis을 이용했다. 요인추출을 위해 직각 회전 방법varimax rotation을 이용한 결과, 네 가지 요인을 추출했다. 노인 세대에 관한 인식의 세 가지 영역 중에서 '세대 갈등', '노인의 기여' 영역은 요인분석 결과 각각 한 개의 요인으로 구분되었다. 그러나 '노인복지정책' 영역은 '노인복지에 대한 정부의 역할', '노인복지 재정' 등 두 가지 요인으로 구별되어 나타났다.[1] 〈표 6-5〉는 노인 세대에 대한 인식의 네 가지 요인별로 요인 점수를 종속변수로 이용하여 회귀분석한 결과이다. 각 종속변수의 요인 점수가 높을수록, 세대 갈등 가능성을 높게 인식하고, 노인의 기여를 긍정적으로 평가하며, 정부의 노인복지 정책 확대에 찬성하며, 노인복지 재정 문제가 심각해질 것이라고 해석할 수 있다.

세대 갈등 가능성

정치 성향은 세대 갈등 가능성에 관한 인식과 관련이 없었다. 그러나 정치에 관심이 많을수록, 세대 갈등이 발생할 가능성을 상대적으로 낮게 인식했다. 정치에 관심이 많을수록 한국 사회에 대한 이해가 높으며, 한국 사회의 효 의식, 강한 가족주의 등의 문화적 가치가 세대 갈등의 발현을 억제하거나 완화시킬 것이라고 인식할 가능성이 있다. 그러나 이러한 해석

1 노인복지정책에 포함된 다섯 개 문항 중에서, '정부의 노인복지 재정 확충', '정부의 은퇴 노인 근로 지원', '노인도 국민연금 개혁에 동의' 등 세 개 문항이 한 개의 요인으로 구분되었다. 이 장에서는 이 요인을 '정부의 노인복지 확대'로 지칭했다. '정부의 국민연금·노인 돌봄 사업 지급불능 가능성', '근로자의 세금과 분담금 지급 저항'이 또 다른 한 개 요인으로 분류되었다. 이 장에서는 이 요인을 '노인복지 재정 문제'로 지칭했다.

표 6-5 | 대학생의 노인 세대 인식에 관한 회귀분석 결과

구분	세대 갈등			노인의 사회 기여			정부의 노인복지 확대			노인복지 재정 문제		
	회귀 계수	표준 오차		회귀 계수	표준 오차		회귀 계수	표준 오차		회귀 계수	표준 오차	
정치 성향	0.063	0.045		0.081	0.044	+	0.125	0.044	**	-0.036	0.045	
정치 관심	-0.084	0.040	*	0.128	0.039	**	0.003	0.039		0.070	0.040	+
계층 인식	0.049	0.025	+	-0.009	0.024		-0.005	0.025		-0.043	0.025	+
대출 여부	-0.134	0.112		-0.034	0.110		0.127	0.111		-0.107	0.112	
대출액	0.000	0.009		0.027	0.009	**	-0.022	0.009	*	0.015	0.009	+
용돈액	-0.010	0.010		0.017	0.009	+	-0.017	0.010	+	0.003	0.010	
지출액	0.001	0.005		-0.005	0.005		0.004	0.005		0.007	0.005	
가구원 수	-0.003	0.045		0.050	0.044		-0.019	0.045		-0.009	0.045	
남성(여성)	-0.019	0.079		-0.087	0.077		0.084	0.078		-0.143	0.079	+
학년	-0.053	0.040		0.022	0.040		-0.001	0.040		0.011	0.040	
인문·사회 (자연·공학)	0.120	0.084		0.176	0.082	*	-0.141	0.083	+	0.153	0.084	+
예체능 (자연·공학)	0.002	0.120		0.174	0.117		-0.128	0.118		-0.071	0.120	
취업 준비 (안 함)	0.187	0.101	+	-0.100	0.098		0.258	0.099	*	-0.005	0.101	
상수	-0.124	0.298		-0.904	0.291	*	-0.215	0.294		0.085	0.298	
R^2	0.046			0.090			0.072			0.050		

주: 괄호 안은 더미 변수에서 기준 범주를 나타냄(+ $p < 0.1$, * $p < 0.05$, ** $p < 0.01$).

은 좀 더 엄밀한 검증을 필요로 한다.

계층적 지위가 높을수록 청년 세대와 노인 세대 간의 대립과 갈등이 심화될 것이라고 인식했다. 상층일수록 개인주의적·경쟁지향적 가치관을 지닐 수 있다. 그 결과, 세대 간 대립 가능성을 높게 인식할 수 있다. 또한

취업 준비를 하는 경우, 그렇지 않은 경우에 비해 세대 간 대립 가능성을 높게 인식했다. 취업 준비를 하는 경우, 특히 취업의 어려움을 겪는 대학생의 경우 좋은 일자리 부족 등 기성세대에 대한 불만이 노인 세대와의 대립적 인식으로 표출되었을 가능성이 있다. 한편 대출액, 월평균 용돈과 지출액 등 경제적 요인은 세대 갈등 인식과 관련이 없었다. 응답자의 성별, 학년, 계열 등도 관련이 없었다.

노인의 기여

진보적 성향의 대학생과, 정치에 관심이 많은 대학생의 경우 노인의 사회 기여를 긍정적으로 평가했다. 진보적일수록 사회적 약자인 노인에 대한 배려와 공감 수준이 높기 때문이다(Haidt, 2012). 정치에 대한 관심은 한국 사회와 역사에 대한 관심 및 지식과 관련이 있을 것이다. 따라서 정치에 관심이 많을수록 노인 세대가 한국 사회 발전에 기여한 노력을 더 잘 이해하고 있으며, 노인의 기여에 대해 긍정적으로 인식할 가능성이 있다.[2] 이공 계열에 비해 인문·사회 계열 대학생이 노인의 기여를 긍정적으로 평가하는 것도 유사한 이유에서 비롯된다. 자연·공학 계열에 비해, 인문·사회 계열 대학생이 한국 사회 발전에 기여한 노인의 역할에 대해 더 많은 지

---

2 노인의 기여에 대한 인식은 노인 세대가 한국 사회에서 가족 부양, 사회 발전, 경제성장 등 다양한 영역에서 어떠한 기여를 했는지에 대한 지식, 가족 내에서 노인 세대에 해당하는 조부모와의 친밀한 접촉 등 조부모와의 접촉 등 다양한 요인들이 관련을 맺을 수 있다(한정란, 2000; 이신영, 2003). 그러나 이러한 노인 세대의 역사적 경험에 대한 지식, 조부모와의 관계 요인은 설문 조사에 포함하지 못했다. 다만 정치에 관심이 많을수록 한국 사회의 다양한 쟁점, 한국 사회의 발전 과정에 대한 지식이 많을 것이라고 추론했다. 향후 연구에서는 이러한 한계를 보완하여 노인 세대에 대한 지식, 조부모 관계 등 관련된 요인을 조사하여 노인 세대에 대한 인식의 차이에 영향을 미치는 요인을 엄밀하게 분석할 필요가 있다.

식을 가질 수 있기 때문이다.

경제적 요인과 관련하여 대출액, 용돈액이 많을수록 노인의 기여를 높이 평가했다. 학자금 대출 등으로 부채가 많을수록 가족의 생계유지를 위한 부모와 조부모의 노력을 긍정적으로 평가할 수 있다. 이러한 인식이 노인 등 앞 세대의 기여에 대한 긍정적인 평가로 연결될 수 있다. 용돈을 많이 받을수록 부모와 조부모에 대해서 우호적인 태도를 보이고, 이는 가족 부양 등 노인의 기여에 대한 인식에서 긍정적인 반응으로 나타날 수 있다. 한편 계층 인식, 지출액, 가구원 수, 성별, 학년, 취업 준비 여부는 노인의 기여에 대한 인식과 관련이 없었다.

노인복지에 대한 정부의 역할

진보적 성향의 대학생과 취업준비를 하고 있는 대학생의 경우, 정부가 노인복지정책을 확대해야 한다는 주장에 동의하는 성향이 높았다. 진보적일수록 정부의 역할을 확대하여 노인 빈곤과 불평등 문제를 해결해야 한다고 인식하기 때문이다(이강국, 2010; 박종민, 2008; Knutsen, 1995). 이는 진보적일수록 사회복지 영역에서 정부의 적극적인 역할에 찬성하는 경향을 밝힌 기존 연구(주은선·백정미, 2007; 박종민, 2008; 김신영, 2010)와 유사한 결과이다. 또한 취업 준비를 하는 경우, 취업의 어려움을 인식하고 정부가 노인 일자리 창출 등 적극적인 노동시장 정책을 펼치는 것을 찬성하기 때문이다. 이러한 결과는 노동시장에 참여하지 않는 경우, 노동시장에 참여하는 집단에 비해 정부의 일자리 제공 책임을 더욱 지지하는 연구 결과(김신영, 2010)와 일치하는 것이다.

반면 대출액과 용돈액이 많을수록, 자연·공학 계열에 비해 인문·사회 계열 대학생이 정부의 노인복지 확대에 대해 부정적으로 인식하고 있다. 학자금 융자 등 대출액이 많을수록 경제적 여건이 어려울 수 있다. 따라서 노인복지에 대한 예산 증액보다는 자신의 생활을 지원해주는 정부 정책을 선호할 수 있다. 용돈이 많을수록 부모로부터의 경제적 지원이 많기 때문에 노인복지에 대한 정부의 적극적인 역할에 대해 상대적으로 부정적인 입장을 취할 수 있다. 자연·공학 계열에 비해 인문·사회 계열의 경우 정부가 노인복지에 적극적인 역할을 수행하는 것에 대해 상대적으로 부정적인 응답을 보인 것은 예상과는 다른 결과이다.[3] 정치에 대한 관심, 계층 인식, 생활비 지출액, 가구원 수, 성별, 학년 등은 정부의 노인복지정책에 관한 인식과 관련이 없었다.

노인복지 재정 문제

정치에 관심이 많고, 대출액이 큰 대학생일수록 노인복지 재정 문제가 심화될 것이라고 인식하는 비율이 높았다. 또, 자연·공학 계열 대학생에 비해 인문·사회 계열 대학생이 이 문제가 심화될 것이라고 내다봤다. 정치에 관심이 많을수록 저성장 경제, 인구 고령화로 인해 노인복지를 위한 재정 조달의 어려움에 대해 더 잘 인식할 수 있기 때문이다. 학자금 대출 등 대출액이 많을수록 대출금 상환 문제의 심각성을 인식하고, 노인복지 재정 문제가 심각해질 것이라고 인식할 수 있다. 또한 이공 계열 대학생에

---

3 예상과 다른 결과가 나온 이유 중의 하나는 자연·공학 계열 대학생에 비해, 인문·사회 계열 대학생들이 정부 정책의 실효성에 대해 부정적으로 인식할 가능성이 있기 때문이다. 이러한 가능성을 확인하기 위해 정부의 대표적인 대학생 지원 정책인 국가장학금정책의 효과에 대해 전공 계열별 차이가 있는지를 분석했다. '매우 도움'이라고 응답한 비율이 인문·사회 계열의 경우 26%인 반면, 자연·공학 계열의 경우 35%를 차지했다. 이러한 인문·사회 계열 대학생들의 정부 정책에 대한 비판적 인식이 정부의 노인복지정책 확대에 반대하는 태도로 나타났을 가능성이 있다. 이러한 해석은 추가적인 분석을 통해 좀 더 확인해볼 필요가 있다.

비해, 인문·사회 계열 대학생이 노인 문제의 실상과 향후 재정 문제에 대해 깊이 있는 인식을 할 가능성이 높기 때문이다.

한편 계층적 지위가 높을수록 노인복지 재정 문제가 심각해질 것이라는 인식이 상대적으로 낮았다. 계층적 지위가 높을수록 조세 부담 능력이 더 높기 때문이다. 따라서 정부의 지급불능 가능성, 근로자의 노인복지를 위한 분담금 지급에 대한 저항 등 노인복지 재정 문제에 대해 상대적으로 덜 심각하게 인식할 수 있다. 또한 여성에 비해 남성이, 노인복지 재정 문제를 상대적으로 심각하지 않게 인식했다. 여성의 경우 노인 부양 등 직접적인 돌봄 역할을 수행할 가능성이 높기 때문에 노인복지 재정 문제를 더욱 심각하게 인식할 수 있다(박종민, 2008).

낮은 세대 갈등의 배경: 긴밀한 가족 연대

지금까지 고령화, 저성장 시대에서 대학생의 노인 세대에 대한 인식이 어떠한지, 노인 세대 인식에 영향을 미치는 요인은 무엇인지를 탐색해보았다. 대학생의 노인 세대에 관한 인식을 청년 세대와 노인 세대 간의 갈등, 노인의 가족적·사회적·경제적 기여, 노인복지정책 등 세 영역에서 살펴본 결과, 대학생들은 자신과 노인 세대와의 관계를 대립적으로 인식하지는 않았다. 고령화에 따라 선거와 일자리 등 정치적·경제적 자원을 둘러싼 이해관계의 갈등이 격화될 수 있는 영역에서도 노인과 갈등적 관계로 인식하는 비율은 상대적으로 낮았다. 또한 노인이 부담이 된다는 인식도 매우 낮았다. 그러나 대학생들은 노인과의 교류 기회 부족, 정부의 국민연금과 노인복지 재정 지급불능, 근로자의 조세 저항 등과 같은 구체적인 정책과 관련된 질문에서는 높은 동의 비율을 보였다. 이러한 결과는 유사한 설문 문항을 이용한 다른 연구 결과에서도 확인된다(박경숙 외, 2013; 최유석, 2014).

대학생들이 세대 갈등을 낮게 인식하는 이유 중의 하나는 많은 대학생들이 부모로부터 경제적 지원을 받기 때문일 것이다. 가정 내 경제적 지원과 교환은 세대 갈등이 격화되는 것을 완충하고 봉합하는 효과를 지닌다(박경숙 외, 2013; 최유석, 2014). 또한 한국 사회의 부모와 자녀 관계를 규정하는 효 의식이 노인 세대에 대한 태도에도 투영되어 대학생들이 세대 갈등을 낮게 인식할 가능성이 있다(최유석, 2014). 이는 노인의 가족적·사회적·경제적 기여에 대해 긍정적인 평가를 보이는 현상과도 관련된다. 노인 세대에 대한 태도는 추상적으로 형성되는 것이 아니라, 부모와의 관계, 조부모와의 관계, 주변의 노인과의 교류, 부모의 조부모에 대한 관계 등을 통해서 형성된다(이호정, 2008; 김숙경, 2010; 김욱, 2011). 따라서 노인 세대에 대한 설문에 응답할 때, 대학생들은 조부모, 또는 자신의 부모가 노인이 되었을 때를 떠올리고 이들에 대한 정서적 반응을 응답에 반영했을 가능성이 있다. 조부모와 함께 생활한 경험이 있거나 조부모와 긴밀한 관계를 맺을수록 노인에 대해 긍정적인 인식을 하는 것과 같은 이유이다(이호정, 2008; 김숙경, 2010; 김욱, 2011).

회귀분석을 통해 노인 세대 인식에 영향을 미치는 요인이 무엇인지를 밝혀본 결과, 진보적일수록 노인의 기여를 긍정적으로 평가하고, 노인복지에 대한 정부 책임을 확대해야 한다고 인식했다. 정치에 대한 관심이 많을수록 노인의 기여를 긍정적으로 인식하고, 노인복지 재정 문제가 심각해질 것이라고 인식했다. 그러나 정치에 관심이 많을수록 세대 갈등 가능성은 낮을 것이라고 인식했다. 계층적 지위가 높을수록 세대 갈등은 심각하게 인식한 반면, 노인복지 재정 문제는 심각하지 않을 것이라고 인식했다.

전반적으로 대학생들은 한국 사회의 세대 갈등이 심각하다고 인식하지는 않으며, 노인의 기여에 대해서 긍정적으로 평가하고 있었다. 이는 노인 세대와의 세대 통합 또는 연대를 위한 정책을 구현하기 위한 우호적인 환경이다. 이러한 연구 결과를 바탕으로 세대 간 협력과 통합을 증진하기 위한 방안을 모색할 필요가 있다.

이 장에서 수행한 연구의 한계와 향후 연구 과제는 다음과 같다. 첫째, 4년제 대학생을 모집단으로 지역별, 성별 할당표집을 했다. 그러나 지역별 대학과 연구 대상자를 임의로 선정한 한계가 있다. 향후 연구에서는 엄밀한 표집 방식을 이용한 조사를 수행하여야 할 것이다. 둘째, 이 장에서는 20대 대학생을 중심으로 노인 세대와의 관계를 탐색했다. 대학생이 아닌 20대 청년 세대의 인식은 어떠한지, 노인 세대가 바라보는 청년 세대에 관한 인식은 어떠한지를 살펴볼 필요가 있다. 세대 관계 당사자 집단의 상호간의 인식을 밝히고, 이에 기반을 두고 세대 차이 또는 세대 갈등의 원인을 밝히고 해법을 모색할 필요가 있다. 셋째, 노인 세대에 대한 태도에 영향을 미치는 중요한 요인으로 가족 관계 특성이 있다. 가족 기능과 가족 가치관에 대한 인식(김정란·김경신, 2009), 조부모와의 친밀도, 거주 경험, 유대 관계 등 가족 내 노인과의 교류 경험이 노인 세대에 대한 태도에 영향을 미칠 수 있다(한정란, 2000; 홍달아기·하근영, 2002; 이신영, 2003; 김숙경, 2010). 또한 봉사 활동 경험 등 노인 세대와의 교류 경험도 노인 세대에 대한 태도와 관련을 맺을 수 있다(이은주·한창완, 2009; 김욱, 2011; 권명순·노기영·장지혜, 2013). 이러한 가족 관계 특성, 노인과의 활동 경험 등은 설문조사에 포함되지 않아서 분석하지 못한 한계가 있다. 향후 연구에서는 가족 관계 요인 등 다양한 변인을 포괄한 분석이 이루어져야 할 것이다.

07 기혼 여성의 부모, 시부모와의 세대 관계*

거주 형태와 경제적 지원을 중심으로

기혼 여성의 시각에서 바라본 노인 부모 및 시부모와의 관계

한국 사회에서는 고령화와 함께 노인에 대한 가족 부양 의식도 급변해 왔다. 자녀와 떨어져 독립적으로 생활하는 노인이 증가하면서 노인 부모와 성인 자녀 간의 관계도 변화하고 있다. 2014년 노인 실태 조사에 따르면, 자녀와 함께 생활하는 노인의 비율은 2004년 38.6%에서 2014년 28.4%로 최근 10년 사이에 10%p 정도 감소했다(정경희 외, 2014). 독립 가구를 구성한 노인은 경제적·심리적 불안, 간병에 대한 걱정, 외로움 등의 어려움을 토로하고 있다(정경희 외, 2014). 노인과 자녀 세대 간의 관계가

* 이 장은 필자가 ≪한국인구학≫, 2016년, 39권 1호에 게재한 논문을 수정·보완한 것이다.

어떻게 변화하고 있는지를 파악하고, 노인이 안정적인 생활을 유지할 수 있게 정서적·경제적 자원을 충분히 마련하는 일은 고령화시대의 정책 수립에 있어 필수적인 과제이다.

기혼 여성은 노인 부양을 위한 보살핌의 실질적 주체로서 부모와 시부모를 동시에 부양해야 하는 이중의 부담을 안고 있다. 이 장의 목적은 기혼 여성의 시각에서 노인 부모와 노인 시부모의 거주 형태와 이들에 대한 경제적 지원의 양상을 탐색하고 관련 요인을 밝히는 것이다. 기혼 여성의 부양 가치관, 경제적 상황, 가족 관계 등 다양한 요인이 노인 부모와 노인 시부모의 거주 형태 및 경제적 지원 여부와 어떠한 관련성을 맺는지를 분석하고자 한다.

노인의 거주 형태와 경제적 지원에 관한 기존 연구는 다음과 같은 한계를 갖고 있다. 첫째, 노인의 거주 형태(예: 자녀와의 동거 여부)에 관한 분석과 노인에 대한 사회적·경제적 지원에 관한 분석은 대체로 별개로 진행되어왔다(오지연·최옥금, 2011). 노인에 대한 경제적 지원에 관한 연구에서는 주로 독립적으로 생활하는 노인들의 사례만을 선택하여 성인 자녀로부터의 경제적 지원 여부와 수준을 탐색했다(한경혜·김상욱, 2010). 그러나 노인 부모와 생활하는 성인 자녀는 그렇지 않은 성인 자녀에 비해 부모에게 더 많은 정서적·도구적·경제적 지원을 제공한다. 기존 연구에서는 일상적인 상호작용이 높은 수준으로 이루어지는 노인 부모를 부양하는 성인 자녀 사례를 분석에서 제외하여 세대 간 경제적 지원의 양상을 포괄적으로 파악하는 데 한계가 있었다. 이 점을 극복하기 위해 이 장에서는 세대 간 교환관계의 분석에서 노인 부모 및 노인 시부모의 거주 형태를 경제적 지원 여부와 동시에 고찰하고자 한다. 이를 통해 세대 간 교환관계의 실상을 좀 더 정확히 파악할 수 있을 것이다.

둘째, 기존 연구에서는 노인의 거주 형태와 경제적 지원을 개별적으로 분석했기 때문에 부모가 누구와 함께 생활하는가 하는 문제가 부모에 대한 경제적 지원에 미치는 영향을 파악하는 데 한계가 있다. 부모의 거주 형태 변화는 부모에 대한 경제적 지원의 필요성에 영향을 미칠 수 있다. 예를 들어, 부모와 함께 생활하던 자녀의 직장 이동으로 인해 부모가 단독 가구를 형성하게 되는 경우, 해당 자녀는 부모에게 경제적 지원을 통해 부모 부양 책임을 실천할 수 있다.

부모의 건강 문제로 인한 간병 필요성, 손자녀 양육 지원 필요성, 부모와 자녀의 경제력 등 다양한 개인적·상황적 요인이 부모의 거주 형태와 부모에 대한 경제적 지원에 영향을 미칠 수 있다. 또한 특정 요인이 거주 형태와 경제적 지원에 미치는 영향력은 상이할 수 있다. 예를 들어 기혼 여성의 소득수준보다는 기혼 여성의 가족에 대한 가치관이 부모와 시부모의 거주 형태에 더 많은 영향을 미칠 수 있다. 일상적인 부양 상황에서 발생하는 신체적·정신적 부담과 스트레스에 대응하는 과정에서 부모 부양에 관한 가치관이 상대적으로 큰 영향을 미칠 수 있기 때문이다. 반면 가구 소득과 같은 경제적 요인은 경제적 지원 여부에 더 많은 영향을 미칠 것이라고 예상할 수 있다. 따라서 이 장에서는 기혼 여성의 부모와 시부모의 거주 형태에 영향을 미치는 요인이 부모와 시부모에 대한 경제적 지원에 영향을 미치는 요인과 어떠한 차이가 있는지를 밝힐 것이다.

셋째, 기존의 노인 부모에 대한 경제적 지원에 관한 분석은 기혼 여성 본인과 남편의 형제자매의 역할을 충분히 고려하지 못하는 한계를 보였다. 기혼 여성의 부모와 시부모에 대한 경제적 지원은 다른 형제자매, 남편의 형제자매와의 상호작용의 양상(예: 부모와 시부모 부양에 관한 형제간의 상의)과 긴밀한 관련을 맺는다. 그러나 다른 형제자매와의 관계적 특성을 고려한 연구는 드문 편이다(한경혜·윤성은, 2004). 기혼 여성의 시각에서 부모와 시부모의 거주 형태와 이들에 대한 경제적 지원의 양상을 비교 분석한 연구도 매우 드물게 진행되어왔다(은기수, 2008; 한경혜·윤성은, 2004; 한경혜·김상욱, 2010). 이 장에서는 기혼 여성의 형제자매, 남편의 형제자매와의 관계적 속성을 조사하여 부모와 시부모의 거주 형태, 경제적 지원과 어떠한 관련성을 맺는지를 고찰하고자 한다. 또한 부모의 거주 형태, 경제적 지원과 관련된 요인이 시부모의 거주 형태, 경제적 지원과 관련된 요인과 차이가 있는지를 밝힐 것이다.

기혼 여성의 부모 및 시부모가 거주하고 있는 형태와 이들에 대한 경제적 지원에 관한 분석을 위하여 가장 최근 자료인 2012년에 조사한 「4차 여성 가족 패널 조사」를 이용할 것이다. 2007년 「1차 여성 가족 패널 조사」를 활용하여 기혼 여성의 세대 관계를 분석한 은기수(2008)의 분석 방법을 참고할 것이다. 다항 로짓 분석과 이항 로짓 분석을 이용하여 부모 및 시부모의 거주 형태와 부모 및 시부모에 대한 경제적 지원 여부를 동시에 분석할 것이다.

이론적 논의

노인의 거주 형태와 경제적 지원에 관한 기존 연구에서는 거주 형태와 경제적 지원에 영향을 미치는 다양한 변인을 밝히는 데 상당한 성과를 축적해왔다(김경혜, 1998; 김상욱·양철호, 1998; 김상욱, 1999; 이상림·김두섭, 2002; 한경혜·한민아, 2004; 은기수, 2008; 한경혜·김상욱, 2010; 오지연·최옥금, 2011; 김정석·조윤주, 2012; Bian et al. 1998; Logan and Bian, 1999; Couch et al., 1999; Wilmoth, 2000; Takagi and Silverstein, 2006). 그러나 일관된 분석틀로 다양한 변인들을 체계적으로 파악하려는 노력은 상대적으로 부족했다.

가족체계론: 가족 관계 유형과 상호작용

이 장에서 시도하는 기혼 여성의 부모 및 시부모가 거주하고 있는 형태와 이들에 대한 경제적 지원에 관한 분석은 가족체계론family system theory 관점에 근거하고 있다. 가족체계론에서는 가족 구성원 간의 관계를 부부 관계, 부모와 자녀 관계, 형제 관계 등의 하위 유형으로 분류하면서 다양한 가족 관계의 특성과 구성원 간의 상호작용의 양상이 어떠한지를 분석한다 (Cox and Paley, 1997; Widmer, Kellerhals and Levy, 2006). 이번 연구에서는 가족체계론에 기반을 두고 기혼 여성의 부모 및 시부모가 거주하는 형태와 이들에 대한 경제적 지원을 가족 관계의 일종인 부모와 자녀관계로 파악한다. 기혼 여성의 개인적 속성뿐만 아니라, 부부 관계, 자신의 자녀와의 관계, 형제 관계 등 다양한 가족 관계의 특성이 부모와 시부모의 거주 형태 및 이들에 대한 경제적 지원과 어떠한 관련을 맺는지를 밝힐 것이다.

부모 및 시부모의 거주 형태와 이들에 대한 경제적 지원에 영향을 미치는 요인으로 다음의 네 가지 요인을 분석할 것이다. 첫째, 기혼 여성의 개인적 속성 및 가구 특성(연령, 교육 수준, 취업 여부, 노인 부양 가치관, 가구 소득, 미취학 아동 수), 둘째, 부부 관계(결혼 생활 만족도), 셋째, 부모 관계(부모의 생존 여부, 부모의 건강 상태, 부모와의 갈등 및 물리적 거리), 넷째, 형제 관계(형제자매 수, 형제와의 부모 부양 상의 정도) 등 다양한 요인을 분석에 포함할 것이다. 기혼 여성이 속한 가족 관계망의 구조와 특성에 따라 부모 및 시부모의 거주 형태 선택과 이들에 대한 경제적 지원의 필요성, 이용 가능한 자원에서 차이를 보일 것이다.

아래에서는 기혼 여성의 개인적·가족관계적 특성이 부모와 시부모의 거주 형태, 경제적 지원과 어떠한 관련성을 맺는지를 간략하게 가설적 형태로 제시할 것이다. 이러한 가설들은 부모 및 시부모와 기혼 여성 쌍방의 욕구 충족을 위한 지원의 필요성, 경제적 자원과 비경제적 자원의 이용 가능성, 부모 부양에 대한 규범적 태도 등 기혼 여성과 부모 및 시부모의 행위 선택에 영향을 미치는 주된 요인들을 반영한 것이다.

기혼 여성 개인 및 가구의 특성

먼저 기혼 여성의 연령이 높을수록 부모 및 시부모와 거주할 가능성이 높고, 부모와 시부모에게 경제적 지원을 할 가능성도 높을 것이다. 연령이 높을수록 전통적인 노인 부양 가치관을 지니는 경향이 있기 때문이다(김상욱·양철호, 1998: 56; 오지연·최옥금, 2011). 부양 대상자인 부모 및 시부모의 연령이 높기 때문에 해당 기혼 여성에게 정서적·경제적으로 의존하는 경향이 있을 수도 있다(김상욱·양철호, 1998: 56; Lang and Brody, 1983; Hagestad, 1987).

교육 수준도 거주 형태, 경제적 지원과 관련이 있을 것이다. 교육 수준이 높을수록 비전통적인 가족 가치관을 보이는 경향이 있다(박현정·최혜경, 2001; 오지연·최옥금, 2011). 이는 교육 수준이 높은 집단의 연령이 낮기 때문이기도 하다. 따라서 교육 수준이 높을수록 부모 및 시부모와 함께 생활할 가능성이 상대적으로 낮을 것이다. 한편 교육 수준과 경제적 지원 간의 관계는 정적인 관계, 부적인 관계 모두 예상할 수 있다. 교육 수준이 높은 집단은 경제적 부양 능력도 있기 때문에 경제적 지원을 할 가능성이 높을 수 있다. 반면 교육 수준이 높은 집단은 연령이 낮고, 상대적으로 노인 부양 책임에 동의하는 정도가 낮기 때문에 경제적 지원을 할 가능성이 낮을 것이다. 따라서 교육 수준의 효과가 어떠할지는 경험적으로 검증해보아야 할 문제이다.

취업 여부도 부모 및 시부모의 거주 형태와 관련하여 두 가지 방향 모두 예상할 수 있다. 취업한 기혼 여성의 경우, 자녀 양육 및 가사에서 부모 및 시부모의 도움을 필요로 한다(한경혜·김상욱, 2010). 이는 취업 여성이 부모 및 시부모와 함께 생활할 가능성을 증가시킬 것이다. 반면 취업 여성은 전업주부에 비해, 부모 및 시부모를 부양할 수 있는 시간적·정서적 여유가 부족하기 때문에 따로 거주할 가능성이 높을 수도 있다. 경제적 지원 여부도 두 가지 방향 모두 예상할 수 있다. 취업으로 증가한 소득은 경제적 지원을 할 가능성을 증가시킬 것이다. 반면 경제적 어려움으로 인해 취업한 경우, 경제적 지원을 할 여력이 부족하기 때문에 경제적 지원 가능성이 낮을 것이다. 가구 소득과 관련해서는 가구 소득이 많을수록 부모 및 시부모와 함께 생활할 가능성과 경제적 지원을 할 가능성 모두 높을 것이다. 부모 및 시부모를 부양할 경제적 여력이 있기 때문이다(김상욱, 1999: 39; Whitlatch and Noelker, 1996).

부모 및 시부모 부양은 기혼 여성의 부모 부양 가치관과 관련을 맺을 수 있다(이상림·김두섭, 2002). 기혼 여성이 부모 부양에 대한 자식의 책임을 강하게 인식하는 전통적인 가족 가치관을 가진 경우, 부모 및 시부모와 함께 거주할 가능성이 높을 것이다. 부모 부양 책임을 강하게 인식하는 경우, 부모 및 시부모와 함께 생활하면서 경험할 갈등과 스트레스를 수용하기가 상대적으로 용이하기 때문이다. 경제적 지원 여부와 관련하여 부모 부양 책임감이 높은 기혼 여성일수록 경제적 지원을 할 가능성이 높을 것이다(이상림·김두섭, 2002). 이들은 노인 부모 및 시부모에 관심이 많고, 빈번하게 방문하는 등 연락을 취할 가능성이 상대적으로 높기 때문이다.

기혼 여성의 자녀 양육 상태도 부모 및 시부모의 거주 형태와 관련을 맺을 수 있다. 미취학 아동 등 나이 어린 자녀가 많을수록 부모 및 시부모와 함께 거주할 가능성이 높을 것이다. 부모와의 동거를 통해 양육 지원을 받을 수 있기 때문이다(한경혜·김상욱, 2010; 이여봉, 2011). 기혼 여성은 시부모에 비해 부모에게 도움을 받는 것이 더 편하고 부담도 적을 것이다(한경혜·김상욱, 2010). 따라서 어린 자녀가 많은 여성일수록 시부모에 비해 부모와 거주할 가능성이 상대적으로 높을 것이다.

기혼 여성의 부부 관계 특성

기혼 여성의 부부 관계도 부모 및 시부모의 거주 형태, 경제적 지원 여부와 관련을 맺을 것이다. 기혼 여성의 부부 관계는 결혼 생활 만족도로 측정했다. 기혼 여성의 결혼 만족도와 부모 및 시부모와의 거주 형태는 두 가지 방향 모두 예상할 수 있다. 먼저 결혼 만족도가 높을수록 부모 및 시부모를 모시고 살 가능성이 높을 것이다. 부모 및 시부모 부양은 부부간 합의가 필요한 매우 중요한 사안이다. 부부의 결혼 만족도가 높을수록 부모 및 시부모 부양에 대한 합의가 원만하게 이루어질 가능성이 높으며, 부양 과정에서 발생하는 경제적 부담과 정서적 스트레스에 효과적으로 대처할 수 있기 때문이다.

반면 결혼 만족도가 높을수록 부모 및 시부모와 함께 생활할 가능성이 낮을 수도 있다. 높은 결혼 생활 만족도로 인하여 부부만의 시간을 갖길 바라며, 부모 및 시부모를 부양하는 것에 대하여 소극적인 태도를 보일 수 있기 때문이다.[1] 따라서 결혼 만족도가 부모 및 시부모의 거주 형태와 맺

1 반대로 부모 및 시부모와의 거주가 부부 생활 만족도에 영향을 미칠 가능성도 있다. 함께 생활함으로써 발생할 수 있는 부모 및 시부모와의 갈등과 스트레스가 부부 관계에 부정적인 영향을 미칠 수 있기 때문이다. 그 결과 결혼 만족도와 부모 및 시부모 동거 여부는 부적인 관련성을 맺을 가능성이 있다. 이러한 관련성을 검증하기 위해서는 패널 자료를 이용한 분석이 필요하며 이는 향후 연구 과제이다.

는 관련성은 경험적 검증을 통해 파악할 필요가 있다. 한편 결혼 만족도와 부모 및 시부모에 대한 경제적 지원은 정적인 관련성을 맺을 것이다. 결혼 만족도가 높은 경우, 경제적 지원 의사 결정에 대한 부부간의 합의가 순조롭게 이루어질 수 있기 때문이다(김주희, 2009; 한경혜·김상욱, 2010).

기혼 여성의 부모 및 시부모 특성

부모 및 시부모의 특성으로 부모 및 시부모의 생존 여부, 건강 상태, 부모 및 시부모와의 갈등, 물리적 거리 등을 조사했다. 부모 및 시부모의 생존 여부와 관련하여, 부모 및 시부모가 모두 생존한 경우 부모 및 시부모가 따로 생활할 가능성이 높을 것이다. 부모 및 시부모가 서로 의지하면서 생활해나갈 수 있기 때문이다. 부친만 생존한 경우 모친만 생존한 경우에 비해 자신의 자녀와 함께 생활할 가능성이 높을 것이다. 남성 노인이 여성 노인에 비해 홀로 생활하는 데 더 큰 어려움을 겪기 때문이다. 경제적 지원의 경우에도 양친 모두 생존한 경우, 그렇지 않은 경우에 비해 기혼 여성이 부모 및 시부모에게 경제적 지원을 제공할 가능성이 낮을 것이다(손병돈, 1998; Cox and Jakuson, 1995). 한편 부친 또는 모친만 생존한 경우, 부친에 대한 경제적 지원을 할 가능성이 모친에 대한 경제적 지원을 할 가능성보다 더 높을 것이다. 일반적으로 독거 남성 노인은 독거 여성 노인에 비해 자립적인 가사 활동에 서툴다. 이에 따라 홀로 생활하는 부친에 대한 생활 지원을 위한 연락과 방문 과정에서 경제적 지원이 이루어질 가능성이 높기 때문이다.

부모 및 시부모의 건강 문제는 기혼 여성이 이들을 돌볼 필요성을 증가시킨다(김경혜, 1998). 따라서 부모 및 시부모에게 돌봄이 필요한 건강 문제가 있을 경우 기혼 여성이 이들과 함께 생활할 가능성이 높을 것이다.

부모 및 시부모가 건강 문제로 어려움을 겪을 경우, 이들에 대한 경제적 지원을 할 가능성도 높을 것이다.

부모 및 시부모와의 갈등은 기혼 여성이 부모 및 시부모와 함께 거주할 가능성과 경제적 지원을 할 가능성을 낮출 것이다. 갈등이 심각할수록 부모 및 시부모와 생활하거나 만나는 것을 꺼려하기 때문이다. 부모 및 시부모와의 물리적 거리도 경제적 지원과 관련을 맺을 것이다. 물리적 거리가 가까울수록 더 많은 경제적 지원을 할 것이다. 부모 및 시부모와 근접해 있을수록 방문할 기회가 빈번하고 상호 간의 지원이 더욱 활발히 진행될 수 있기 때문이다(정병은, 2007; 한경혜·김상욱, 2010).

기혼 여성과 남편의 형제자매 특성

기혼 여성의 형제자매 수, 혹은 남편의 형제자매 수도 부모 및 시부모의 거주 형태 및 경제적 지원 여부와 관련을 맺을 수 있다. 형제자매가 많을수록 부모나 시부모가 자신의 자녀 중의 한 명과 거주할 가능성이 높을 것이다. 따라서 형제자매가 많을수록 특정 형제자매와 생활할 가능성은 낮을 것이다(김정석·조윤주, 2012). 경제적 지원의 경우, 기혼 여성의 형제자매가 많을수록 경제적 지원을 할 가능성은 적을 것이다. 다른 형제자매가 경제적 지원을 할 것이라고 예상하거나, 경제적 지원을 분담할 가능성이 높기 때문이다.

기혼 여성의 시부모에 대한 지원 여부도 남편의 형제자매 수와 관련이 있을 것이다. 남편의 형제자매가 많을수록 기혼 여성이 시부모를 부양할 가능성은 낮을 것이다. 다른 형제자매들이 시부모를 부양할 가능성이 높기 때문이다. 경제적 지원의 경우에도 남편의 형제자매가 많을수록 기혼 여성이 시부모에 대해 경제적 지원을 할 가능성은 낮을 것이다. 남편 형제들이 경제적 지원을 분담할 가능성이 높기 때문이다.[2] 이 장에서는 이와 같이 기혼 여성의 개인적 속성뿐만 아니라, 가족관계적 특성을 포괄적으로 조사하여 부모와 시부모의 거주 형태, 경제적 지원과의 관련성을 탐색할 것이다.

연구 방법

이 장에서는 「4차 여성 가족 패널 조사」를 이용하여 연구를 진행했다. 여성 가족 패널 조사는 전국에 거주하는 만 19~64세 여성을 대상으로 가족 관계, 경제활동 등에 관한 사항을 추적 조사하는 패널 조사이다(박수미 외, 2008: 15). 1차 연도 조사는 2007년 9월부터 2008년 2월 동안에 수행되었으며, 전국 9084가구 1만 13명의 여성에 대한 조사가 이루어졌다(박수미 외, 2008: 27). 4차 연도 조사는 2012년 6월부터 2013년 3월까지 진행되었으며, 6737가구에 거주하는 7975명에 대한 조사를 완료했다. 4차 연도 조사 결과 표본 유지율은 가구당 75.2%를 나타냈다(주재선 외, 2014).

기혼 여성의 부모 및 시부모가 거주하고 있는 형태와 이들에 대한 경제적 지원 분석에는 노인 부모가 있는 기혼 여성 표본(n=3,565)과 노인 시부모가 있는 기혼 여성 표본(n=3,282) 등 두 가지 표본을 사용했다(은기수, 2008). 노인 부모가 있는 기혼 여성 표본에는 다음 조건에 해당하는 사례

2 남편의 출생 순위도 시부모의 거주 형태, 경제적 지원과 관련을 맺을 수 있다. 남편이 장남일 경우, 시부모와 동거할 가능성이 높을 것이며, 경제적 지원을 할 가능성도 높을 것이다. 그러나 자료의 한계로 인해, 남편의 형제자매 수는 파악할 수 있었지만, 남편의 출생 순위는 파악하지 못하여 분석에 포함하지 못했다.

가 선택되었다. 기혼 여성 중에서 65세 이상인 부모가 한 명 이상 생존하고, 응답자의 형제자매가 한 명 이상 존재하는 3565명의 사례가 선정되었다. 기혼 여성의 노인 부모와의 거주 형태, 경제적 지원에 형제자매의 역할이 어떠한지를 밝히기 위함이다(김정석·조윤주, 2012). 마찬가지로 노인 시부모가 있는 기혼 여성 표본의 구성에서도 65세 이상인 시부모가 한 명 이상 생존하고, 남편의 형제자매가 한 명 이상 존재하는 3282명의 사례를 선정했다.

여성 가족 패널 조사는 기혼 여성의 경우 부모 및 시부모의 생존 여부, 거주 형태, 경제적 지원 여부에 관한 설문을 포함하고 있다. 부모 및 시부모의 거주 형태는 '본인과 함께 거주', '본인 혹은 남편의 형제자매와 함께 거주', '독립적으로 거주' 등 세 가지 형태로 구분했다(은기수, 2008). 부모 및 시부모가 병원 등 시설에 거주하는 경우는 분석에서 제외했다.

부모 및 시부모에 대한 경제적 지원은 부모 및 시부모의 거주 형태별로 세 가지로 나누어 조사했다(은기수, 2008). 첫째, 기혼 여성이 부모 및 시부모와 함께 거주하는 경우, 본인 혹은 남편의 형제자매가 경제적 지원을 하는지 여부를 조사했다. 둘째, 부모 및 시부모가 본인 혹은 남편의 형제자매와 거주하는 경우, 기혼 여성이 경제적 지원을 하는지를 조사했다. 셋째, 부모 및 시부모가 독립적으로 거주하는 경우, 기혼 여성이 경제적 지원을 하는지를 조사했다.

부모 및 시부모의 거주 형태와 이들에 대한 경제적 지원과 관련된 요인은 기혼 여성의 개인적 특성, 가구 특성, 부모 및 시부모 특성, 형제자매 및 시형제자매 특성 등으로 구분했다.

기혼 여성의 개인적 특성으로 연령, 교육 수준, 본인의 취업 여부, 부모 부양 가치관, 결혼 생활 만족도 등을 포함했다. 연령은 1년 단위로, 교육 수준은 고졸 미만, 고졸, 대학 이상 학력 등 세 가지 범주로 측정했다. 취업 여부는 직업 유무를 조사했다. 부모 부양 가치관은 '부모가 나이가 들면 자녀는 부모와 함께 살아야 한다'는 질문에 대해 4점 척도로 측정했다. 점수가 높을수록 전통적인 부모 부양 가치관을 가진 것으로 조정했다. 결혼 생활 만족도는 10점 척도로 측정했다. 숫자가 높을수록 결혼 생활에 만족하는 것을 의미한다.

기혼 여성의 가구 특성은 연간 가구 소득, 미취학 아동 수를 조사했다. 부모 및 시부모 특성으로 부모 및 시부모 생존 여부, 부모 및 시부모의 건강 문제 유무, 부모 및 시부모와의 갈등 정도, 부모 및 시부모와의 물리적 거리 등을 측정했다.

부모의 생존 여부는 '양친 생존', '부친만 생존', '모친만 생존' 하는 것으로 구분했다. 시부모의 경우에도 동일한 방법을 이용했다. 부모와 시부모의 건강과 관련하여 돌봄이 필요할 정도로 연로하거나 건강이 안 좋은지 여부를 조사했다. 부모 및 시부모와의 갈등은 응답자가 '부모 부양 문제에 관하여 갈등'을 경험한 정도를 4점 척도로 측정했다. 점수가 높을수록 갈등 정도가 심한 것으로 나타나도록 조정했다. 부모 및 시부모와의 거리는 5점 척도로, 점수가 높을수록 거리가 먼 것으로 나타나도록 측정했다.

형제 및 시형제 특성으로는 형제자매 및 시형제자매 수, 부모 및 시부모에 관해 상의하는 정도를 조사했다. 부모 및 시부모나 집안일에 관해 형제자매 및 시형제자매와 상의하는 정도는 4점 척도로 측정했다. 점수가 높을수록 상의하는 빈도가 높은 것을 의미한다.

이 장에서는 먼저 조사 대상자의 개인 특성, 가구 특성, 부모 및 시부모 특성, 형제 및 시형제 특성에 관한 빈도 분석을 수행했다. 다음으로는 부모 및 시부모의 생존 여부, 거주 형태, 경제적 지원 유무를 분석했다. 조사 설문을 통해서 생활비 분담 여부, 생활비 제공 여부 등 경제적 지원 여부만을 파악할 수 있었다. 설문 자료의 제약으로 구체적인 금액을 파악하지 못하는 한계가 있었다. 경제적 지원은 부모 및 시부모의 거주 형태별로 살펴보았다. 응답자인 기혼 여성이 부모 및 시부모를 부양하는 경우 다른 형제 혹은 시형제로부터의 지원 여부, 부모 및 시부모가 다른 형제자매 혹은 시형제자매와 거주하거나 따로 거주하는 경우, 부모 및 시부모에 대한 경제적 지원 여부에 관한 빈도 분석을 수행했다.

두 가지 표본별로 회귀분석을 통해 부모 및 시부모의 거주 형태 및 경제적 지원과 관련된 요인을 밝혔다. 먼저 부모의 거주 형태 분석에서는 부모의 거주 형태를 '본인과 동거', '본인의 형제자매와 동거', '독립적으로 거주' 등 세 가지 범주로 구분하여 다항 로짓 분석을 수행했다. 독립변수로는 응답자의 개인 특성, 가구 특성, 부모 특성, 응답자의 형제 특성 변수를 이용했다. 시부모의 거주 형태와 관련된 다항 로짓 분석에서는 응답자의 형제 대신에 시형제 특성 변수를 이용했다.

기혼 여성의 경우 부모의 거주 형태 의사 결정은 시부모의 거주 형태와 관련을 맺을 수 있다. 따라서 부모의 거주 형태 분석에서는 시부모의 거주 형태(본인과 동거, 시형제자매와 동거, 독립적으로 거주, 사망)를 독립변수로 분석에 투입했다. 마찬가지 방식으로 시부모에 관한 분석에서는 부모의 거주 형태를 분석에 활용했다.

경제적 지원 여부에 관한 분석에서는 경제적 지원 여부를 종속변수로 이항 로짓 분석을 수행했다. 부모가 응답자의 형제자매와 거주하는 경우와 독립적으로 거주하는 경우로 구분하여 부모의 거주 형태에 따라 독립변수의 영향에 차이가 있는지를 살펴보았다. 시부모의 경우에도 동일한 방식을 이용했다.

연구 결과

응답자의 특성

〈표 7-1〉은 노인 부모를 둔 기혼 여성(n=3,565)과 노인 시부모가 있는 기혼 여성(n=3,282)의 특성을 나타낸 것이다. 노인 부모가 있는 기혼 여성의 특성을 중심으로 서술하고자 한다.

응답자 평균연령은 약 45세였으며, 30, 40대 응답자가 3/4을 차지했다. 교육 수준은 약 45%가 고졸 학력이고, 39%가 대학 재학 이상의 학력을 가졌다. 취업 여성 비율은 약 53%였으며, 2012년 가구 평균 소득은 약 4800만 원 정도였다. 5000만 원 이상이라고 응답한 비율은 약 40%에 달했다. 부모 부양 가치관(부모가 나이가 들면 자녀는 부모와 함께 살아야 한다)에 대해 긍정적으로 응답한 비율은 16% 정도에 불과했다. 이러한 낮은 동의 비율은 중년 세대로서 자식이 자신을 부양하는 것에 대한 인식을 표현한 것일 수도 있다. 자신의 부모에 대해서는 부양의무를 지면서도 자신의 부양에 대해서는 자녀의 부담을 덜어주려는 태도에서 비롯된다고 할 수 있다(이상림·김두섭, 2002). 응답자의 결혼 만족도 평균은 약 6.8로 결혼 생활을 대체로 긍정적으로 평가했다. 가구 내에 미취학 아동이 있는 비율은 18%였다.

부모 특성과 관련하여, 부모의 건강 문제가 심각하여 일상적인 도움이 필요한 비율은 13%를 차지했다. 부모와 가족 문제로 갈등을 빚는 비율은 매우 낮았다. 갈등을 경험하는 빈도가 가끔 있거나 많이 있는 경우는 1%에 불과했다. 세 명 이상의 형제자매가 있는 비율은 71%에 달했다. 형제자매와 부모, 가족 문제를 상의하는 비율은 '가끔'하는 경우가 67%로 가장 높은 비율을 차지했다. '자주한다'고 응답한 비율은 21%였다. 부모와 함께 살지 않는 경우, 차로 두 시간 이상 거리에 사는 비율이 27%로 가장 높았다.

표 7-1 | 응답자의 특성 (단위: 만 원, 점, %)

구분		노인 부모가 있는 기혼 여성(n=3,565)		노인 시부모가 있는 기혼 여성(n=3,282)	
		빈도	%	빈도	%
연령	20대	18	0.5	43	1.3
	30대	955	26.8	1,032	31.4
	40대	1,694	47.5	1,511	46.0
	50대	689	19.3	565	17.2
	60대	209	5.9	131	4.0
평균(표준편차)		44.9(7.9)		43.6(7.8)	
교육 수준	고졸 미만	577	16.2	425	13.0
	고졸	1,585	44.5	1,476	45.0
	대학 이상	1,402	39.3	1,380	42.1
	무응답	1	0.0	1	0.0
취업	예	1,885	52.9	1,701	51.8
	아니오	1,680	47.1	1,581	48.2
가구 소득	1천만 원 미만	88	2.5	50	1.5
	1천만 원대	201	5.6	182	5.6
	2천만 원대	427	12.0	372	11.3
	3천만 원대	810	22.7	738	22.5
	4천만 원대	614	17.2	592	18.0
	5천만 원대	444	12.5	407	12.4
	6천만 원대	372	10.4	362	11.0
	7천만 원 이상	598	16.8	569	17.3
	무응답	11	0.3	10	0.3
평균(표준편차)		4,748.8(2,748.7)		4,850.1(2,720.7)	
부모 부양 가치관이 있다(부모가 나이가 들면 부모와 함께 살아야 한다고 생각한다)	전혀 그렇지 않다	1,131	31.7	1,067	32.5
	별로 그렇지 않다	1,870	52.5	1,705	52.0
	조금 그렇다	519	14.6	467	14.2
	매우 그렇다	44	1.2	42	1.3
	무응답	1	0.0	1	0.0

출처: 4차 여성 가족 패널 조사(2012).

표 7-1 | 계속 (단위: 만 원, 점, %)

구분	노인 부모가 있는 기혼 여성(n=3,565)		노인 시부모가 있는 기혼 여성(n=3,282)	
	빈도	%	빈도	%
결혼 생활 만족도(표준편차)	6.8(1.6)		6.8(1.6)	
미취학 아동 수				
없음	2,918	81.9	2,588	78.9
한 명	507	14.2	535	16.3
두 명	132	3.7	149	4.5
세 명 이상	8	0.2	10	0.3
부모 및 시부모 건강 문제				
있음	446	12.5	449	13.7
없음	3,119	87.5	2,833	86.3
부모 및 시부모와의 갈등(가족 문제)				
전혀 없다	3,050	85.6	2,732	83.2
별로 없다	473	13.3	483	14.7
가끔 있다	36	1.0	60	1.8
많이 있다	6	0.2	7	0.2
무응답				
형제 및 시형제 수				
한 명	312	8.8	412	12.6
두 명	725	20.3	820	25.0
세 명	832	23.3	802	24.4
네 명	777	21.8	612	18.7
다섯 명 이상	919	25.8	636	19.4
형제 및 시형제와 상의 빈도				
전혀 안 한다	93	2.6	144	4.4
거의 안 한다	351	9.9	542	16.5
가끔 한다	2,366	66.4	2,254	68.7
자주 한다	754	21.2	340	10.4
무응답	1	0.0	2	0.1
부모 및 시부모와의 거리				
도보로 이동 거리	239	6.7	209	6.4
차로 30분 이내	861	24.2	761	23.2
차로 30~60분	795	22.3	708	21.6
차로 한두 시간 이내	647	18.2	499	15.2
차로 두 시간 이상	955	26.8	726	22.1
함께 거주	68	1.9	379	11.6

출처: 4차 여성 가족 패널 조사(2012).

표 7-2 | 부모 및 시부모의 생존 여부

(단위: 명, %)

구분	노인 부모가 있는 기혼 여성(n=3,565)		노인 시부모가 있는 기혼 여성(n=3,282)	
	빈도	%	빈도	%
모두 생존	1,554	43.6	1,390	42.4
친부 혹은 시부만 생존	203	5.7	178	5.4
친모 혹은 시모만 생존	1,808	50.7	1,714	52.2

출처: 4차 여성 가족 패널 조사(2012).

표 7-3 | 부모 및 시부모의 거주 형태

(단위: 명, %)

구분	노인 부모가 있는 기혼 여성 (n=3,565)		노인 시부모가 있는 기혼 여성 (n=3,282)	
	빈도	%	빈도	%
함께 거주	68	1.9	379	11.6
형제 혹은 시형제와 거주	944	26.5	662	20.2
따로 거주	2,553	71.6	2,241	68.3

출처: 4차 여성 가족 패널 조사(2012).

부모와 시부모의 거주 형태 및 경제적 지원

〈표 7-2〉는 기혼 여성의 부모 및 시부모가 생존해 있는지 여부를 나타낸 것이다. 양친이 모두 생존한 경우는 약 44%였다. 시부모의 경우에는 조금 낮은 42%로 나타났다. 친부 혹은 시부만 생존하고 있다고 응답한 비율은 6% 정도인 반면, 친모 혹은 시모만 생존하고 있다는 응답자는 거의 절반을 차지했다. 성별 기대 수명의 차이가 이러한 부모 및 시부모 생존 비율의 차이를 낳는다(김정석·조윤주, 2012). 또한 남편의 평균연령이 기혼 여성에 비해 높으며, 시부모의 평균연령도 기혼 여성 부모의 평균연령보다 높기 때문이다.

〈표 7-3〉은 기혼 여성 부모 및 시부모가 거주하고 있는 형태를 나타낸 것이다. 기혼 여성이 시부모와 함께 거주하는 비율이 부모와 거주하는 비

율에 비해 높았다. 기혼 여성 중에서 부모와 함께 거주하는 형태는 약 2%로 매우 드물게 나타난 반면, 약 12%의 기혼 여성이 시부모와 함께 거주한다고 응답했다. 27%의 기혼 여성은 부모가 자신의 형제자매와 함께 거주한다고 응답했으며, 72%는 부모가 따로 거주한다고 응답했다. 한편, 20%의 기혼 여성은 시부모가 남편의 형제자매와, 68%는 따로 거주한다고 응답했다. 기혼 여성의 부모 또는 시부모의 시각에서 보면 약 30% 정도는 자신의 자녀와 함께 생활하고 있었다(은기수, 2008). 이 결과는 노후 보장 패널을 이용한 연구와 유사한 비율이다(오지연·최옥금, 2011).

부모 및 시부모의 거주 형태는 부모 및 시부모에 대한 경제적 지원 여부와 관련을 맺을 수 있다. 〈표 7-4〉, 〈표 7-5〉는 부모 및 시부모의 거주 형태에 따른 경제적 지원 여부를 나타낸 것이다. 기혼 여성이 부모를 모시는 경우, 자신의 형제자매로부터 경제적 지원을 받는 비율은 약 18%였다. 반면 기혼 여성이 시부모를 모시는 경우, 남편의 형제자매로부터 경제적 지원을 받는 비율은 11%였다.

〈표 7-5〉는 응답자가 부모 및 시부모와 따로 사는 경우, 부모 및 시부모에 대한 경제적 지원 여부를 나타낸 것이다. 전반적으로 부모보다는 시부모에게 경제적 지원을 하는 경향이 더 높았다. 시부모에 대한 경제적 지원을 우선시하는 경향은 한국 사회의 부계지향적 친족 관계를 반영한 것이며, 다른 연구에서도 유사한 양상을 보였다(한경혜·김상욱, 2010).

부모 및 시부모가 독립적으로 사는 경우, 다른 자녀와 함께 사는 경우에 비해 경제적 지원을 할 가능성이 높았다. 이는 실제 부양하는 형제자매 또는 남편의 형제자매가 부모 및 시부모를 부양하는 일차적인 책임을 지고 있다고 간주하기 때문이다. 이 결과는 응답자의 경제적 어려움을 반영한 것일 수도 있다. 경제적 어려움으로 부모 및 시부모를 모시고 살 형편이 안되는 경우, 자신의 형제자매 또는 남편의 형제자매가 부모 및 시부모를

표 7-4 | 부모 및 시부모와 거주 시, 다른 형제 및 시형제로부터의 경제적 지원 여부 (단위: 명, %)

구분	노인 부모와 생활하는 기혼 여성 (n=68)		노인 시부모와 생활하는 기혼 여성 (n=379)	
경제적 지원 받음	빈도	%	빈도	%
예	12	17.7	43	11.4
아니오	56	82.4	336	88.7

출처: 4차 여성 가족 패널 조사(2012).

표 7-5 | 부모 및 시부모에 대한 경제적 지원 여부 (단위: 명, %)

구분	노인 부모가 있는 기혼 여성				노인 시부모가 있는 기혼 여성			
	형제자매가 부모 부양(n=944)		부모가 따로 생활(n=2,553)		남편 형제자매가 시부모 부양(n=662)		시부모가 따로 생활(n=2,241)	
경제적 지원을 함	빈도	%	빈도	%	빈도	%	빈도	%
예	161	17.1	631	24.7	184	27.8	816	36.4
아니오	783	82.9	1,922	75.3	478	72.2	1,425	63.6

출처: 4차 여성 가족 패널 조사(2012).

부양할 수 있기 때문이다.

부모 및 시부모가 기혼 여성의 다른 형제자매 혹은 시형제자매와 거주하는 경우, 이들에게 경제적 지원을 하는 비율은 각각 17%, 28%였다. 특히 시부모가 남편의 형제자매와 함께 생활하는 경우, 기혼 여성이 시부모에게 경제적 지원을 하는 비율(28%)은 기혼 여성이 시부모와 거주하는 경우, 남편의 형제자매로부터 지원을 받는 비율(11%)에 비해 높았다(〈표 7-4〉). 이러한 차이는 응답자가 시부모와 함께 생활하는 경우, 남편의 형제자매로부터 받는 경제적 지원을 과소평가할 수 있기 때문이다.[3]

3 2007년 「1차 여성 가족 패널 조사」를 이용한 분석에서도 유사한 결과를 보였다. 시부모가 남편의 형제자매와 거주하는 경우, 응답자가 생활비를 지원하는 비율은 29%였다. 반면 시부모를 부양하는 경우, 남편의 형제자매로부터 경제적 지원을 받는 비율은 11% 정도였다.

부모의 거주 형태 및 경제적 지원과 관련된 요인

부모의 거주 형태와 관련된 요인

〈표 7-6〉은 기혼 여성의 부모가 거주하고 있는 형태와 이들에 대한 경제적 지원 요인에 관한 회귀분석 결과이다. 부모가 따로 사는 경우를 기준 범주로 설정하고, 기혼 여성이 부모를 모시고 살거나 기혼 여성의 형제자매가 부모를 모시는 경향과 관련된 요인을 다항 로짓 분석해보았다.

분석 결과, 기혼 여성의 연령은 부모의 거주 형태와 관련이 없었다. 부모가 따로 거주하는 경우에 비해, 부모를 부양할 가능성은 고졸 이하 기혼 여성이 대졸 이상 기혼 여성에 비해 낮았다. 부모가 기혼 여성의 형제자매와 거주할 가능성도 고졸 여성이 대졸 이상 여성에 비해 낮았다. 기혼 여성의 취업 여부와 관련하여, 부모와 따로 사는 경우에 비해 부모와 함께 거주할 가능성은 취업 여성이 미취업 여성에 비해 높았다. 그러나 부모가 형제자매와 함께 생활할 가능성은 취업 여부와 관련이 없었다.

부모 부양 가치관은 부모와 함께 생활할 확률과 관련이 없었다. 그러나 전통적인 부모 부양 가치관을 지닐수록, 부모가 따로 생활하는 경우에 비해 기혼 여성의 형제자매와 함께 생활할 가능성이 높았다.

가구 소득은 부모의 거주 형태와 관련이 없었다. 부모의 거주 형태는 경제적 능력보다는 부모와 자녀 관계의 질과 관련을 맺을 가능성이 있다. 결혼 생활 만족도는 부모의 거주 형태와 관련을 맺었다. 부부간의 결혼 생활 만족도가 높을수록 기혼 여성이 부모와 거주할 가능성이 낮았다. 결혼 생활 만족도가 높을수록 부부끼리 생활하는 것을 선호할 수 있기 때문이다. 예상과는 달리, 미취학 아동 수는 부모의 거주 형태와 관련이 없었다.

부모의 생존 여부도 거주 형태와 관련을 맺었다. 양친이 생존한 경우, 모친만 생존한 경우에 비해 부모와 함께 거주할 가능성은 낮았다. 양친이

표 7-6 | 부모의 거주 형태와 경제적 지원 관련 요인

구분		노인 부모의 거주 형태 : 다항 로짓 분석						노인 부모에 대한 경제적 지원 : 이항 로짓 분석					
		본인과 거주			형제자매와 거주			형제자매와 거주			따로 거주		
		회귀계수	표준오차		회귀계수	표준오차		회귀계수	표준오차		회귀계수	표준오차	
상수		-3.92	1.423	**	-1.588	0.464	**	-4.871	1.202	**	-3.14	0.594	**
연령		0.005	0.024		0.01	0.008		0.005	0.018		0.002	0.01	
교육 수준	고졸 미만	-1.132	0.535	*	-0.026	0.153		-1.121	0.375	**	-0.08	0.206	
(대졸 이상)	고졸	-0.565	0.288	+	-0.162	0.097	+	-0.23	0.214		0.021	0.111	
취업(안 함)		0.593	0.268	*	-0.052	0.083		0.125	0.191		0.048	0.099	
소득		.065	.0411		-.002	.016		.133	.378	**	.158	.019	**
부모 부양 가치관		0.199	0.177		0.115	0.057	*	-0.045	0.138		0.007	0.064	
결혼 만족도		-0.183	0.071	*	-0.032	0.026		0.164	0.061	**	0.108	0.033	**
미취학 아동 수		0.358	0.247		0.104	0.092		-0.431	0.254	+	-0.232	0.112	*
부모 생존	양친	-1.352	0.302	**	-0.994	0.094	**	-0.317	0.231		-0.268	0.105	*
(모친)	부친	-1.113	0.74		-0.032	0.162		-0.567	0.382		0.508	0.206	*
부모 건강 문제(없음)		0.193	0.407		0.351	0.117	**	0.749	0.239	**	0.452	0.154	**
부모와의 갈등		0.605	0.234	*	-0.057	0.103		0.002	0.251		-0.037	0.123	
형제 수		-0.24	0.09	**	0.03	0.026		0.051	0.057		0.053	0.033	
형제와 대화 및 상의		0.252	0.209		0.019	0.064		0.664	0.167	**	0.266	0.08	**
시부모 부양	본인	1.066	0.449	*	0.907	0.155	**	-0.007	0.36		-0.241	0.223	
(따로 거주)	시형제	1.02	0.363	**	1.314	0.114	**	0.02	0.25		-0.118	0.161	
	사망	0.926	0.333	**	0.489	0.11	**	0.213	0.261		-0.085	0.131	
부모와의 거리								-0.245	0.073	**	-0.158	0.038	**
log likelihood		-2,157						-378			-1,331		

주: +p〈.01, *p〈0.05, **p〈0.01, 괄호 안은 더미 변수에서 기준 범주를 나타냄.

생존한 경우, 부모가 서로 의지하며 따로 생활할 가능성이 높기 때문이다. 마찬가지로 양친이 생존한 경우, 모친만 생존한 경우에 비해 부모가 기혼 여성의 형제자매와 함께 생활할 가능성이 낮았다. 부친만 생존한 경우와 모친만 생존한 경우의 차이는 없었다.

부모의 건강에 문제가 있는 경우, 기혼 여성의 형제자매가 부모를 모실 가능성이 상대적으로 높았다. 부모 간병 등 일상적인 지원이 필요하기 때문이다. 부모와 갈등을 경험하는 빈도가 높을수록 부모와 함께 생활할 가능성이 높았다. 이는 부모와 함께 생활하는 경우, 그렇지 않은 경우에 비해 갈등을 경험할 가능성이 높기 때문이다.

기혼 여성의 형제자매 특성을 살펴보면, 기혼 여성의 형제자매가 많을수록 부모와 함께 생활할 가능성은 낮았다. 형제자매가 많을수록 응답자 이외의 다른 형제자매가 부모를 모실 확률이 높기 때문이다. 형제자매와 부모, 가족 문제를 상의하는 정도는 부모의 거주 형태와 관련이 없었다.

기혼 여성의 시부모가 거주하고 있는 형태도 친부모의 거주 형태와 관련이 있었다. 남편의 형제자매가 시부모를 모시거나, 시부모가 생존하지 않는 경우 기혼 여성이 자신의 부모와 함께 생활할 가능성이 높았다. 이 경우에 부모가 기혼 여성의 형제자매와 거주할 가능성도 높았다. 시부모를 직접 부양해야 하는 부담감이 적기 때문이다. 한편 응답자가 시부모를 모시는 경우에도 부모와 생활할 가능성이 높았다. 이러한 다소 의외의 결과에 대해서는 좀 더 면밀한 검증이 요청된다.[4]

---

4 부모와 시부모의 거주 형태에 관한 교차표 분석 결과, 노인 부모를 부양하는 68명 중에서 7명이 시부모를 동시에 부양하는 것으로 응답했다. 이로 인해 기혼 여성이 부모와 함께 생활하는 비율이 시부모를 모시는 경우, 상대적으로 높았다. 실제로 이들이 부모와 시부모를 동시에 부양하는지는 좀 더 엄밀히 검증할 필요가 있다.

부모에 대한 경제적 지원과 관련된 요인

이항 로짓 분석을 통해 부모에 대한 경제적 지원과 관련된 요인을 부모의 거주 형태별로 살펴보았다. 연령은 경제적 지원 여부와 관련이 없었다. 학력은 부모가 형제자매와 함께 생활하는 경우, 고졸 미만 여성은 대졸 이상 여성에 비해 경제적 지원을 적게 했다. 기혼 여성의 취업 여부는 부모에 대한 경제적 지원과 관련이 없었다. 부모 부양 가치관도 경제적 지원과 관련이 없었다. 경제적 지원 결정에는 경제적 지원의 필요성과 경제적 능력의 영향이 부모 부양 가치관 및 부모와 자녀 관계의 속성에 비해 상대적으로 더 크게 작용할 수 있기 때문이다.

부모가 기혼 여성의 형제자매와 거주하거나 따로 생활하는 경우 모두 가구 소득이 많을수록 경제적 지원을 할 가능성이 높았다. 결혼 만족도가 높을수록 경제적 지원을 할 가능성이 높았다. 부부 관계가 좋을수록 따로 사는 부모에 대한 경제적 지원의 필요성에 대해 깊이 공감하고 합의할 수 있기 때문이다. 미취학 아동 수가 많을수록 경제적 지원을 할 가능성은 낮았다. 미취학 아동 양육에 경제적 자원을 우선적으로 활용하기 때문인 것으로 추측된다.

부모의 생존 여부는 부모가 기혼 여성의 형제자매와 생활하는 경우에는 경제적 지원 여부와 관련이 없었다. 그러나 부모가 따로 생활하는 경우, 생존한 양친에게 경제적 지원을 할 가능성은 모친만 생존하는 경우에 비해 낮았다. 반면 부친만 생존한 경우, 경제적 지원을 할 가능성은 모친만 생존한 경우에 비해 높았다. 부모의 건강 문제가 심각한 경우 부모의 거주 형태와 무관하게 경제적 지원을 할 가능성이 높았다. 부모와의 갈등 정도는 경제적 지원과 관련이 없었다.

기혼 여성의 형제자매 수는 경제적 지원과 관련을 맺지 않았다. 그러나 기혼 여성이 자신의 형제자매와 부모, 가족 문제에 대해 상의하는 빈도가 높을수록 부모에 대한 경제적 지원을 할 가능성이 높았다. 형제와의 우애가 부모에 대한 지원과 관련을 맺기 때문이다. 시부모의 거주 형태는 부모에 대한 경제적 지원 여부와 관련을 맺지 않았다. 부모와의 거리가 멀수록 경제적 지원 가능성이 낮았다. 거리가 멀수록 빈번하게 방문하지 못할 수 있기 때문이다(한경혜·김상욱, 2010).

시부모의 거주 형태 및 경제적 지원과 관련된 요인

시부모의 거주 형태와 관련된 요인

〈표 7-7〉은 시부모의 거주 형태 및 경제적 지원에 관한 회귀분석 결과이다. 시부모의 거주 형태에 대한 다항 로짓 분석 결과는 다음과 같다. 연령이 높을수록 시부모와 따로 사는 경우에 비해 시부모와 동거하거나 시부모가 남편의 형제자매와 함께 생활할 가능성이 높았다. 연령이 높은 여성일수록 시부모 부양에 대해 더 많은 책임감을 느끼기 때문이다.

학력이 낮을수록 시부모와 함께 생활할 가능성이 높았다. 시부모가 남편의 형제자매와 거주할 가능성도 고졸 여성이 대졸 이상 여성에 비해 높았다. 시부모와 함께 거주할 가능성은 취업한 여성이 더 높았다. 여성이 취업한 경우, 자녀 양육을 비롯한 가사의 부담을 완화하기 위해 시부모의 도움을 요청할 수 있기 때문이다.

전통적 부양 가치관을 가질수록 시부모와 생활할 가능성이 높았다. 가구 소득은 시부모의 거주 형태와 관련이 없었다. 결혼 만족도는 시부모 부양과 관련이 없었다. 그러나 결혼 만족도가 높을수록 시부모가 남편의 형제자매와 생활할 가능성이 낮았다. 한편 미취학 아동 수가 많을수록 시부모와 생활할 가능성이 높았다. 아동을 돌볼 필요성으로 인해 시부모와 함께 생활하는 것을 선택할 가능성이 있기 때문이다.

표 7-7 | 시부모의 거주 형태와 경제적 지원 관련 요인

구분		시부모 거주 형태: 다항 로짓 분석						시부모에 대한 경제적 지원: 이항 로짓 분석					
		본인과 거주			시형제자매와 거주			시형제자매와 거주			따로 거주		
		회귀 계수	표준 오차		회귀 계수	표준 오차		회귀 계수	표준 오차		회귀 계수	표준 오차	
상수		-3.644	0.677	**	-1.043	0.524	*	-2.828	1.130	*	-2.894	0.564	**
연령		0.023	0.011	*	0.014	0.009	†	-0.006	0.017		0.012	0.009	
교육 수준	고졸 미만	1.169	0.215	**	-0.044	0.185		-0.709	0.388	†	-0.143	0.211	
(대졸 이상)	고졸	0.315	0.155	*	-0.186	0.108	†	-0.135	0.212		-0.204	0.105	†
취업(안 함)		0.558	0.126	**	-0.202	0.095	*	-0.117	0.192		-0.031	0.095	
소득		-.0197	.0252		-.013	.0186		.208	.0376	**	.139	.0196	**
부모 부양 가치관		0.291	0.084	**	-0.020	0.065		-0.204	0.142		-0.191	0.067	**
결혼 만족도		-0.011	0.039		-0.053	0.030	†	0.138	0.064	*	0.093	0.031	**
미취학 아동 수		0.301	0.131	*	-0.072	0.104		-0.364	0.233		-0.359	0.101	**
시부모 생존	시부모	-1.285	0.157	**	-1.046	0.110	**	-0.124	0.236		-0.308	0.101	**
(시모)	시부	0.042	0.245		0.360	0.186	†	0.358	0.343		0.206	0.227	
시부모 건강 문제(없음)		0.326	0.159	*	0.059	0.137		0.692	0.254	**	0.579	0.145	**
시부모와의 갈등		-0.065	0.179		-0.173	0.134		0.039	0.289		0.097	0.123	
시형제 수		-0.083	0.040	*	0.047	0.031		0.095	0.062		0.092	0.033	**
시형제와 상의		0.034	0.093		-0.064	0.072		0.244	0.151		0.227	0.075	**
부모 부양	부양	1.160	0.481	*	1.082	0.376	**	-0.654	0.849		0.145	0.450	
(따로 거주)	시형제 부양	0.963	0.153	**	1.290	0.111	**	-0.392	0.219	†	0.191	0.130	
	사망	0.020	1.825		-1.286	1.363		0.206	2.949		1.289	1.261	
시부모와의 거리								-0.092	0.074		-0.031	0.037	
log likelihood		-2,416						-346			-1,362		

주: †p<.01, *p<0.05, **p<0.01, 괄호 안은 더미 변수에서 기준 범주를 나타냄.

기혼 여성이 시부모를 부양할 가능성은 시모만 생존하는 경우에 비해 시부모가 모두 생존한 경우 더 낮았다. 시부모 부부가 서로 의지해서 생활할 수 있기 때문에 자신의 자녀와 함께 생활할 필요성이 낮을 수 있다. 시부만 생존한 경우, 시부가 남편의 형제자매와 생활할 가능성은 시모만 생존한 경우에 비해 높았다. 독립적으로 생활할 수 있는 시모에 비해, 시부는 가사 등을 돌봐줄 사람이 상대적으로 더 필요하기 때문이다.

시부모가 건강에 문제가 있는 경우, 시부모와 함께 생활할 가능성이 상대적으로 높았다. 한편 시부모와의 갈등은 시부모의 거주 형태와 관련이 없었다. 남편의 형제자매가 많을수록 시부모와 함께 생활할 가능성이 낮았다. 시부모를 모실 수 있는 다른 형제자매들이 많기 때문이다. 남편의 형제자매와 시부모에 대한 대화 빈도는 시부모의 거주 형태와 관련이 없었다.

기혼 여성이 시부모를 부양할 가능성은 기혼 여성의 형제자매가 자신의 부모를 부양하는 경우 상대적으로 높았다. 시부모가 기혼 여성의 남편 형제자매와 함께 생활할 가능성도 마찬가지 결과를 보였다. 또한 기혼 여성이 자신의 부모를 부양하는 경우에도 시부모를 부양할 가능성이 상대적으로 높았다. 이는 앞서 부모의 거주 형태와 관련하여 시부모 부양 형태의 효과와 매우 유사한 결과이다.

시부모에 대한 경제적 지원과 관련된 요인

〈표 7-7〉의 오른쪽 패널은 시부모에 대한 경제적 지원과 관련된 요인을 시부모의 거주 형태별로 나타낸 것이다. 이항 로짓 분석 결과, 시부모에 대한 경제적 지원 관련 요인은 부모에 대한 경제적 지원 관련 요인과 대체로 유사한 양상을 보였다. 특히 가구 소득, 시부모의 건강 문제, 부부 생활 만족도 등 경제적 능력과 지원의 필요성, 부부간 합의 가능성 등의 요인이 두드러졌다.

연령은 경제적 지원과 관련이 없었다. 응답자의 교육 수준은 경제적 지원과 관련이 있었는데, 시부모가 남편의 형제자매와 거주하는 경우, 고졸 미만 응답자가 대졸 이상 응답자에 비해 경제적 지원을 할 가능성이 낮았다. 이는 학력이 소득과 관련을 맺을 수 있기 때문이다. 가구 소득이 높을수록 시부모에 대한 경제적 지원을 할 가능성이 높았으며, 기혼 여성의 취업 여부는 시부모에 대한 경제적 지원과 관련이 없었다.

부모 부양 가치관은 시부모가 독립적으로 생활하는 경우에만 관련을 맺었다. 부모 부양 가치관이 강할수록 경제적 지원을 할 가능성이 오히려 낮았다. 이는 예상과는 다른 결과이다. 가능한 해석 중 하나는 부모 부양 가치관이 높은 기혼 여성의 경우 경제적 지원을 하는 것보다 시부모와 함께 사는 것에 더 큰 의의를 둘 수 있다는 점이다. 부모 부양 가치관이 높은 기혼 여성은 먼저 시부모 부양을 선택할 가능성이 있다. 시부모를 부양하지 않는 기혼 여성의 경우에는 부모 부양 가치관이 경제적 지원에 부적인 영향력을 미치는 것으로 보인다. 한편 기혼 여성의 결혼 만족도가 높을수록 경제적 지원을 할 가능성이 높았다. 시부모가 따로 거주하는 경우, 미취학 아동 수가 많을수록 시부모에 대해 경제적 지원을 할 가능성은 낮았다.

시부모의 생존 여부는 시부모가 따로 사는 경우에만 경제적 지원과 관련을 맺었다. 시부모가 모두 생존한 경우, 시모만 생존한 경우에 비해 경제적 지원을 할 가능성이 낮았다. 시부모가 건강 문제를 갖고 있는 경우, 경제적 지원을 할 가능성이 높았다. 건강 문제를 해결하는 데 소요되는 경제적 자원을 제공할 필요성이 높기 때문이다. 시부모와의 갈등 빈도는 경제적 지원과 관련이 없었다.

시부모가 따로 거주하는 경우, 남편의 형제자매 수가 많을수록 경제적 지원을 할 가능성이 높았다. 남편의 형제자매와 가족 문제를 많이 상의하는 경우, 따로 생활하는 시부모에 대한 경제적 지원을 할 가능성이 높았다. 반면 시부모가 남편의 형제자매와 생활하는 경우에는 관련이 없었다. 이는 남편의 형제자매가 시부모 부양을 전담하고 있다고 간주하기 때문이다. 시부모에 대한 경제적 지원은 기혼 여성 부모의 거주 형태에 따라서 일부 차이를 보였다. 반면 시부모와의 거리는 경제적 지원과 관련을 맺지 않았다. 기혼 여성의 부모와는 달리, 시부모에게는 거리와 무관하게 경제적 지원이 이루어질 가능성이 있기 때문이다.

기혼 여성의 부모, 시부모와의 관계: 정서적 연대 혹은 규범적 연대

이 장에서는 「4차 여성 가족 패널 조사」를 이용하여, 기혼 여성의 관점에서 부모와 시부모의 거주 형태와 이들에 대한 경제적 지원 양상에 영향을 미치는 요인을 밝히고자 했다.

분석 결과, 기혼 여성의 부모 및 시부모가 거주하고 있는 형태와 이들에 대한 경제적 지원을 결정하는 것은 기혼 여성이 속한 가족 체계의 다양한 관계적 속성과 관련이 있었다. 여기서 말한 관계적 속성은 기혼 여성의 경제력, 부모 및 시부모와의 상호 돌봄의 필요성뿐만 아니라, 기혼 여성의 부부 관계, 본인 및 남편의 형제자매 관계 등을 포함한다.

기혼 여성의 거주 형태와 경제적 지원에 관한 의사 결정은 부모와 시부모 간에 상이한 메커니즘을 통해 이루어지고 있었다. 연령과 부모 부양 가치관은 시부모의 거주 형태와 관련을 맺는 반면, 부모의 거주 형태와는 관련이 없었다. 이는 시부모와의 거주에서는 부모 부양 가치관 등 규범적 태도가 상대적으로 큰 영향을 미친다는 점을 의미한다. 반면 부모와의 거주 형태 결정에서는 기혼 여성과 부모 간의 정서적 연계가 상대적으로 큰 영향을 미치는 것으로 보인다. 이는 부모와의 거주 형태에서는 결혼 만족도, 부모와의 갈등이 관련을 맺은 반면, 시부모 거주 형태에서는 이러한 변인이 관련을 맺지 않은 점에서도 확인된다. 기혼 여성은 자신을 키워준 부모와는 정서적 애착 관계에 있지만, 시부모와는 며느리로서 부양 역할에 대한 규범적 인식이 시부모의 거주 형태 결정에 더 큰 영향력을 미치는 것이다.

부모와 시부모의 거주 형태에 따라 경제적 지원에 차이가 발생했다. 부모가 기혼 여성의 형제자매와 생활하는 경우, 부모에 대한 경제적 지원을 상대적으로 적게 했다. 시부모에 대한 경제적 지원에서도 유사한 결과를 보였다. 이는 기혼 여성이 형제자매 혹은 시형제자매가 부모 및 시부모에 대한 일차적인 부양 책임을 지고 있다고 간주하기 때문이다. 이와 같이 기혼 여성이 부모 및 시부모 돌봄의 필요에 대응하고 경제적 자원을 배분하는 의사 결정에서 부모 및 시부모의 거주 형태는 중요한 영향을 미친다.

경제적 지원과 관련된 요인에서 부모와 시부모 간에는 큰 차이가 없었다. 차이를 보인 것은 부모 및 시부모와의 거리였다. 부모와의 거리가 멀수록 경제적 지원 가능성이 낮았다. 반면 시부모와의 거리는 경제적 지원 가능성과는 무관했다. 시부모에 대한 경제적 지원은 거리에 따른 접근성과는 무관하게 우선적으로 이루어질 수 있음을 의미한다.

기혼 여성의 관점에서 부모 및 시부모의 거주 형태, 경제적 지원 여부를 살펴본 결과, 거주 형태와 경제적 지원의 결정은 쌍방의 의사 결정에 의해서 이루어진다. 특히 부모 및 시부모가 받는 국민연금 등의 공적 지원과 서비스는 자녀와의 동거 및 경제적 지원의 필요성과 기대에 영향을 미칠 가능성이 있다(김정석·조윤주, 2012). 그러나 부모 및 시부모의 관점에서 공적 지원을 비롯한 경제적 지원의 필요성과 경제적 상황에 대한 인식은 자료의 한계로 인하여 조사하지 못했다. 향후 연구에서는 기혼 여성과 기혼 여성의 부모 및 시부모 쌍pair을 모두 조사하여, 부양 및 경제적 자원 제공의 필요성, 지원 역량 등을 포괄적으로 탐색할 필요가 있다.

이 장에서는 주로 경제적 지원에 초점을 맞추었다. 노인에 대한 사회적 지지는 경제적 지원 이외의 정서적 교류 등 다양한 측면을 포함하고 있다. 자료의 제약으로 인하여 정서적 지원의 양상을 분석에 포함하지 못했다. 추후 연구에서는 이러한 한계를 보완하여 부모와 성인 자녀 간의 다양한 형태의 지원 관계를 깊이 있게 탐색할 필요가 있다.

분석 표본의 구성과 관련하여, 부모가 생존한 기혼 여성 표본과 시부모가 생존한 기혼 여성 표본이 상당 부분 중첩되었다는 한계도 있다. 따라서 표본을 '친부모만 생존', '시부모만 생존', '친부모 및 시부모 모두 생존' 등 세 가지 상호 배타적인 유형으로 재분류할 수도 있다. 향후 연구에서는 거주 형태와 경제적 지원에 영향을 미치는 요인이 세 가지 유형의 표본별로 차이가 있는지 밝힐 필요가 있다.

한편, 이 장에서는 가장 최근 자료인 「4차 여성 가족 패널 조사」 자료를 활용해 기혼 여성의 부모 및 시부모의 거주 형태, 이들에 대한 경제적 지원의 최근 실상이 어떠한지를 파악할 수 있었지만, 기존 1~3차 패널 자료의 풍부한 정보를 충분히 활용하지 못했다. 각종 분석은 부모 및 시부모의 거주 형태, 이들에 대한 경제적 지원 여부를 바탕으로 2012년 기준 기혼 여성 집단 간의 차이를 분석한 것이다. 따라서 특정 요인이 기혼 여성의 선택에 어떠한 영향을 미치는지를 엄밀하게 파악하기 위해서는 해당 요인과 거주 형태 및 경제적 지원의 변화 간의 관련성을 탐색할 필요가 있다.

또한 이 장에서는 거주 형태에 대한 다항 로짓 분석, 경제적 지원에 대한 이항 로짓 분석을 각각 수행하고 그 결과를 제시했다. 경제적 지원을 거주 형태에 내재된 일종의 의사 결정 트리 구조tree로 가정하여 네스티드 로짓 분석nested logit analysis 또는 순차 로짓 분석sequential logit analysis을 수행하는 작업도 필요할 것이다. 향후 연구에서는 이러한 분석을 통해 거주 형태와 경제적 지원 여부와 관련된 요인을 엄밀하게 밝힐 필요가 있다.

08 세대 간 연대와 갈등의 국제 비교

한국과 유럽 국민들의 인식 비교

세대 간 연대와 갈등의 국가 간 비교

세대 갈등에 관한 국가 간 비교 연구에서는 주로 노인 부양비, 연령집단별 정부 지출 등의 거시적 지표를 이용하여 세대 간 경제적 자원 배분의 실상을 탐색하고, 세대 갈등의 가능성, 세대 간 연대, 세대 간 정의 수준을 파악하는 연구가 이루어져왔다(Vanhuysse, 2013). 또한 고령화에 따른 정치적·경제적 파급효과가 어떠한지에 관해서도 상당히 많은 연구가 진행되어왔다(Binstock, 2010). 그러나 실제 각국의 국민들이 청년 세대와 노인 세대 간의 관계, 노인의 사회적 기여, 노인복지정책에 대해 어떻게 인식하는지, 세대 간 연대와 갈등에 관한 국민들의 인식이 어떠한지에 관한 비교 연구는 부족한 실정이다.

이 장에서는 먼저 '세대 간 정의'에 관한 비교 연구(Vanhuysse, 2013)를 통해 거시적 지표를 이용한 세대 간 자원 배분에서 한국은 OECD 국가 중에서 어떠한 위치에 있는지를 살펴볼 것이다. 다음으로는 유럽연합 집행위원회에서 유럽연합 25개 국가를 대상으로 실시한 세대 간 연대에 관한 2009년 설문 조사 결과(European Commission, 2009)와 세대공생연구팀이 수행한 2013년 설문 조사를 결합하여, 세대 간 연대와 갈등에 관한 비교 연구를 수행할 것이다. 유럽 국가에 비해 한국 사회의 세대 간 연대 의식의 양상은 어떠한지, 세대 간 갈등이 심각한 영역과 세대 간 공감대가 높은 영역은 무엇인지를 탐색할 것이다. 또한 높은 수준의 세대 간 연대를 보이는 국가와 그렇지 않은 국가 간의 차이점은 무엇인지를 개략적으로 살펴볼 것이다. 고령화, 복지국가 재정 위기에 직면하여 서구 국가들은 어떻게 대응했는지를 분석함으로써, 한국 사회의 세대 갈등 해결을 위한 정책과 프로그램 개발에 유용한 시사점을 얻고자 한다.

한국, 세대 간 정의가 가장 잘 실현된 국가?

세대 간 정의 척도IJI: Intergenerational Justice Indicator를 이용하여 OECD 27개 국가의 세대 간 정의의 실현 정도를 분석한 연구(Vanhuysse, 2013)에 따르면, 한국은 세대 간 정의가 가장 잘 실현된 대표적인 국가인 것으로 나타났다. 세대 간 정의 척도는 아동 1인당 정부 부채, 아동 빈곤비, 노인 편향 사회 지출EBiSS: elderly-bias indicator of social spending 등 세 가지 지표를 이용한 척도로 구성되어 있다(Vanhuysse, 2013). 이 척도는 세대 간 기여와 부담에서 특정 연령집단에 대한 편향bias이 있는지를 밝히고 있다. 그러나 세대 간 정의 척도는 지표의 구성에서 다소 아동과 청년에 편향된 성격을 드러내고 있다. 노인에 비해, 아동 및 청년에 대한 정부 지출 수준이 높을수록 세대

그림 8-1 | 아동 1인당 정부 부채(2011) (단위: 1000달러)

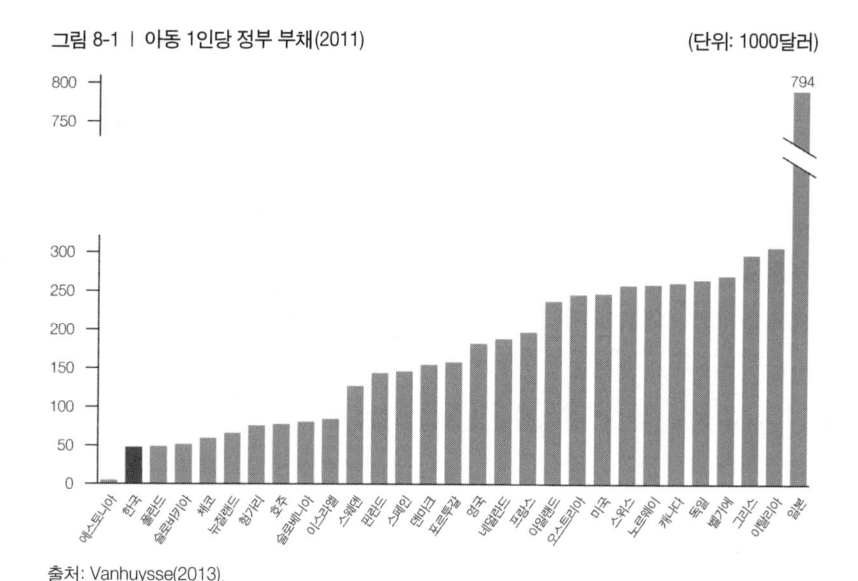

출처: Vanhuysse(2013).

간 정의가 잘 구현된 것처럼 암묵적으로 가정하고 있다.

낮은 수준의 아동 1인당 정부 부채

〈그림 8-1〉에 나타난 아동 1인당 정부 부채 금액을 살펴보면, 한국의 아동 1인당 정부 부채 금액은 과거 동구권 국가인 에스토니아를 제외하면 가장 낮은 수준이다. 반면 일본, 이탈리아, 그리스 등은 아동 1인당 정부 부채 금액이 매우 높은 수준을 보인다. 일본에서는 고령화에 대한 대응(공적연금, 건강보험, 노인요양보험 지출), 장기간의 경기 부양을 위한 정부 지출의 확대가 정부 부채의 급격한 증가를 가져왔다(박종훈, 2013). 서구 대부분의 국가에서는 부과 방식의 공적연금 지급에 필요한 정부 지출을 충당하기 위한 국채 발행으로 정부 부채 규모가 증가했기 때문이다.

그림 8-2 | OECD 29개 국가의 아동 빈곤율, 아동 빈곤비 (단위: %)

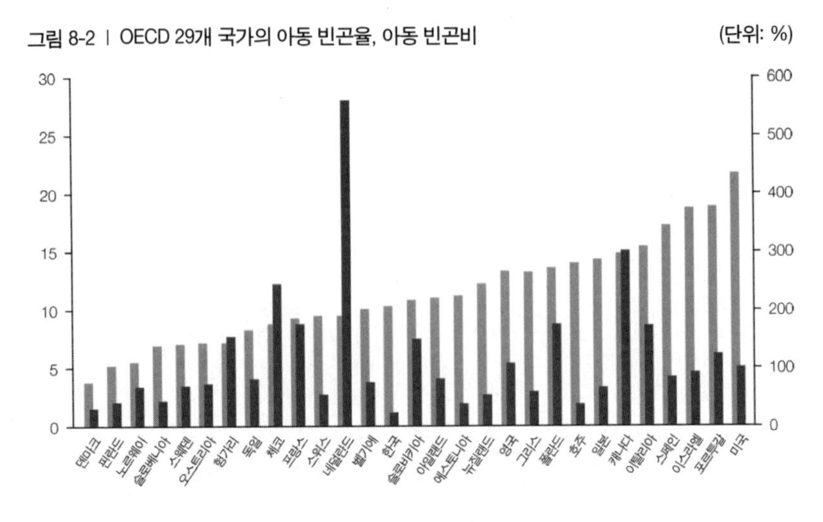

■ 아동 빈곤율 ■ 아동 빈곤비 * 왼쪽 축은 아동 빈곤율, 오른쪽 축 아동 빈곤비

출처: Vanhuysse(2013).

그러나 한국은 일본과 서구에 비해 고령화 정도가 상대적으로 낮다. 국민연금제도가 완전히 성숙하지 않았고 적립된 기금에서 국민연금 지출이 이루어지고 있기 때문에 아동 1인당 정부 부채 금액이 적은 양상을 보이고 있다. 따라서 이 지표는 각국의 고령화 수준, 복지국가의 성장 단계에 따른 정부 부채의 축적과 구성을 충분히 고려하지 못하는 측면이 있다.

낮은 수준의 아동 빈곤비

두 번째 지표인 노인 빈곤율 대비 아동 빈곤율(중위소득 50% 상대적 빈곤율 기준)의 비중을 측정한 아동 빈곤비child poverty ratio는 노인 빈곤에 비해 아동 빈곤의 정도가 어떠한지를 살펴봄으로써 빈곤 집단에 대한 정부의 정책적 관심이 어디에 있는지를 보여 준다(〈그림 8-2〉).

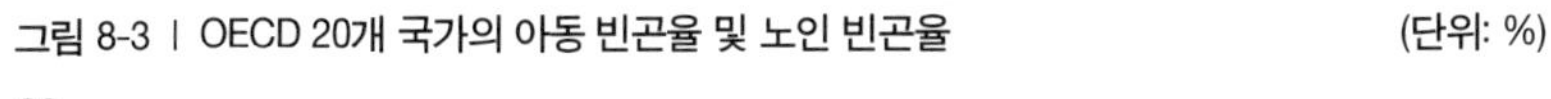

그림 8-3 | OECD 20개 국가의 아동 빈곤율 및 노인 빈곤율 (단위: %)

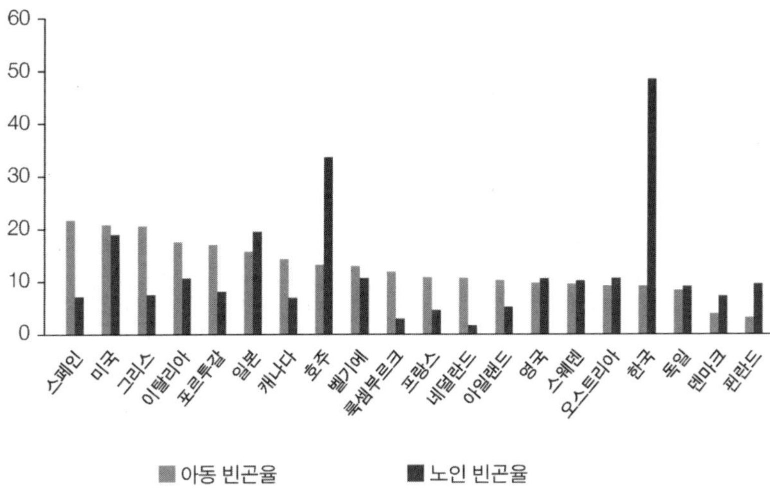

출처: OECD(2014a).

아동 빈곤비가 높을수록 노인에 비해 상대적으로 아동에 대한 정책적 관심과 정책 성과가 낮은 것으로 간주하고 있다. 아동 빈곤비 지표에서도 한국은 매우 좋은 성적표를 보인다. 한국의 아동 빈곤율은 27개 OECD 국가에서 중간 정도의 위치를 차지하고 있지만, 아동 빈곤비는 가장 낮은 수준이다. 그 이유는 한국의 노인 빈곤율이 OECD 국가 중에서 가장 높은 수준이기 때문이다.

〈그림 8-3〉에서 보듯이 한국의 노인 빈곤율은 48% 정도인 반면 아동 빈곤율은 10%에 못 미치기 때문에 아동 빈곤비가 매우 낮았다. 아동 빈곤비의 분모에 위치한 노인 빈곤율의 국가 간 차이가 매우 큰 경우, 아동 빈곤비는 실질적인 지표의 의미를 갖지 못한다.

그림 8-4 | 노인 편향 사회 지출(2007~2008)

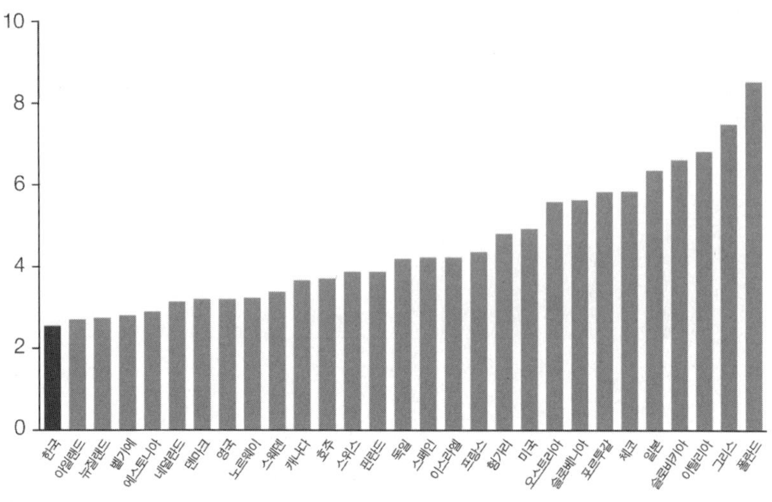

출처: Vanhuysse(2013).

낮은 수준의 노인 편향 사회 지출

세 번째 지표인 노인 편향 사회 지출 지표EBiSS는 비노인 대상 사회 지출 대비 노인 대상 사회 지출의 비중에 노인 부양비(65세 이상 노인 인구 대비 20세 이상 경제활동인구)를 조정한 것이다.[1] 이 지표에서 그리스, 이탈리아, 일본 등이 높은 수준의 노인 편향 사회 지출을 보이고 있다. 반면 한국은 가장 낮은 수준의 노인 편향 사회 지출을 나타낸다. 그 이유는 20년 이상

1 노인 편향 지출의 분자를 구성하는 노인 대상 지출에는 노인 대상 현금·현물급여, 유족급여, 장애·상해연금, 조기퇴직연금 등이 포함된다. 분모를 구성하는 비노인 대상 지출에는 가족급여(가족수당, 출산 및 육아급여), 적극적 노동시장 정책, 소득 유지 현금급여, 실업급여, 교육비 지출 등이 포함된다(Vanhuysse, 2013: 26).

납입한 국민연금 수급자 집단이 적고, 국민연금의 소득 대체율이 낮은 것에서 비롯된다. 주요 OECD 국가의 경우, 공적연금과 건강보험 지출이 상당히 큰 반면, 한국은 국민연금의 미성숙으로 인해 국민연금 재정 지출이 아직 노인 지출의 주요 부분을 차지하지 않는다.

남유럽 국가들은 높은 수준의 노인편향 지출을 보인 반면, 아일랜드, 영국 등 일부 자유주의 복지국가와 북유럽 국가들이 낮은 수준의 노인 편향 지출을 보인 점은 유념할 필요가 있다. 복지국가 재정 위기와 고령화에 직면하여 재정안정화를 위해 공적연금 개혁을 꾸준히 추진하고, 청년, 여성, 노인의 노동시장 참여를 증진하기 위한 인센티브를 제공한 국가들이 낮은 수준의 노인 편향 지출을 보이고 있다(강유덕 외, 2013).

세대 간 정의 척도: 유용성과 한계

세대 간 정의 척도는 세대 간 사회 지출 분배의 양상이 어떠한지, 노인 세대를 부양하는 아동 및 청년 세대의 재정적인 부담이 어떠한지를 밝힌 점에서 유용한 척도이다. 그러나 각국이 직면한 주요 정책 과제의 특성을 고려하지 못하는 한계가 있다. 한국의 경우, 아직까지는 세대 간 형평성 문제보다는 노인의 빈곤, 사회보험의 사각지대, 소득 및 자산 불평등 심화 등이 심각한 문제로 제기되고 있다. 또한 세대 간 정의 척도가 사회 지출의 성과를 적절히 고려하지 못하는 점도 한계라고 할 수 있다. 서구에서 노인 빈곤이 낮은 이유는 공적연금의 뛰어난 노인 소득 보장의 효과에서 비롯된다. 한국 노인의 상대적 빈곤율은 48%에 이르는데 이는 노인 단독 가구의 비중이 증가하고, 많은 노인이 아직 국민연금의 혜택을 받지 못하고, 받더라도 국민연금의 급여수준이 낮기 때문이다.

세대 간 정의 척도는 각국의 연령집단별 사회 지출이 해당 국가의 고령화율과 비례하지는 않는다는 점을 보여준다. 예를 들어, 그리스는 인구구성비를 고려하더라도, 노인에게 더 많은 공적급여가 주어지는 국가이다(Lynch, 2001; Vanhuysse, 2013). 이탈리아는 노인 유권자의 표를 얻기 위해 재정 위기에 직면할 것을 인식하고도 공적연금 개혁을 늦추고, 아동과 청년을 위한 투자에는 소극적인 '회피' 전략을 취하고 있다. 이러한 결과는 초고령화라는 사회 변화에 직면하여 각국이 선택한 대응 전략이 상이하다는 점을 보여주고 있다. 각국은 어떠한 전략을 채택하고 있는가, 어떠한 전략이 세대 간 연대를 강화하는 데 성공하고 있는가, 왜 이러한 전략 선택의 차이가 발생하는가와 같은 후속 연구를 위한 기초 자료로서 중요한 의미를 지니고 있다.

세대 간 정의 척도를 이용한 분석 결과, 한국은 표면적으로 세대 간 정의가 이루어진 사회인 것으로 나타났다. 세대 간 정의의 구현은 과연 무엇을 의미하는가에 대한 이론적 논의를 바탕으로, 세대 간 정의, 연대의 지표를 구성할 필요가 있다. 또한 국민 계정의 대차대조표와 손익계산서에 나타난 정부 부채와 지출 분석에 국한하지 않고, 사회정책의 성과도 고려하는 균형 있는 관점이 필요하다. 정부 지출 등 거시적 지표를 넘어서 세대 간 정치적·경제적 권력의 균형이 어떠한지, 이러한 세대 간 균형의 조건이 고령화, 가족구조, 노인 부양 의식의 변화에 따라 어떻게 변화하고 있는가를 살펴보는 것이 향후 중요한 연구 과제일 것이다.

다음 절에서는 세대 간 연대의 조건을 탐색하는 한 방법으로써 한국과 유럽연합 국가들의 세대 관계에 대한 국민들의 마음이 어떠한지를 살펴볼 것이다. 거시 지표상의 세대 간 자원 배분의 국가 간 차이가 해당 국가 국민들의 세대 간 연대와 갈등에 대한 인식과 어떠한 관련을 맺는지를 탐색할 것이다.

세대 간 연대와 갈등: 16개국 국민들의 인식

연구 방법

유럽연합에서는 고령화에 따른 공적연금의 세대 간 형평성 문제 심화 등 복지제도의 붕괴 위험에 직면하여 세대 간 연대를 강화하는 다양한 전략을 모색해왔다(최유석, 2014; European Commission, 2009; Zaidi, Gasior and Manchin, 2012). 유럽연합 집행위원회(European Commission, 2009)에서는 유럽연합 가입 25개 국가를 대상으로 각국별 1000여 명의 시민을 대상으로 설문 조사를 수행했다. 세대공생연구팀에서는 이 조사를 참고하여 세대별 특성의 유사점과 차이점, 세대 간 연대 의식의 수준을 다각적으로 파악하기 위해 설문 조사를 수행했다. 19세 이상 성인 1214명을 조사했다(세대공생연구팀, 2014).

이 절에서는 유럽연합 국가의 세대 간 연대에 관한 대규모 설문 조사와 세대공생연구팀이 수행한 한국 사회에 관한 설문 조사 결과를 비교할 것이다. 유럽연합 국가 중에서 과거 동구권에 속한 12개 국가를 제외한 서유럽 15개 국가를 비교 대상 국가로 선정하여 한국과 비교할 것이다. 세대 간 연대 의식을 청년과 노인 간의 세대 관계에 관한 인식, 노인복지정책에 관한 인식, 노인의 기여에 관한 인식 등 크게 세 가지 영역으로 구성했다. 설문 문항은 유럽연합 집행위원회(European Commission, 2009)에서 조사한 세대 간 연대 문항의 일부를 번역하여 활용하고, 새로운 문항을 추가했다. 〈부록 1〉에는 세대공생연구팀이 수행한 세대 간 연대 의식 설문 문항에 관한 빈도 분석 결과를 제시했다.

비교 연구를 위한 문항은 청년 세대와 노인 세대 간의 세대 관계에 관한 인식 다섯 개 문항, 노인복지정책에 관한 인식 두 개 문항, 노인의 기여에 관한 인식 네 개 문항으로 구성했다. 유럽연합의 세대 간 연대에 관한 설문 조사에서는 응답 척도가 4점 척도로 구성되었다. 아래 분석에서는 '매우 동의', '동의'하는 비율을 합산하여 제시했다. 한국의 경우 응답 범주가 5점 척도로 이루어져 있어서 직접적인 비교가 어려운 문제가 있다. '매우 동의', '동의'하는 비율만을 합산한 값과 '보통'이라고 응답한 경우, 1/2은 동의하는 비율에 합산한 값의 평균을 이용하여 다른 국가와 비교했다.[2] 따라서 분석 결과는 엄밀한 비교가 아닌, 비교 대상 국가 중에서 한국의 상대적 위치를 파악하는 데 초점을 맞추었다.

청년 세대와 노인 세대 간의 관계: 한국, 높은 수준의 연령차별적 태도

청년 세대와 노인 세대 간의 관계는 여섯 개 문항으로 조사했다. 먼저 '청년층과 노인은 사회문제에 합의를 이루기 어렵다'는 의견에 대해 스웨덴, 그리스, 포르투갈, 독일 등이 70% 이상의 높은 동의 비율을 나타냈다(〈그림 8-5〉). 한국은 상대적으로 동의 비율이 낮았다. 한국 사회의 긴밀한 부모와 자녀 관계, 효 의식 등에서 비롯된 결과일 수 있다. 그리스와 같이 고령화에 따른 재정 위기를 경험한 국가의 경우, 위기 극복을 위한 해법을 찾고 정책을 수립하는 것에 대한 세대 간 합의를 이루기가 어렵다는 점을 보여준다. 남유럽 국가뿐만 아니라, 스웨덴, 프랑스, 독일 등의 국가에서

2 한국의 경우 5점 척도에서 '보통'이라고 응답한 비율이 매우 높기 때문에 보통 응답 비율의 절반을 동의하는 비율로 전환하는 것은 한국의 세대 갈등 수준을 과대 추정하는 문제가 있다. 대안적인 방법은 각 문항에서 응답의 평균값을 구하여 이를 10점으로 환산하여 표준화하는 방식이다. 표준화된 10점 척도를 이용한 분석 결과는 본문에 제시한 방법과 대체로 유사했다. 10점 척도가 아닌, 동의 비율을 제시한 이유는 각 문항에 대한 찬성 의견의 국가 간 차이를 직관적으로 파악하는 데 더 유용한 방법이라고 판단했기 때문이다.

(단위: %)

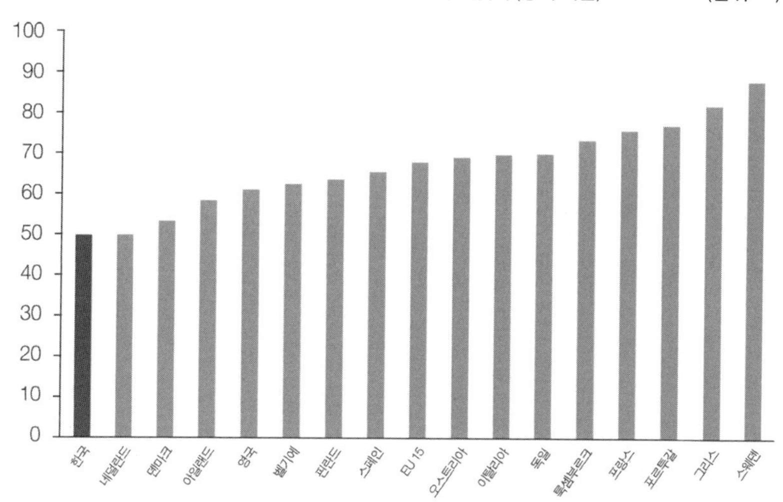

출처: European Commission(2009); 세대공생연구팀(2014).

도 높은 동의 비율을 나타내고 있다. 노동시장 유연화로 안정된 일자리를 둘러싼 청년층과 중장년층 간의 긴장이 고조되는 이 국가들에서도 세대 간 합의를 이루는 문제가 용이하지 않음을 보여준다.

'노인들이 계속 일을 해서 청년층의 일자리가 줄어든다'는 의견에 대해 그리스, 포르투갈, 이탈리아 등에서는 높은 동의 비율을 보이고 있다(〈그림 8-6〉). 재정 위기를 경험한 이 국가들에서는 일자리를 둘러싸고 청년 세대와 노인 세대 간의 제로섬 상황이 연출되고 있다고 인식하고 있다. 반면 덴마크, 영국, 네덜란드 등 노인들의 근로 참여가 높은 국가에서는 이 의견에 동의하는 비율이 상대적으로 낮았다. 한국의 경우, 아직까지는 노인 근로로 인해 청년 일자리가 감소하고 있다는 인식이 낮았다. 정년 이전에 퇴직하는 중장년층이 많고, 노인 일자리와 청년 일자리가 분리되어 있는 상황이기 때문에 청년과 노인 간의 일자리 경쟁에 대한 인식이 낮은 것이다.

그림 8-6 | '노인들이 계속 일을 해서 청년층의 일자리가 줄어든다'(동의 비율) (단위: %)

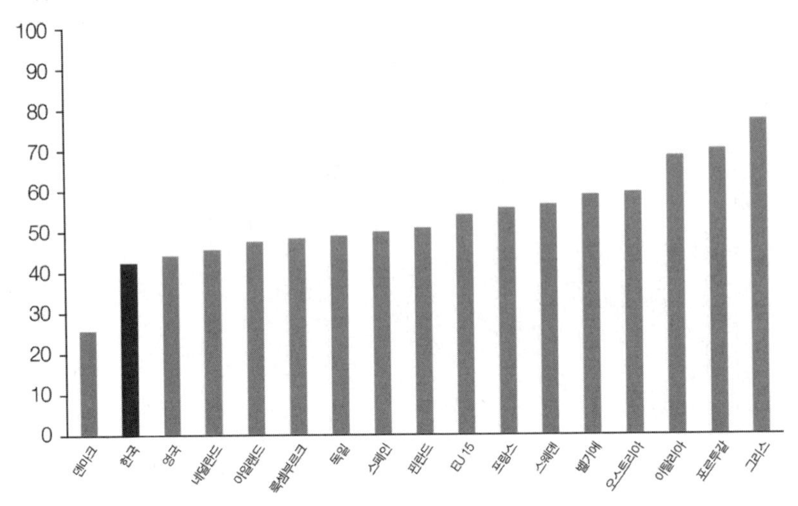

출처: European Commission(2009); 세대공생연구팀(2014).

'노인들이 많아져서 선거에서 청년층의 의견 반영이 어렵다'는 의견에 대해서 포르투갈, 그리스, 핀란드, 이탈리아 등의 국가들이 높은 동의 비율을 보이고 있다(〈그림 8-7〉). 이 국가들은 연금 개혁에서 노인 세대의 기득권이 유지되고, 노인의 표심을 얻기 위한 공약 경쟁이 진행되는 국가로서 청년층의 의견이 정책에 제대로 반영되지 못하는 상황이기 때문이다. 반면 네덜란드, 영국, 스웨덴의 경우, 동의 비율이 낮았다. 한국은 중간 정도의 위치를 차지하고 있다.

'청년층이 많은 회사일수록 더 큰 성과를 거둔다' 는 의견에 대해 남유럽 국가들의 경우, 동의하는 비율이 높았다(〈그림 8-8〉). 한국도 상대적으로 높은 동의 비율을 보였다. 이 국가들에서는 노인의 생산성과 사회적 기여에 대해 부정적인 인식을 하는 연령차별적인 태도가 높기 때문이다. 반면 영국, 네덜란드, 프랑스 등은 동의 비율이 낮았다.

그림 8-7 | '노인들이 많아져서 선거에서 청년층의 의견 반영이 어렵다'(동의 비율) (단위: %)

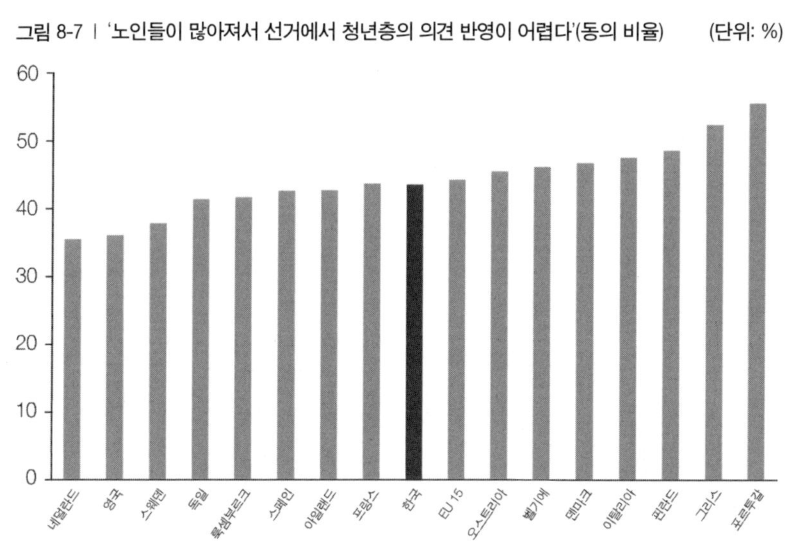

출처: European Commission(2009); 세대공생연구팀(2014).

그림 8-8 | '청년층이 많은 회사일수록 더 큰 성과를 거둔다'(동의 비율) (단위: %)

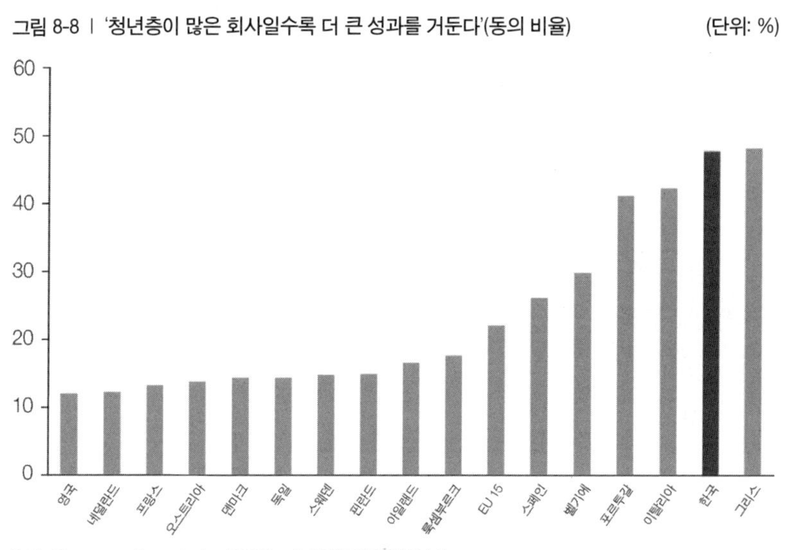

출처: European Commission(2009); 세대공생연구팀(2014).

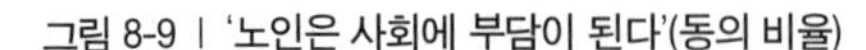

그림 8-9 | '노인은 사회에 부담이 된다'(동의 비율) (단위: %)

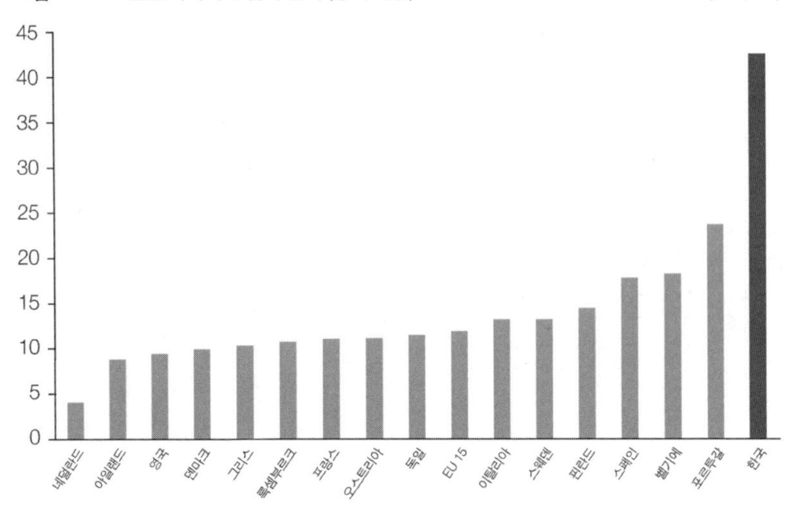

출처: European Commission(2009); 세대공생연구팀(2014).

'노인은 사회에 부담이 된다'는 의견에 대하여 유럽연합 국가들의 동의 비율이 25% 이하로 낮은 비율을 차지한 반면, 한국은 동의 비율이 가장 높았다(〈그림 8-9〉). 보통이라고 응답한 비율을 차감한 보수적인 추정치에서도 포르투갈에 비해 10%p 정도 높았다. 이는 한국 사회에서 노인을 의존적인 존재로 인식하는 태도와 관련된다. 은퇴 후 노인 일자리 부족, 사회참여 기회의 제한 등으로 노인이 사회에 기여할 기회가 제한되면서, 노인이 사회에 부담이 된다는 인식이 나타난 것으로 해석할 수 있다. 또한 노인을 비롯한 중장년층이 자식, 가족에게 부담이 되는 것을 꺼리는 태도에서도 비롯된다(최유석, 2014).

그림 8-10 | '정부는 노인복지에 더 많은 예산을 지출해야 한다'(동의 비율) (단위: %)

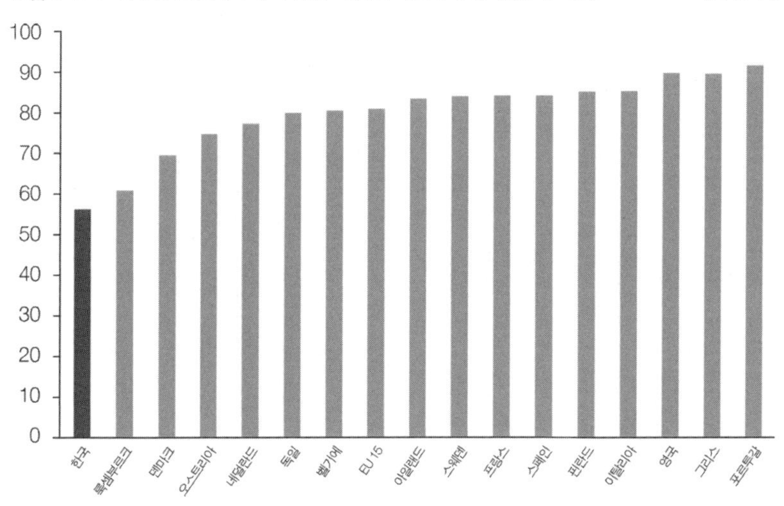

출처: European Commission(2009); 세대공생연구팀(2014).

정부의 노인복지정책: 한국, 예산 확대에는 소극적

'정부는 노인복지에 더 많은 예산을 지출해야 한다'는 의견에 대해서는 유럽연합 국가 평균 동의 비율이 약 80%에 이르는 등 대부분의 국가들이 60% 이상의 높은 동의 비율을 보였다(〈그림 8-10〉). 포르투갈, 그리스, 영국이 90% 가까운 동의 비율을 나타냈다. 한국은 가장 낮은 동의 비율을 보였지만 절반 이상이 동의했다.

'노인이 은퇴 후에도 일할 수 있도록 정부가 도와야 한다'는 정부의 노인 일자리 창출 정책에 대해서 영국, 핀란드, 네덜란드, 덴마크의 경우, 85% 이상의 매우 높은 동의 비율을 보이고 있다(〈그림 8-11〉). 반면 그리스, 이탈리아는 동의 비율이 50%에 못 미치고 있다. 이 국가들은 정부의 노인친화적 정책을 다소 비판적으로 인식했다. 한국에서는 정부의 노인 일자리

그림 8-11 | '노인이 은퇴 후에도 일할 수 있게 정부가 도와야 한다'(동의 비율) (단위: %)

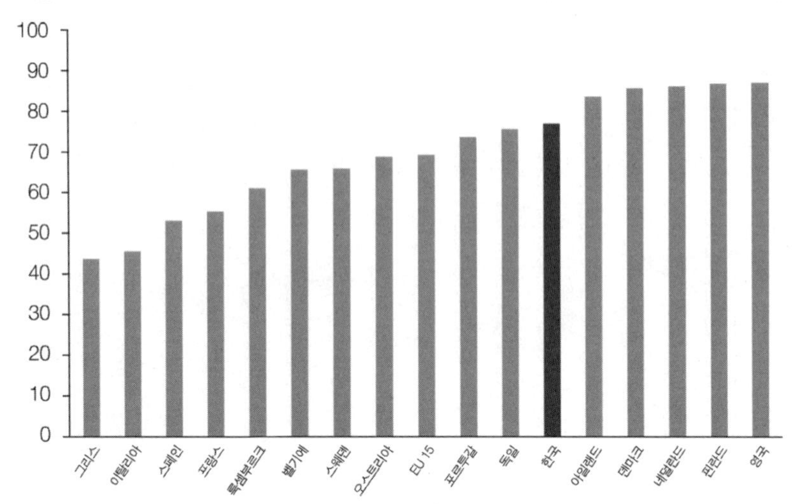

출처: European Commission(2009); 세대공생연구팀(2014).

정책에 동의하는 비율이 상대적으로 높았다. 한국인들은 노인들의 경제활동 기회가 제한되어 있는 문제에 대해 정부의 적극적인 대응을 요청하고 있다.

노인의 기여: 한국, 노인 기여에 대한 낮은 평가

노인의 기여에 관한 인식은 네 문항으로 측정했다. '노인은 봉사 활동을 통해 사회에 기여한다'는 의견에 대해서 영국, 아일랜드, 포르투갈, 네덜란드 등이 90% 이상의 높은 동의 비율을 보이고 있다(〈그림 8-12〉).

이 국가들에서는 노인들이 은퇴 후에 봉사 활동을 통해 자선 단체와 지역사회에서 상당한 기여를 하고 있다. 전반적으로 노인의 경제활동 참가율이 높은 국가일수록 노인의 사회 기여에 대해서 긍정적인 인식을 하고

그림 8-12 | '노인은 봉사를 통해 사회에 기여한다'(동의 비율)

(단위: %)

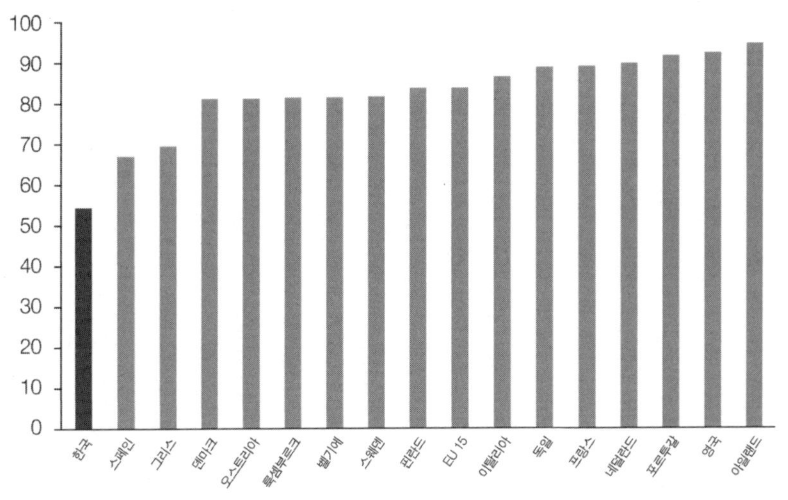

출처: European Commission(2009); 세대공생연구팀(2014).

있다. 반면 한국의 경우 가장 낮은 수준의 동의 비율을 나타내고 있다. 이는 지역의 비영리단체, 시민 단체의 활동이 활성화되어 있지 않아서 노인들이 지역사회에 봉사할 수 있는 기회가 충분하지 못하기 때문이다.

'가족 및 친척을 돌보는 노인의 활동은 제대로 평가받지 못하고 있다'는 의견에 대해서 대부분의 국가들이 60% 이상의 높은 동의 비율을 보였다(〈그림 8-13〉). 특히 포르투갈, 영국, 핀란드의 경우 85% 이상의 높은 동의 비율을 보였다. 그리스, 덴마크, 룩셈부르크 등의 국가는 상대적으로 낮은 동의 비율을 나타냈다. 한국도 상대적으로 낮은 동의 비율을 보였다.

'노인과 청년층은 함께 일할 기회가 충분하지 않다'는 의견에 대해 포르투갈, 영국, 아일랜드, 그리스 등이 높은 동의 비율을 보였다(〈그림 8-14〉). 이 국가들에서는 노인과 청년의 일자리가 분절되어 있을 가능성이 있다. 반면 덴마크, 오스트리아, 네덜란드의 경우 낮은 동의 비율을 나타냈다.

그림 8-13 | '가족 및 친척을 돌보는 노인의 활동은 제대로 평가받지 못하고 있다'(동의 비율)(단위: %)

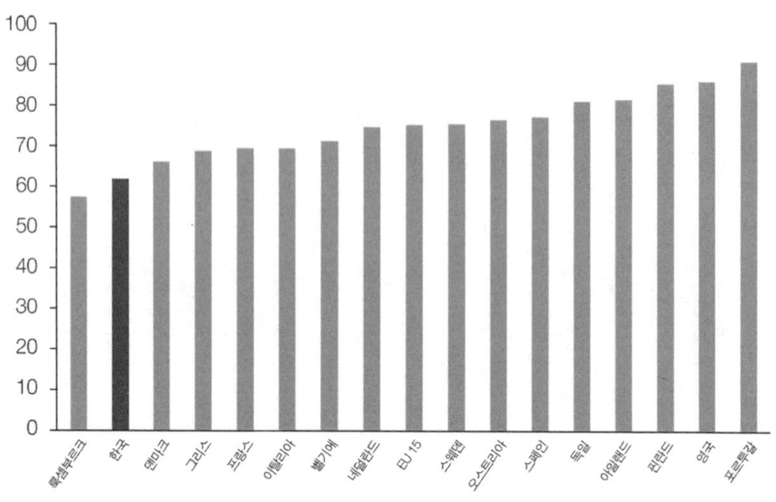

출처: European Commission(2009); 세대공생연구팀(2014).

그림 8-14 | '노인과 청년층은 함께 일할 기회가 충분하지 않다'(동의 비율) (단위: %)

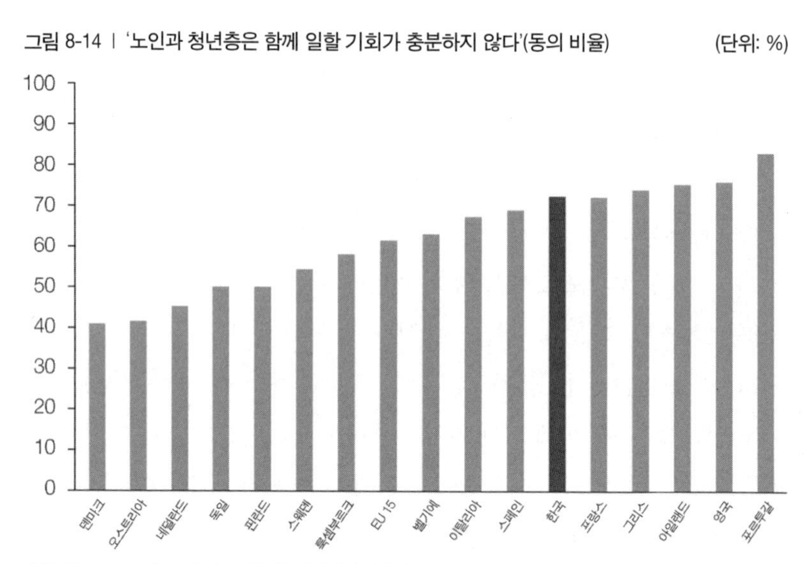

출처: European Commission(2009); 세대공생연구팀(2014).

그림 8-15 | '노인은 경제 발전에 도움이 된다'(동의 비율) (단위: %)

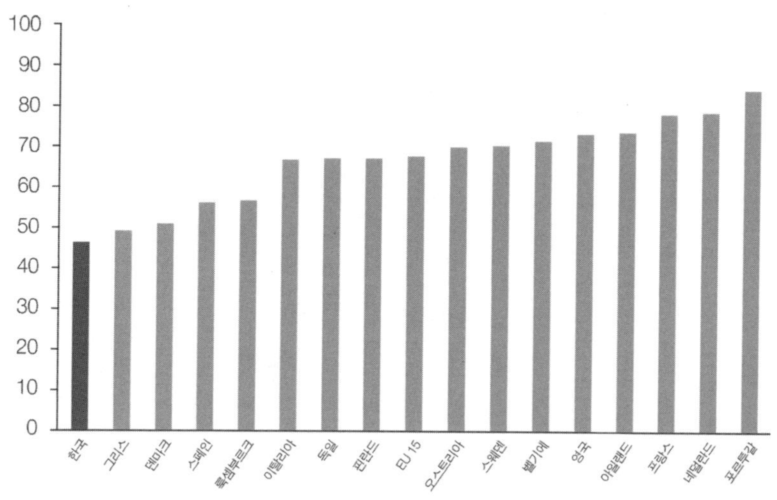

출처: European Commission(2009); 세대공생연구팀(2014).

노인의 경제활동 참가율이 높고, 시간제 일자리가 많아서 노인과 청년이 일자리를 공유하는 노동시장 구조가 있기 때문이다(Thelen, 2014; Beramendi, 2015). 한편 한국의 경우에도 상대적으로 높은 동의 비율을 보이고 있다. 기업의 연령차별적 채용 관행, 조기 퇴직, 노인 일자리 부족 등으로 노인과 청년층이 같은 공간에서 일할 수 있는 기회가 적기 때문이다.

'노인은 우리나라 경제 발전에 도움이 된다'는 의견에 대해 포르투갈, 네덜란드, 프랑스에서 동의하는 비율이 높았다(〈그림 8-15〉). 반면 덴마크, 그리스 등에서는 노인 산업의 경제 기여 효과에 대해서 상대적으로 낮게 평가하고 있다. 한국에서는 노인 산업의 경제 기여 효과에 대해서 낮은 평가를 내리고 있다. 이는 유럽연합 국가에 비해 고령층 인구의 비중이 상대적으로 작은 한국의 상황을 반영한 것일 수 있다.

그림 8-16 | 노인의 기여와 세대 갈등 인식

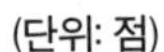
(단위: 점)

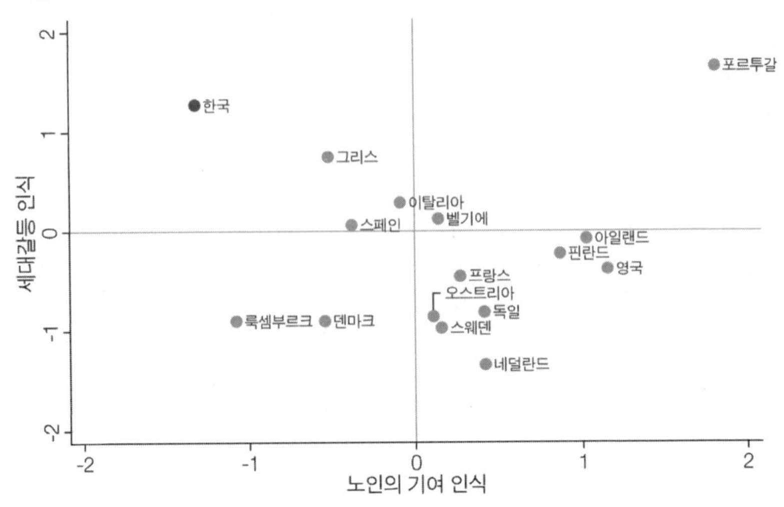

출처: European Commission(2009); 세대공생연구팀(2014).

세대 연대의 국가별 유형: 한국, 높은 세대 갈등, 낮은 노인 기여 인식

앞에서는 한국을 포함한 16개 국가의 세대 간 연대와 갈등에 관한 인식을 11개 문항을 통해서 살펴보았다. 각국의 세대 갈등, 노인의 기여, 노인 복지정책에 대한 태도 등을 요약하여 유형화하는 작업을 시도해보았다. 11개 문항에 대한 요인분석을 통해 세 가지 요인을 추출했다. 요인분석 결과에 관한 상세한 내용은 〈부록 2〉에 제시했다. 세 가지 요인은 노인의 기여, 반노인 정서, 세대 갈등 인식 등으로 구분할 수 있었다. 〈그림 8-16〉은 세 가지 요인 중에서 '노인의 기여'와 '세대 갈등', 두 가지 요인을 두 축으로 각국의 위치를 나타낸 것이다.

한국은 노인의 기여에 대한 인식이 매우 낮고, 세대 갈등 수준은 매우 높은 국가에 속한다. 한국인들은 그리스, 이탈리아에 비해 노인의 기여에 대

그림 8-17 | 반노인 정서와 세대 갈등 (단위: 점)

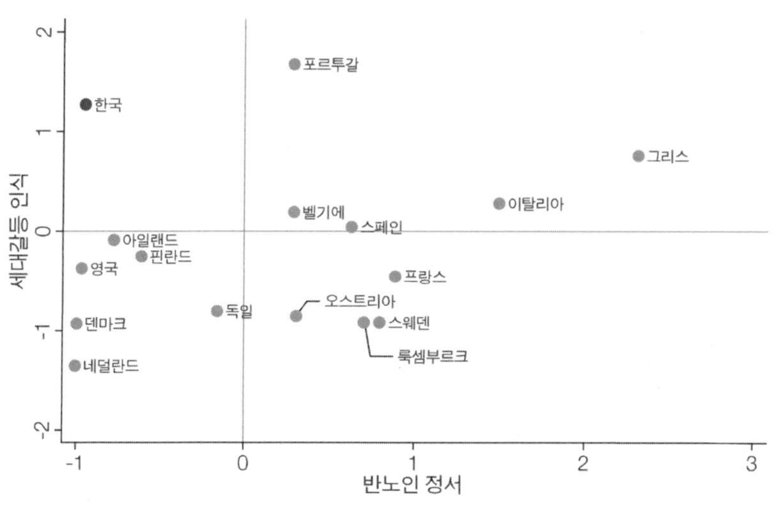

출처: European Commission(2009); 세대공생연구팀(2014).

한 긍정적 인식이 낮고, 세대 갈등의 가능성도 높게 평가하고 있다. 포르투갈을 제외하면, 전반적으로 노인의 기여에 대한 인식에 긍정적일수록 세대 간 관계를 갈등적으로 인식하는 경향은 낮았다. 4/4분면에 위치한 네덜란드, 스웨덴, 독일 등이 노인의 기여를 긍정적으로 인식하고, 세대 갈등도 낮은 국가로 구분할 수 있다. 영국, 핀란드, 아일랜드는 노인의 기여를 긍정적으로 평가하지만, 세대 갈등 인식은 중간 정도에 위치하고 있다.

〈그림 8-17〉은 '반노인 정서'와 '세대 갈등' 간의 관계를 나타낸 것이다. 한국은 2/4분면에 위치하는데, 반노인 정서는 매우 낮지만, 세대 갈등에 대한 인식은 상당히 높은 양상을 보인다. 한국 사회의 효 의식, 노인 공경 윤리, 노인의 생활고에 대한 인식 등으로 인해 노인에 대한 정책적 지원을 부정적으로 인식하는 경향이 낮은 것으로 보인다. 한국 사회의 세대 갈등은 주로 정치적·경제적 측면에서 일자리 등 기회 구조의 불균등한 배분 등

에서 비롯된다고 인식하고 있기 때문이다. 3/4분면에 속한 네덜란드, 덴마크는 반노인 정서가 낮고, 세대 갈등도 낮은 국가군이다. 반면 그리스, 포르투갈은 반노인 정서가 상대적으로 높고, 세대 갈등도 높은 국가들이다.

한국, 높은 노인차별적 태도와 노인의 기여에 대한 낮은 평가

이 장에서는 국가 간 비교를 통해 한국 사회의 세대 간 연대와 갈등의 수준이 어떠한지를 묘사했다. 국가별 비교 분석으로 살펴본 한국의 세대 간 연대와 갈등의 양상은 몇 가지 흥미로운 특성을 보여준다.

첫째, '세대 간 합의가 어렵다'는 인식이 반드시 세대 갈등의 심각성을 보여주는 부정적인 것만은 아니다. 세대 간 합의의 어려움을 인식하고, 문제 해결의 필요성과 공감대를 형성하여 세대 간 연대를 강화하는 사회적 합의를 이룰 수 있기 때문이다. 예를 들어 스웨덴의 경우가 그러하다.

둘째, 한국은 노인에 대한 연령차별적인 태도가 상대적으로 강했다. '노인은 사회에 부담이 된다', '청년층이 많을수록 더 큰 성과'를 얻는다는 의견에서 가장 높은 수준의 동의 비율을 보였다. 한국은 OECD 국가 중에서 노인의 경제활동 참가율이 가장 높은 국가 중의 하나이다(OECD, 2015). 그러나 노인을 의존적이고 비생산적인 인구 집단으로 인식하는 경향은 노인이 사회에 기여할 수 있는 봉사 활동 등을 하기 위한 여건이 충분히 마련되지 않은 것에서 비롯된다. 국가별 유형화에서도 한국은 노인의 기여에 대한 긍정적 인식이 가장 낮은 국가에 속한다. 노인들이 은퇴 후에도 봉사활동을 통해 지역사회에 적극적으로 참여할 수 있는 기회를 마련하는 것이 세대 갈등을 완화하는 데 기여할 것이다.

셋째, 한국에서 '고령화에 따른 청년층 의견 반영의 어려움', '노인 근로에 따른 청년층 일자리 감소' 등 정치적·경제적 대립과 갈등은 그리스, 이탈리아 등 재정 위기를 경험한 남유럽 국가 수준에 미치지는 않았다. 그 이유는 아직까지 서구 국가에 비해 고령화 비율이 낮으며, 국민연금제도가 성숙하지 않은 상황이기 때문이다. 그러나 향후 노인 유권자의 수가 증가함에 따라 점차 노인에게 유리한 정치체제가 도래할 가능성이 있다.

각종 지표에서 세대 간 갈등 수준이 낮고, 노인 세대에 대해 공감적인 인식을 보여주는 국가들(예: 네덜란드, 덴마크, 영국, 스웨덴)은 복지국가의 재정 위기, 세계화와 탈산업화 압력에 직면하여 노동시장 유연화와 사회보장의 결합flexecurity, 공적연금 개혁, 적극적 노동시장 정책을 통한 노동시장 참여 확대 등의 개혁을 지속적으로 추진해왔다(강유덕 외, 2013; Thelen, 2014; Beramendi et.al., 2015). 반면 그리스, 이탈리아 등 남유럽 국가들은 공적연금제도의 구조적인 개혁에 실패하고, 여성과 노인의 노동시장 참여를 확대하는 데도 실패했다(박종훈, 2013).

따라서 향후 연구에서는 재정 위기에 직면하여 개혁의 성패를 좌우하는 정치적·경제적 여건이 북유럽 국가와 남유럽 국가 간에 어떠한 차이가 있는지를 좀 더 면밀히 살펴볼 필요가 있다. 또한 고령화에 대한 각국의 대응 전략을 유형화(예: 순응, 회피, 지연)하고, 대응 전략의 성과와 한계, 전략 선택의 정치적·경제적 제약을 탐색하는 연구를 수행할 필요가 있다. 다음 장에서는 세대 갈등의 국가 간 차이에 관한 이론적 논의를 진행하고, 주요 사회지표 분석을 통해 국가 간 차이의 원인을 탐색할 것이다.

부록 1

부록 1 표 1 | 한국 사회의 세대 간 연대와 갈등 인식(n=1,214) (단위: %)

구분	(1) 전혀 그렇지 않다	(2) 그렇지 않다	(3) 보통이다	(4) 그렇다	(5) 매우 그렇다	동의1	동의2
청년과 노인 간의 갈등							
청년층과 노인들은 사회적 문제에 대한 합의가 어렵다*	0.6	17.8	41.9	35.5	4.3	39.8	60.7
언론 매체는 세대 간 갈등을 과장하고 있다	0.5	12.7	38.8	41.6	6.4	48.0	67.4
노인들이 계속 일하기 때문에 청년층의 일자리가 줄어든다*	6.8	34.3	32.1	24.3	2.5	26.8	42.8
노인들이 많아짐에 따라 선거에서 청년층의 의견이 반영되기 어렵다*	3.5	24.5	37.9	29.2	5.0	34.2	53.1
청년층이 많은 회사일수록 더 큰 성과를 거둔다*	1.3	16.6	45.6	30.8	5.6	36.4	59.2
노인들은 사회에 부담이 된다*	4.7	23.1	39.4	30.0	2.9	32.9	52.5
노인복지정책							
정부는 노인복지를 위해 더 많은 예산을 지출해야 한다*	2.4	13.9	35.8	40.7	7.2	47.9	65.8
노인이 은퇴 이후에도 계속 일할 수 있도록 정부가 도와야 한다*	0.4	4.4	24.0	59.1	12.2	71.3	83.2
노인복지를 위해 청년층의 세금을 늘려서는 안 된다	1.3	14.9	38.8	37.7	7.3	45.0	64.4
노인은 사회적 기여를 감안할 때 연금 등의 혜택을 받을 자격이 있다	0.3	3.7	39.5	49.2	7.3	56.5	76.3
노인의 가족적·사회적·경제적 기여							
부모는 결혼하는 자녀에게 재정적 도움을 주어야 한다	3.3	25.5	38.9	30.4	1.9	32.3	51.7
노인은 봉사 활동을 통해 사회에 기여를 한다*	1.4	11.5	43.3	40.7	3.2	43.9	65.5
가족, 친척을 돌보는 노인의 활동은 제대로 평가받지 못하고 있다*	0.7	8.8	38.2	45.9	6.4	52.3	71.4
노인과 청년층은 함께 일할 기회가 충분하지 않다*	0.3	6.0	28.2	57.8	7.7	65.6	79.7
노인은 한국 경제 발전에 도움이 된다*	0.7	12.6	53.0	30.4	3.3	33.7	60.2

주: *국가 간 비교 연구에 활용한 문항.
동의1: '그렇다', '매우 그렇다'를 합산한 비율.
동의2: '그렇다', '매우 그렇다'에 '보통이다'의 절반을 합산한 비율.
출처: 세대공생연구팀(2014).

부록 2

부록 2 표 1 | 국가별 세대 간 연대 의식 요인분석 결과

문항	요인1	요인2	요인3	고유값
청년층과 노인들은 사회적 문제에 대한 합의가 어렵다	0.4009	-0.0346	**0.7891**	0.2154
노인들은 사회에 부담이 된다	-0.3684	**0.8084**	-0.3245	0.1055
노인들이 많아짐에 따라 선거에서 청년층의 의견이 반영되기 어렵다	0.3033	**0.6475**	0.3480	0.3677
노인들이 계속 일하기 때문에 청년층의 일자리가 줄어든다	0.4720	0.1519	**0.8199**	0.0819
청년층이 많은 회사일수록 더 큰 성과를 거둔다	-0.3015	**0.9031**	0.1715	0.0641
정부는 노인복지를 위해 더 많은 예산을 지출해야 한다	**0.8193**	-0.0757	0.4541	0.1169
노인이 은퇴 이후에도 계속 일할 수 있도록 정부가 도와야 한다	0.2866	-0.0534	**-0.9209**	0.0670
노인은 봉사 활동을 통해 사회에 기여를 한다	**0.8446**	-0.4044	0.1243	0.1076
가족, 친척을 돌보는 노인의 활동은 제대로 평가받지 못하고 있다	**0.9381**	0.0227	-0.0652	0.1152
노인과 청년층은 함께 일할 기회가 충분하지 않다	0.1232	**0.7566**	0.1490	0.3901
노인은 우리나라 경제 발전에 도움이 된다	**0.8971**	-0.1710	0.0710	0.1610

주: 해당 요인에서 0.6 이상의 요인 부하값을 가진 항목을 강조했음.

세대 간 연대 의식에 대한 11개 문항을 이용하여 한국을 포함한 16개 국가를 대상으로 요인분석을 수행했다. 주성분 분석Principal Component Factor Analysis을 수행했으며, 로테이션 방식은 직각 회전 방식Varimax을 이용했다.

분석 결과, 세 가지 요인을 추출했으며, 각각 '노인의 기여', '세대 갈등', '반노인 정서'로 지칭했다. '노인의 기여' 요인에는 '정부는 노인복지를 위해 더 많은 예산을 지출해야 한다', '노인은 봉사 활동을 통해 사회에 기여한다', '가족, 친척을 돌보는

노인의 활동은 제대로 평가받지 못하고 있다', '노인은 경제 발전에 도움이 된다' 등 네 가지 항목이 포함되었다. '세대 갈등' 요인에는 '노인은 사회에 부담이 된다', '노인들이 많아짐에 따라 선거에서 청년층의 의견이 반영되기 어렵다', '청년층이 많은 회사일수록 더 큰 성과를 거둔다', '노인과 청년층은 함께 일할 기회가 충분하지 않다' 등 네 가지 문항이 포함되었다. 마지막 '반노인 정서' 요인에는 '청년층과 노인들은 사회적 문제에 대한 합의가 어렵다', '노인들이 계속 일하기 때문에 청년층의 일자리가 줄어든다', '노인이 은퇴 이후에도 계속 일할 수 있도록 정부가 도와야 한다' 등 세 가지 문항이 포함되었다.

09 세대 갈등의 국가 간 차이

복지체제, 사회경제구조와 정책 효과

정치적·경제적 자원 배분, 형평성 인식, 세대 갈등

앞 장에서는 세대 간 갈등과 연대 의식의 국가 간 비교를 통해 한국 사회의 세대 연대와 갈등의 수준이 어떠한지를 살펴보았다. 분석 결과, 16개 국가는 세대 갈등의 수준에 따라 높은 세대 갈등(예: 포르투갈, 그리스, 이탈리아, 한국), 중간 수준의 세대 갈등(예: 영국, 프랑스, 독일), 낮은 세대 갈등(예: 스웨덴, 덴마크, 네덜란드) 등 세 가지 유형으로 구분할 수 있다. 영국을 제외하면 유형화된 국가들은 각각 남유럽, 보수주의 및 기독교민주주의, 스칸디나비아 사민주의 복지국가로 분류할 수 있다(Ferrera, 1996; Esping-Andersen, 1999; Huber and Stephens, 2001).

이 장에서는 세대 갈등 수준이 높은 국가와 낮은 국가의 특성과 국가 간 차이를 빚어내는 요인을 탐색할 것이다. 먼저 다양한 요인 중에서 복지정책의 효과를 주로 논의하고, 개인의 형평성에 대한 인식이 어떻게 세대 간 갈등과 연대에 영향을 미치는지에 관한 이론적 논의를 진행할 것이다. 정치적·경제적 자원 배분의 구조적 양상은 세대 갈등에 직접적으로 영향을 미치기보다는 개인의 세대 간 공정성 또는 형평성에 대한 인식을 통해 세대 갈등에 대한 인식으로 표출되기 때문이다. 다음으로는 OECD 통계자료를 이용하여 인구 특성, 정부 지출의 구성, 노동시장 지표 등 개별 국가의 구조적 요인이 세대 갈등과 어떠한 관련을 맺는지를 밝히고자 한다.

복지정책의 세대 간 차별적인 영향

복지 영역에서 세대 갈등이 발생하는 이유는 공적연금을 비롯한 복지제도가 연령 또는 출생 코호트별로 차별적인 영향을 미치기 때문이다. 복지국가에서 연령이 중요한 이유는 연금제도에서 볼 수 있듯이 개인의 생애주기에 따라 자격 요건을 설정하고 급여를 제공하기 때문이다(Goerres and Vanhuysse, 2014). 연령별로 차별적인 복지급여가 복지정책을 둘러싼 이해관계의 차이를 빚어낸다.

공적연금의 세대별 양극화

서구에서 노인들은 청년 세대에 비해 상당히 높은 수준의 연금 혜택을 받고 있다. 현재 노인들은 과거 장기간의 안정적인 노동시장 경력, 1960년대 자본주의 황금기 시절의 연금급여 향상, 1980년대 연금기금 투자 수익률 증대 등으로 높은 수준의 연금급여 혜택을 보장받고 있다(Beramendi, 2015). 세대 갈등이 높은 수준을 보이는 포르투갈은 약 90%, 이탈리아는 약 80% 정도의 매우 높은 수준의 소득 대체율을 나타내고 있다(OECD, 2016). 그 결과, 높은 실업률로 신음하는 남유럽 청년들에게 커다란 상대적 박탈감을 안겨주고 있다.

청년 세대는 향후 은퇴할 시점에서 현재 노인들이 향유하는 혜택을 누리기가 매우 어려운 상황이다. 청년 세대는 노인 세대에 비해 낮은 수준의 연금급여를 받을 수밖에 없는 구조이다. 고령화로 인한 생산 가능 인구의 감소로 기여와 급여 간의 불균형 문제 해결을 위한 연금급여 수준의 하향 조정이 불가피하기 때문이다. 청년들은 연금을 비롯한 복지제도에 대해 불공정하다고 인식하고, 이는 세대 갈등으로 비화하고 있다. 세대 갈등이 심각한 국가에서는 세대 간 형평성 문제가 심화되면서 복지국가의 근간을 이루는 공적연금에 내재된 세대 간 암묵적 계약이 붕괴될 위험에 처해 있다(Bengtson and Oyama, 2007).

복지국가 유형과 세대 갈등

세대 갈등의 수준은 복지체제의 유형과도 긴밀한 관련성을 보이고 있다. 대체로 남유럽 국가의 경우 높은 세대 갈등을 보이는 반면, 스칸디나비아 사민주의 복지국가의 경우 낮은 수준의 세대 갈등을 보이고 있다. 자유주의, 사민주의, 보수주의 복지체제가 지닌 고유한 특성이 복지 혜택에서 연령집단별로 차별적인 영향을 미친다(Sabbage and Vanhuysse, 2010; Goerres and Tepe, 2010b). 그 이유는 각 유형의 복지국가들이 고령화, 탈산업화, 세계화 등의 거시적 환경 변화에 대한 대응에서 상이한 목표를 추구하고 그에 따른 개혁 정책을 추진했기 때문이다(Iversen and Wren, 1998; Sabbage and Vanhuysse, 2010; Goerres and Tepe, 2010). 복지체제에 따라 중요시하는 정책 목표, 기본적인 생활 보장에 대한 개인과 사회의 책임, 기여와 급여 등 교환관계의 양상에서 두드러진 차이를 보인다(Iversen and Wren, 1998; Sabbage and Vanhuysse, 2010; Goerres and Tepe, 2010b). 그 결과, 노동시장정책과 복지정책의 혜택이 연령대별로 다르게 제공되고, 복지국가 유형별로 복지체제가 공정하다고 인식하는 정도가 상이하다.

노동시장, 복지의 이중화와 세대 갈등

예를 들어 그리스, 이탈리아와 같은 남유럽 복지국가와 독일, 프랑스 등의 보수주의 복지국가에서는 직업집단별로 분절되고, 노동시장 지위를 유지, 강화하는 높은 소득 대체율의 공적연금제도를 운영하고 있다. 이 국가들에서는 안정된 직업 집단의 기득권을 보존하는 방식으로 노동시장 개혁과 복지 개혁을 추진했다(Palier and Thelen, 2010, Thelen, 2014). 그 결과, 노동시장의 분절에 따른 시장 소득의 격차가 복지 혜택에서도 재현되는 복지정책의 이중화dualization 경향이 심화되었다(Palier and Thelen, 2010, Thelen, 2014). 안정적 고용과 높은 임금수준의 1차 노동시장과 불안정 고용, 낮은 임금수준의 비정규직으로 구성된 2차 노동시장으로 분절된 노동시장 구조가 사회보장 혜택에도 그대로 영향을 미치고 있다(Palier and Thelen, 2010, Thelen, 2014).

노동시장과 복지의 이중화 경향이 세대 갈등으로 비화하는 이유는 연령대별로 노동시장과 복지제도에서 차지하는 위치가 다르기 때문이다. 중장년층은 안정적인 정규직 1차 노동시장에 상대적으로 많이 분포된 반면, 청년층은 불안정한 비정규직에 더 많이 분포되어 있기 때문이다. 이러한 노동시장에서의 상이한 위치는 은퇴 후 연금 수급 지위에도 영향을 미치게 된다. 중장년층은 높은 수준의 연금 혜택을 받는 반면, 청년층의 은퇴 후

연금급여 수준은 이에 미치지 못하기 때문이다. 경쟁력 강화를 위한 노동시장의 유연화 압력이 2차 노동시장 근로자에게만 집중됨으로써(Thelen, 2014), 청년들의 일자리 및 공적연금 분배의 형평성에 대한 불만이 심화되어 세대 갈등이 격화되고 있다.

반면 덴마크, 스웨덴 등의 사민주의 복지국가, 네덜란드와 같은 일부 유럽 국가에서는 직업집단의 구분을 넘어서 조세를 기반으로 한 보편주의적 복지제도를 운영하고 있다(Lynch, 2006). 전일제 근로자와 시간제 근로자 간의 차별적인 처우를 금지하여, 임금, 사회보장 혜택, 교육훈련, 승진 기회 등에서 동등한 대우를 함으로써, 여성과 청년층의 노동시장 참여를 증진시키고 있다(Thelen, 2014; Beramendi, et.al., 2015). 따라서 노동시장 분절에 따른 시장 소득의 격차가 상대적으로 낮으며, 저소득층에 대한 사회보장 혜택을 통해 소득 격차를 더욱 완화하는 정책을 취하고 있다. 그 결과, 청년 세대와 노인 세대 간의 일자리를 둘러싼 갈등이 적다.

세대 간 형평성 인식과 세대 갈등

정치적·경제적 자원 배분의 세대 간 차별적인 양상은 자원 배분의 형평성에 대한 인식을 통해 세대 갈등 인식에 영향을 미친다. 세대 갈등은 세대 간 자원 배분의 분포뿐만 아니라, 자신의 기여 대비 급여, 투입한 노력 대비 수입 등을 다른 세대와 비교한 세대 간 형평성에 대한 인식이라는 여과 장치를 거치게 된다. 세대 간 자원 배분의 형평성에 대해서 어떤 인식을 하는가? 형평성에 대한 상이한 인식이 어떻게 세대 갈등으로 표출되는가? 이러한 질문에 대한 해답을 구하기 위해서는 다른 세대에 관한 일반적인 인식뿐만 아니라, 공적연금제도와 같이 구체적인 제도를 대상으로 세대 간 자원 배분의 상태를 어떻게 바라보는지를 밝히는 작업이 요청된다.

세대 간 형평성에 대한 상이한 기준

사회정책의 맥락에서 세대 간 형평성intergenerational equity은 아동, 청년, 노인 등 다양한 연령집단 간에 교육과 노동을 통해 인간다운 생활수준을 유지할 기회를 포함한 각종 공적·사적 자원 배분이 공정하게 이루어지는 상태를 의미한다(Piachaud et.al., 2009). 그러나 실제로 세대 간 형평성에 대한 인식을 엄밀하게 정의하고 평가하는 것은 쉬운 일이 아니다. 그 이유는 다음과 같다.

첫째, 개인마다 세대 간 형평성이 유지된 '공정한 상태'는 무엇인가에 대한 기준에서 차이가 있기 때문이다. 예를 들어, 국민연금의 세대 간 형평성 논쟁에서 연금 지급액, 기여 대비 수익률 등 다양한 기준으로 세대 간 형평성을 평가할 수 있다. 수익률을 기준으로 세대 간 형평성을 평가하는 경우, 세대별로 동일하지 않은 수익률을 얻는 상황은 세대 간 형평성에 어긋나는 상태로 간주될 수 있다. 따라서 향후 특정 세대가 현재의 노인 세대에 비해 높은 수준의 국민연금급여를 받더라도, 노인 세대에 비해 수익률이 낮으면 이를 형평성에 어긋난다고 주장할 수 있다.

둘째, 세대 간 형평성을 평가할 때 고려하는 영역에서도 차이가 있기 때문이다. 경제 영역만 하더라도, 재산 형성과 축적의 기회, 국민연금 등 공적연금의 기여와 급여, 안정된 정규직 일자리 등 수많은 하위 영역과 제도에서 세대 간 형평성에 대한 평가가 다르게 나타날 수 있다.

셋째, 개인의 가치관, 학력과 소득, 정치 성향 등의 속성에 따라서 세대 간 형평성에 대한 인식이 다를 수 있기 때문이다. 예를 들어 노인 세대의 사회적·경제적 기여에 공감하는 태도를 지니고, 노인 빈곤 문제 해결에 긍정적인 인식을 갖는 사람들은 생애 전체 수익률에서 차이가 있더라도 국민연금의 세대 간 형평성 문제에 덜 민감하게 반응할 수 있다. 형평성에 대한 인식은 경제적인 득실뿐만 아니라, 개인의 가치관과도 밀접한 관련성을 맺고 있다.

복지국가 유형별 상이한 형평성 인식

세대 간 형평성 인식의 효과를 확장하면 복지국가 유형에 따라 세대 갈등의 양상이 다르게 나타나는 또 다른 이유를 밝힐 수 있다. 국가마다 '어떠한 상태가 세대 간 형평성이 이루어진 상태인가'에 대한 국민들의 인식이 다를 수 있기 때문이다. 사바그와 반휘세(Sabbagh and Vanhuysse, 2010)는 국민들의 가치관을 시장중심적 태도market-based attitudes와 국가중심적 태도state-based attitudes로 구분했다. 시장중심적 태도를 지닌 국민들은 생계유지를 위한 개인의 책임과 근로 윤리를 강조하고, 사회문제의 원인을 개인에게 귀속시키는 특성을 지닌다. 이들은 노인에게 유리하고 무조건적인 급여 제공은 불공정하다고 인식한다(Sabbagh and Vanhuysse, 2010). 반면 국가중심적 태도를 보이는 국민들은 평등주의적 재분배, 넓은 포괄 범위를 지닌 사회보장을 강조하고, 사회문제의 원인을 사회구조에 귀속시키는 성향을 지닌다. 이들은 공적연금을 비롯한 노인의 생계 보장을 위한 지출에 상대적으로 관대한 태도를 나타낸다(Sabbagh and Vanhuysse, 2010).

이러한 국민적 성향은 복지체제와 관련을 맺는다. 영국, 미국 등 자유주의 복지국가 국민들은 상대적으로 시장중심적 태도를 지닌 반면, 보수주의 또는 사민주의 복지국가 국민들은 국가중심적 태도를 지닌다(Sabbagh and Vanhuysse, 2010). 세대 간 정치적·경제적 자원 이전에 대한 태도를 살펴보면 보수주의, 사민주의 국가에서 세대 간 이전에 찬성하는 태도가 자유주의 국가에 비해 높았다(Sabbagh and Vanhuysse, 2010). 이 국가들의 국민들은 상대적으로 높은 평등주의적 태도, 정부의 적극적인 개입에 동의하는 입장을 취하고 있다(Arts and Gelissen, 2001). 그 이유는 사민주의 복지국가의 경우, 조세에 기반을 둔 보편주의 복지제도의 운영을 통해 특정 연령 집단에 대한 편향성bias이 낮기 때문이다. 노인도 경제활동에 높은 참여율을 보이며, 청년층을 위한 노동시장정책이 활성화되어 있기 때문이다.

복지정책의 결과 측면에서 세대 간 기여와 급여 간의 관계를 둘러싼 형평성 인식을 살펴보면, 보수주의 복지국가에 속한 국민들이 자유주의 및 사민주의 복지국가에 속한 국민들의 인식 차이가 있었다. 보수주의 복지국가의 국민들은 노인들이 가장 많은 복지급여를 받으며, 청년들은 가장 낮은 복지 혜택을 받는다고 인식했다(Sabbagh and Vanhuysse, 2010). 자유주의 및 사민주의 복지국가 국민들의 이에 대한 동의 비율은 보수주의 복지국가에 비해 낮았다. 이는 보수주의 복지국가의 공적연금이 노인들에게 높은 수준의 소득 대체율을 보장하고 있기 때문이다.

특히 남유럽 국가의 청년들은 노인편향적age-biased 지출의 증가를 바라보면서, 자신은 노년기에 충분한 연금을 받을 수 없을 것이라는 비관적인 인식을 하게 된다. 자신의 생애 전반에 걸친 수익률은 이전 세대의 생애 수익률에 비해 상대적으로 낮을 것이라고 전망하고 있다. 그 이유는 노동시장의 유연화, 이중화로 인해 높은 임금수준의 안정적 일자리를 얻을 기회가 급격히 감소했기 때문이다. 따라서 향후 연금급여에서도 현 세대 노인만큼의 급여를 받지 못할 것이라는 우려가 깊어지고 있다. 또한 부과 방식의 공적연금으로 인해 청년들은 자신의 적은 급여로 부유한 노인을 부양한다는 인식이 강화될 수 있다. 이러한 공적연금제도의 형평성 문제에 대한 인식이 복지국가의 정당성 문제로 연결될 수 있다.

1990년대에 이미 프랑스와 남유럽 국가에서는 공적연금의 세대 간 형평성 문제에 대한 인식이 광범위하게 퍼져 있었다(Sabbagh and Vanhuysse, 2010). 특히 청년층, 비정규직 노동자 등 노동시장 외부자들은 노인 편향적 재분배 정책을 반대하는 태도를 보였다. 또한 그리스, 이탈리아 등 세대 간 형평성에 심각한 문제가 있다고 인식하는 국가에서도 청년친화적 방향으로의 정책 개혁에 찬성하는 태도를 보였다(Sabbagh and Vanhuysse, 2010). 그러나 그리스의 경우 이러한 문제 인식이 즉각적으로 연금개혁으로 이어지지는 않았다. 노동시장 내부의 핵심 노동자, 노인연금 수급자 등 기득권층의 개혁에 대한 저항이 극심했기 때문이다(정인영 외, 2015).

이러한 주장은 복지체제의 형성과 이를 유지하는 문화적 기반 혹은 국민들의 가치관을 탐색했다는 점에서 흥미를 끈다. 그러나 국가 수준에서 집계된 국민적 심성은 어디에서 비롯되는지를 면밀히 밝힐 필요가 있다. 단순히 국민성 또는 문화적 성향으로 치부하기보다는 어떠한 메커니즘으로 그러한 성향이 형성되었는지를 추적하는 작업이 요청된다. 이는 세대 간 이해관계의 대립과 갈등을 보일 수 있는 노동시장 구조, 복지정책 등 핵심적인 제도에 대한 분석을 필요로 한다(예: Palier and Thelen, 2010; Thelen, 2014). 노동시장과 각종 복지제도에서 청년층과 노년층이 차지하는 위치가 어떠한지, 그것이 세대 간 형평성에 대한 인식과 어떤 관련을 맺는지 탐색하는 연구가 이루어질 필요가 있다.

사바그와 반휘세(Sabbagh and Vanhuysse, 2010)의 분석 대상 기간은 1980년대부터 1990년대 후반이다. 따라서 최근의 변화를 반영할 필요가 있다. 1990년대 후반 이후, 보수주의와 사민주의 복지국가 모두 신자유주의적 개혁을 경험했다(Thelen, 2014). 신자유주의적 개편 등 복지 지형 자체의 변화가 이루어졌으며, 복지체제 간의 차이는 약화되었을 가능성이 있기 때문이다. 또한 복지국가의 발달과 재편의 시기가 국가별로 다른 점도 고려할 필요가 있다. 덴마크, 네덜란드 등 세대 갈등이 낮은 국가는 이미 과거에 재정 위기를 경험하고, 이른바 '유연안정화정책'이라는 노동시장과 복지정책의 개혁을 통해 표출된 갈등을 이미 상당 부분 해소한 국가이다. 반면 그리스 등 세대 갈등이 높은 국가는 고령화에 따른 재정 위기에 적극적인 대응을 회피하고, 공적연금에 대한 구조적인 개혁을 지연함으로써 갈등이 해소되지 않고, 점차 격화되어 표출된 상황이라고 볼 수 있다. 각국이 직면한 상황의 차이를 고려할 필요가 있다.

인구구성과 사회정책과 세대 갈등

세대 갈등이 높은 국가, 낮은 국가는 어떠한 특성을 보이는가? 세대 갈등은 각국의 고령화 양상 및 사회정책의 특성과도 관련을 맺는다. 16개 국가들의 인구구성과 사회정책의 특성을 살펴보았다. 인구 특성으로는 노인인구 비율(2012년), 출산율(2013년), 사회정책 특성으로는 공교육 지출(2012년), 사회정책 지출(2014년), 공적연금 지출(2011년), 순 연금 소득 대체율(2014년, 남성), 공적 실업급여 지출(2011년), 노동시장정책 지출(2012년), 적극적 노동시장정책 지출(2012년), 가족정책 지출(2011년) 등을 살펴보았다. 각종 지출은 해당 국가의 GDP 대비 지출 비율을 백분율로 나타낸 것이다.

〈표 9-1〉은 세대 갈등의 수준에 따라 분석 대상 국가를 높은 순으로 정렬하고, 각국의 인구 특성과 사회정책의 프로파일을 나타낸 것이다. 세대 갈등 수준이 높은 포르투갈, 그리스, 이탈리아 등의 경우, 상대적으로 낮은 출산율, 높은 수준의 공적연금 지출을 보이고 있다. 이 나라들이 1.2~1.4대의 낮은 출산율을 보이는 것은 좋은 일자리를 얻기 힘든 청년들의 불안정한 상태가 '출산 파업'으로 이어졌기 때문이다(박종훈, 2013). 낮은 출산

표 9-1 ㅣ 국가별 인구, 사회정책 프로파일 (단위: 점, %, 명)

국가	세대 갈등	노인 비율	출산율	공교육 지출	사회정책 지출	공적연금 지출	순 연금 소득 대체율	실업 지출	노동시장 정책	적극적 노동시장 정책*	가족 정책
포르투갈	1.66	19.2	1.2	5.0	25.2	13.0	89.5	1.2	2.1	0.5 (23.3)	1.2
한국	1.28	11.8	1.2	4.7	10.4	2.2	45.0	0.3	0.6	0.3 (50.9)	0.9
그리스	0.76	19.9	1.3		24.0	14.5	54.1	1.1			1.4
이탈리아	0.29	20.6	1.4	3.7	28.6	15.8	79.7	0.8	2.0	0.5 (22.8)	1.5
벨기에	0.15	17.5	1.8	5.9	30.7	10.2	60.9	3.6	2.8	0.8 (27.9)	2.9
스페인	0.06	17.5	1.3	3.8	26.8	10.5	89.5	3.5	3.6	0.6 (16.9)	1.4
아일랜드	-0.08	12.0	2.0	5.2	21.0	5.3	42.2	2.7		0.9 (27.2)	3.9
핀란드	-0.19	18.5	1.8	5.7	31.0	10.3	63.5	1.7	2.4	1.0 (41.4)	3.2
영국	-0.37	16.6	1.8	5.2	21.7	5.6	38.3	0.4	0.5		4.0
프랑스	-0.44	17.5	2.0	4.9	31.9	13.8	67.7	1.6	2.3	0.9 (38.2)	2.9
독일	-0.79	21.1	1.4	4.3	25.8	10.6	50.0	1.2	1.6	0.7 (41.4)	2.2
오스트리아	-0.84	17.9	1.4	4.9	28.4	13.2	91.6	0.9	2.0	0.7 (36.5)	2.7
스웨덴	-0.89	19.0	1.9	5.2	28.1	7.4	63.6	0.4	1.9	1.3 (67.0)	3.6
룩셈부르크	-0.90	14.0	1.6	3.7	23.5	7.7	88.6	1.1	1.4	0.6 (44.4)	3.6
덴마크	-0.90	17.6	1.7		30.1	6.2	66.4	2.2	3.5	.9 (52.7)	4.0
네덜란드	-1.33	16.5	1.7	4.9	24.7	5.5	95.7	1.5	2.5	0.9 (35.1)	1.6
평균	0.0	17.3	1.6	4.8	25.7	9.5	67.9	1.5	2.1	1.0 (45.0)	2.6

주: 괄호 안은 노동시장정책에서 적극적 노동시장 정책이 차지하는 비율(%)을 나타냄.
출처: OECD(2016).

율은 고령화에 따른 노인 부양 부담을 가중시킴으로써 세대 갈등을 더욱 격화시키는 악순환으로 이어지고 있다.

반면 세대 갈등 수준이 낮은 덴마크와 네덜란드는 1.7대의 상대적으로 높은 수준의 출산율을 유지하고 있다. 국민들이 후세대의 자녀 양육 부담과 노인 부양 부담을 균형 있게 분담함으로써, 청년 세대가 자녀를 출산하여 양육할 수 있는 환경이라는 인식을 갖게 하기 때문이다. 상대적으로 높은 출산율을 유지함으로써 노인 인구 비율도 17~18% 정도로 낮은 수준을 유지하고 있다. 공적연금도 세대 갈등 수준이 높은 포르투갈, 그리스, 이

표 9-2 | 인구구성과 사회정책과 세대 갈등 지표 간의 상관관계 분석

구분	세대 갈등	노인 기여	반노인 정서
노인 인구 비율	-0.2995	0.4372+	0.5848*
출산율	-0.5963**	0.4063+	-0.0681
공교육 지출	0.0154	0.4132	-0.3995
사회 지출	-0.5563*	0.4807*	0.4575+
공적연금 지출	-0.1195	0.365	0.8048**
순 연금 소득 대체율	-0.3054	0.1388	0.3506
실업급여 지출	-0.1987	0.2202	0.0785
노동시장정책	-0.3757	0.2474	0.3319
적극적 노동시장정책	-0.5986*	0.2383	-0.0675
가족정책	-0.6283**	0.3337	-0.0913

주: +p<0.1 *p<0.05 **p<0.01

탈리아의 경우 GDP의 13~16%를 지출하는 반면, 세대 갈등 수준이 낮은 룩셈부르크, 덴마크, 네덜란드의 경우 GDP의 6~8% 정도를 지출한다.

세대 갈등이 높은 국가: 낮은 수준의 출산율, 사회 지출, 적극적 노동시장 지출

〈표 9-2〉는 인구구성과 사회정책과 세대 갈등 지표 간의 상관관계 분석 결과를 나타낸 것이다. 분석 결과, 노인 인구 비율 그 자체는 세대 갈등과 관련이 없었다. 노인 인구 비율이 증가할수록 자원 배분을 둘러싼 세대 갈등이 자연스럽게 발생하는 것은 아니다. 고령화에 대한 각국의 대응이 어떠한지에 따라 세대 갈등의 정도가 다를 수 있다는 점을 의미한다(Lynch, 2006).

세대 갈등은 출산율, 사회 지출, 가족정책, 적극적 노동시장정책과 관련

을 맺었다. 출산율, 사회 지출, 가족정책 지출 비율이 높을수록 세대 갈등이 낮았다. 가족정책 지출을 통한 출산율 증진이 세대 간 인구 불균형으로 인한 노인 부양 부담을 완화하여 세대 갈등을 낮추는 것으로 이어지고 있다. 다르게 해석하면, 세대 갈등이 낮은 사회에서는 청년들이 자녀를 출산하여 키울 수 있는 여건이 마련되어 있는 사회라고 할 수 있다. 중장년층이 청년 세대를 수탈하는 것이 아닌, 여러 세대가 동등하게 사회에 기여하고 협력하는 사회 분위기가 높은 출산율에 반영되어 나타난 것이다.

또한 사회정책 지출 규모가 큰 국가일수록 세대 갈등이 낮았다. 세대 갈등을 완화하기 위해서는 사회정책에 대한 적극적인 투자가 요청된다. 사회정책의 영역별로 살펴보면 공적연금 지출, 실업급여 지출의 규모는 세대 갈등 수준과 관련이 없었다. 그러나 노동시장 지출 중에서 GDP 대비 적극적 노동시장정책 지출이 높을수록 세대 갈등이 낮았다. 스웨덴, 덴마크 등 스칸디나비아 국가들은 실업급여 제공보다는 개인의 인적자원, 취업 능력을 개발할 수 있는 직업훈련, 취업 지원 서비스를 통해 고용률을 높이고 있다. 모든 연령대에 걸쳐 취업 역량을 증진시키는 정책이 연금급여, 실업급여 제공 등 특정 집단에 제한된 수동적 성격의 정책에 비해 세대 갈등을 낮추는 데 효과적임을 보여준다.

노인의 기여에 관한 인식은 노인 인구 비율, 출산율, 사회 지출과 관련을 맺었다. 노인의 기여에 대해 긍정적인 인식을 하는 국가는 노인 인구 비율과 출산율이 높고, GDP 대비 사회 지출 비율이 높은 국가라는 특성을 보였다. 노인 인구 비율이 높을수록 이들을 부양하기 위한 사회 지출 수준이 높으며, 노인의 기여에 대한 긍정적인 인식을 할수록 높은 수준의 사회 지출을 용인할 수 있기 때문이다.

한편 노인이 사회에 기여한다고 인식할수록 출산율이 높은 것은 세대별로 균형 있는 기여가 이루어지는 사회의 출산율이 더 높기 때문이다. 네덜란드, 덴마크, 스웨덴에서는 청년 세대와 노인 세대 모두 적극적인 경제활동 참여가 이루어지고, 연금제도에서 기여와 급여 간의 공정성에 대한 인식이 높은 국가들이다. 이 국가들에서는 노인의 사회 기여에 대해 매우 긍정적으로 인식하고, 상대적으로 높은 출산율을 보이고 있다.

일자리를 둘러싼 반노인 정서는 노인 인구 비율, 공적연금 지출, 사회 지출과 관련을 맺었다. 노인 인구 비율이 높을수록 반노인 정서도 높았다. 또한 사회 지출과 공적연금 지출 수준이 높을수록 일자리를 둘러싼 반노인 정서도 심화되는 것으로 보인다. 노인 인구 비율이 높고, 특히 공적연금 지출이 과도하게 높은 국가일수록 반노인 정서가 팽배해질 가능성이 있다. 반노인 정서가 높은 그리스, 이탈리아의 경우, 공적연금 지출이 GDP의 15~16%를 차지하여 전체 사회 지출의 절반 이상을 공적연금 지출에 할애하고 있다(OECD, 2016). 따라서 청년층을 위한 노동시장정책, 가족정책을 추진할 수 있는 재정적 자원이 부족한 실정이다. 노인 세대에 치중된 사회 지출은 결국 이 국가들에서 반노인 정서로 이어지고 있다.

고용 및 소득 지표와 세대 갈등

세대 간 격돌이 발생할 수 있는 중요한 영역 중의 하나는 일자리를 비롯한 고용 문제이다. 각국의 경제 상황은 세대 간 갈등이 첨예화되거나 누그러질 수 있는 여건이 된다. 고용 및 소득 지표 등 일자리와 경제 상황이 세대 갈등 및 세대 연대 의식과 어떠한 관련을 맺는지를 살펴보았다.

고용 관련 지표로는 2014년 기준 청년 실업률, 니트 청년 비율, 장기 실업률, 시간제 근로 비율, 비자발적 시간제 근로 비율 등을 포함했다(OECD, 2016). 청년 실업률은 15~24세 노동력 중의 실업자 비율, 장기 실업률은

표 9-3 | 국가별 노동시장, 소득 프로파일 (단위: GDP 대비 %, 소득($), 노동시장 불안정(점))

국가	세대 갈등	노인 기여	반노인 정서	청년 실업률	니트 청년 비율	장기 실업률	파트타임 비율	비자발적 파트타임 비율	소득 수준($)	소득 불평등	노동시장 불안정
포르투갈	1.66	1.83	0.26	34.8	17.7	59.6	11.0	36.9	21,384	0.34	11.7
한국	1.28	-1.31	-0.98	10.0	18.0		10.5		20,437	0.31	2.1
그리스	0.76	-0.51	2.31	52.4	28.3	73.5	11.2	67.7	19,813	0.34	32.0
이탈리아	0.29	-0.08	1.49	42.7	27.7	61.4	18.8	63.6	26,780	0.33	11.8
벨기에	0.15	0.16	0.28	23.2	15.0	49.9	18.1	10.0	30,586	0.27	3.6
스페인	0.06	-0.37	0.58	53.2	25.9	52.8	14.7	64.6	23,194	0.34	26.7
아일랜드	-0.08	1.04	-0.79	26.9	18.0	59.2	23.4	38.2	23,975	0.30	5.0
핀란드	-0.19	0.89	-0.64	19.3	13.0	23.1	13.3	23.9	29,959	0.26	2.6
영국	-0.37	1.16	-1.00	16.3	14.4	35.7	24.1	17.5	28,268	0.35	5.7
프랑스	-0.44	0.29	0.88	23.2	16.3	42.7	14.2	37.5	31,215	0.31	4.6
독일	-0.79	0.43	-0.17	7.8	9.2	44.3	22.3	13.7	34,286	0.29	2.7
오스트리아	-0.84	0.10	0.30	10.3	11.6	27.2	20.9	11.0	33,337	0.28	2.2
스웨덴	-0.89	0.15	0.76	22.9	9.4	16.8	14.2	32.1	29,547	0.27	5.2
룩셈부르크	-0.90	-1.07	0.70	22.6	8.2	27.4	15.5	11.8		0.30	2.1
덴마크	-0.90	-0.53	-1.02	12.6	10.7	25.2	19.7	16.5	28,440	0.25	2.3
네덜란드	-1.33	0.43	-1.03	12.7	9.2	40.2	38.5	13.3	29,484	0.28	3.1
평균	0.0	0.0	0.0	24.4	15.8	42.6	18.2	30.6	27380	0.3	7.7

출처: OECD(2016).

실업인구 중에서 12개월 이상 실업한 인구 비율을 의미한다. 시간제 근로 비율은 취업자 중에서 주당 30시간 미만 근로하는 근로자의 비율을 나타낸다. 비자발적 시간제 근로 비율은 전일제 근로를 하고 싶지만, 전일제 일자리를 얻지 못해서 파트타임으로 근로하는 근로자의 비율을 의미한다. 니트 청년 비율은 전체 청년 인구 중에서 고용, 교육, 훈련에 참여하지 않는 청년들의 비율을 나타낸다(OECD, 2016).

소득 관련 지표에는 2013년 기준 소득수준, 소득 불평등, 노동시장 불안정 지표를 활용했다. 소득수준은 가구 단위 가처분 소득을 미국 달러로 나타냈다. 소득 불평등은 지니계수를 활용했으며, 노동시장 불안정 지표는 실업으로 인한 기대 소득 상실 정도를 나타낸다. 노동시장 불안정 지표는 실직 위험, 실직 기간, 실업급여 등을 고려했다(OECD, 2016).

〈표 9-3〉은 세대 갈등 요인 점수를 기준으로, 세대 갈등 수준이 높은 국가에서 낮은 국가 순으로 분석 대상 국가를 정렬하고, 각 국가별 고용 및 소득 지표를 나타낸 것이다. 포르투갈, 그리스, 이탈리아 등 세대 갈등이 높은 국가와 룩셈부르크, 덴마크, 네덜란드와 같이 세대 갈등이 낮은 국가 간에 고용 및 소득 관련 지표에서 어떠한 차이가 있는지를 살펴볼 수 있다.

전반적으로 세대 갈등 수준이 높은 국가의 경우, 청년 실업률, 니트 청년 비율, 장기 실업률, 비자발적 시간제 근로 비율이 높은 수준을 보이고 있다. 그리스의 경우 청년 실업률이 50%를 상회하고, 실업자 중에서 12개월 이상의 장기 실업에 처한 비율은 74%에 달했다. 청년 중에서 취업, 교육, 훈련 등에 참여하지 않은 니트 청년 비율은 28%, 시간제 근로자 중에서 비자발적 시간제 근로자의 비율은 68%에 달했다. 청년 세대가 좋은 일자리를 얻을 수 있는 기회가 매우 제한되어 있는 것이 세대 갈등으로 표출되고 있다. 반면 세대 갈등 수준이 매우 낮은 덴마크의 경우, 청년 실업률은 13%, 니트 청년 비율은 11%로 낮은 수준을 보이고 있다. 장기 실업률은 25%로 스웨덴 다음으로 가장 낮은 비율을 보이며, 비자발적 시간제 근로 비율도 17% 정도에 불과했다.

세대 갈등이 높은 국가: 높은 장기 실업률, 소득 불평등

〈표 9-4〉는 고용 및 소득 지표와 세대 갈등, 세대 연대 의식 간의 상관관계 분석 결과를 나타낸 것이다. 세대 갈등은 고용 및 소득 관련 지표와 매우 긴밀한 관련성을 맺었다. 니트 청년 비율, 장기 실업률이 높은 국가일수록 세대 갈등 수준이 높았다. 청년들이 일자리를 얻기 힘들고, 장기적인 실업에 처하고, 직업훈련이나 교육에도 참여하지 않는 등 일자리에 대한 불만과 비관적 전망이 팽배할수록 높은 수준의 세대 갈등으로 비화하는

표 9-4 | 노동시장 지표와 세대 갈등 간의 상관관계 분석 결과

구분	세대 갈등	노인 기여	반노인 정서
청년 실업률	0.1996	0.1309	0.7473**
니트 청년 비율	0.5689*	-0.1329	0.4711*
장기 실업률	0.7245**	0.1323	0.4496+
파트타임 비율	-0.6235**	0.3411	-0.2869
비자발적 파트타임 비율	0.5869*	-0.1172	0.6537**
소득수준	-0.7636**	0.3614	0.0094
소득 불평등	0.4654+	0.0751	0.3168
노동시장 불안정	-0.3651	0.3678	0.0867

주: +p〈0.1 *p〈0.05 **p〈0.01

것으로 보인다.

또한 비자발적 시간제 고용률이 높을수록 세대 갈등을 높게 인식했다. 이는 전일제 일자리를 얻기 어렵기 때문에 시간제 일자리에라도 취업할 수밖에 없는 국가들의 경제적 여건을 반영한다. 그리스, 이탈리아, 스페인의 경우 시간제 일자리를 가진 근로자 중의 거의 2/3가 비자발적 시간제 근로자인 것으로 나타났다(〈표 9-3〉).

반면 시간제 근로 비율은 세대 갈등과 부적인 관련성을 맺었다. 여성과 노인의 경제활동 참가율이 높은 스웨덴, 네덜란드의 경우, 자신의 생활 여건에 맞게 시간제 근로를 활용하는 상황과 관련을 맺고 있다(Wielers, 2013). 또한 전일제와 시간제 근로자 간의 임금수준, 사회보장, 교육 및 훈련 기회 등에서 차별이 적은 것도 시간제 근로의 참여를 증진하여 경제활동 참가율을 높이는 중요한 요인으로 작용하고 있다(Vierbrock and Clasen, 2009). 이 국가들에서는 여성과 노년층의 노동시장 참여를 확대하여 연령과 무관하게 높은 수준의 경제활동 참여가 이루어짐으로써 일자리를 둘러싼 세대 갈등이 완화되는 결과로 이어지고 있다.

가구 단위 가처분소득으로 측정한 소득수준이 높을수록 세대 갈등이 낮았다. 분배할 몫이 클수록 소득분배를 둘러싼 세대 갈등이 누그러질 수 있기 때문이다. 한편 세대 갈등은 소득 불평등과 중간 정도의 상관관계를 보였다. 소득 불평등이 높은 국가일수록 소득이 연령대별로 불평등하게 분배될 가능성도 높기 때문이다.

한편 노인의 기여에 대한 인식은 고용 및 소득 관련 지표와 관련이 없었다. 반노인 정서와 관련된 요인은 세대 갈등을 유발하는 요인과 매우 유사했다. 청년 실업률, 니트 청년 비율, 장기 실업률, 비자발적 파트타임 고용률이 높은 국가일수록 반노인 정서가 높았다. 이는 반노인 정서가 주로 일자리와 관련하여 노인과 청년 간의 관계에 대한 인식을 나타낸 것이기 때문이다. 청년들이 좋은 일자리를 얻기 힘든 국가에서 일자리를 둘러싼 세대 갈등이 심각하고, 이는 노인에 대한 반감으로 표출되는 것이다.

경제 위기와 세대 갈등과 청년들의 사회적 배제

2008년 경제 위기 이후 유럽의 청년들은 자신의 삶의 조건에 대해서 어떻게 인식하는가? 〈그림 9-1〉은 주요 비교 대상 국가들에서 청년층(15~24세) 시간제 근로자 중에서 비자발적 시간제 근로자 비율의 추이를 나타낸 것이다. 비자발적 시간제 근로자는 전일제로 일하고 싶지만, 전일제 일자리를 얻을 수 없어서 어쩔 수 없이 시간제 근로를 하는 경우를 지칭한다. 비자발적 시간제 근로 비율은 고용 지표 중에서 취약 계층 일자리 문제의 심각성을 보여주는 대표적인 지표이다. 분석 대상 국가들은 다음과 같은 세 가지 유형으로 분류할 수 있다.

첫째, 비자발적 시간제 청년 근로자가 급증한 유형으로 이탈리아, 그리

그림 9-1 | 국가별 청년층 비자발적 시간제 근로 비율(2000~2014) (단위: %)

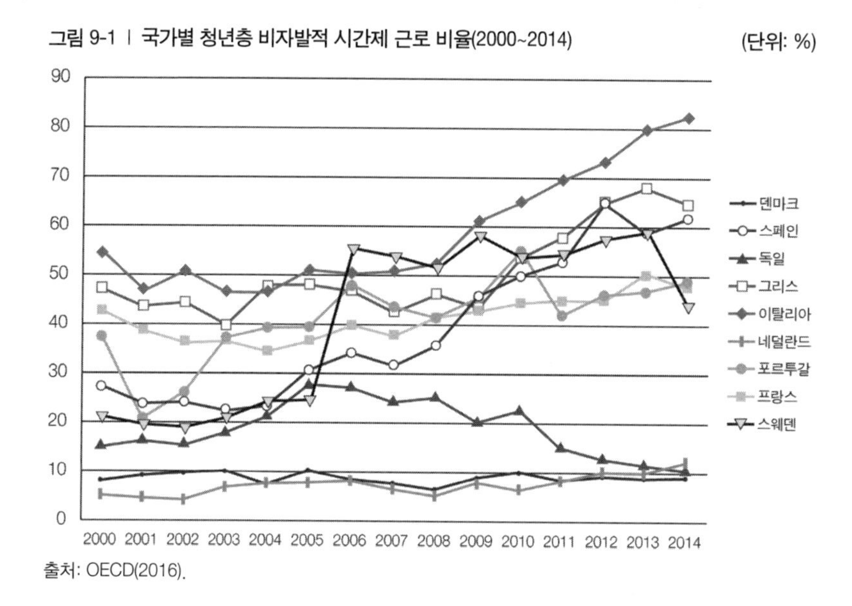

출처: OECD(2016).

스, 스페인이 이에 속한다. 2000년대 중반 이후 경제 위기를 경험하면서 청년 실업률이 증가하여 청년들이 전일제 일자리를 얻을 수 없는 비율이 급증하는 양상을 보인다. 이탈리아의 경우, 2000년 53%였던 비자발적 시간제 근로 비율이 2014년에는 84%까지 치솟았다. 이탈리아 청년들은 거의 대부분 전일제 일자리를 구할 수 없어서 시간제 근로를 하는 것으로 나타났다.

둘째, 비자발적 시간제 근로가 점증하는 유형이다. 프랑스, 포르투갈에서는 청년들의 비자발적 시간제 근로가 2000년 40% 수준에서 서서히 증가하여 2014년에는 50%에 조금 못 미치는 비율을 보이고 있다. 스웨덴의 경우, 2000년대 중반에 급증하다가 최근 들어서 급감했다.

셋째, 네덜란드와 덴마크의 경우 2000년대 이후 청년들의 비자발적 시간제 근로가 10% 정도의 낮은 수준으로 지속되고 있다. 이 국가들에서는 근로조건에서 전일제 일자리와 시간제 일자리 간의 차별이 적고, 시간제 근로자들이 자신의 일자리에 대해 높은 만족도를 보이고 있다(Wielers, 2013). 독일의 경우, 하르츠Hartz 개혁이라 불리는 노동시장 개혁 이후 시간제 근로의 확대에 따라 2005년 28%까지 증가했던 청년들의 비자발적 시간제 근로 비율이 2014년에는 11%로 급감하는 양상을 보였다. 세금과 사회보장 기여금을 납부하지 않는 미니잡Minijob이라는 시간제 근로의 비중이 급격히 증가하면서 상대적으로 비자발적 시간제 근로 비율이 감소한 것이다. 이는 유럽 국가 중에서 경제 위기의 영향이 적은 독일의 경제 상황을 반영한 것이기도 하다.

남유럽 청년의 사회적 배제와 탈주

이러한 각국의 경제적 조건과 청년들의 일자리 상황은 청년들의 사회 통합에 어떠한 영향을 미치는가? 유럽연합 집행위원회에서는 청년층을 대상으로 주요 쟁점에 대해 설문 조사를 진행해왔다. 2014년 유럽연합 청년 조사를 통해 유럽연합 소속 28개국 16~30세 청년층 1만 3437명을 대상으로 사회적 배제, 경제 환경 변화에 따른 교육훈련의 실효성, 취업을 위한 이민 의향 등 청년들의 일자리 문제에 관한 설문 조사를 수행했다(European Commission, 2014). 여기에서는 국가 간 비교 연구에 활용한 15개국의 결과를 살펴보았다.

〈그림 9-2〉의 조사 결과와 같이, 57%의 청년들은 '경제 위기로 인해 청년층이 사회적·경제적으로 배제된다'고 응답했다. 사회적 배제의 정도는 국가별로 상당한 편차를 보였다. 분석 대상 15개국 중에서 경제 위기의 영향을 심각하게 받은 그리스, 스페인, 포르투갈, 아일랜드, 이탈리아의 청년들은 70% 이상이 경제 생활과 사회 생활에서 더욱 배제되었다고 응답했

그림 9-2 | '경제 위기로 인해 청년들이 사회적·경제적으로 배제된다'(동의 비율) (단위: %)

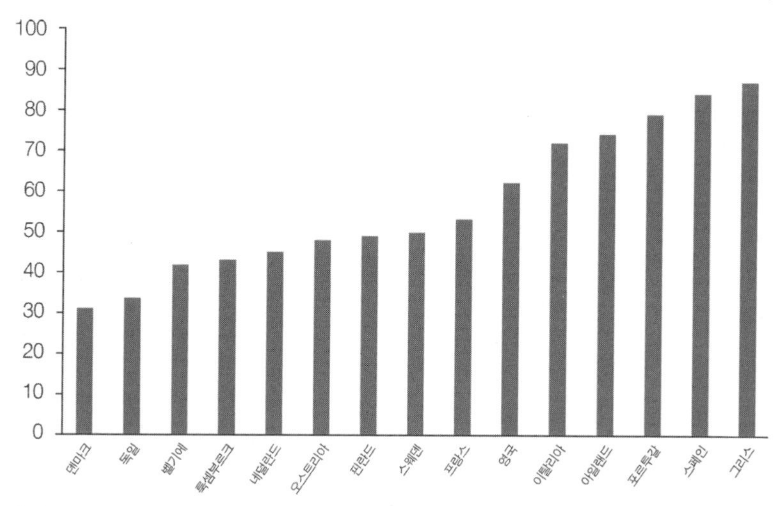

출처: European Commission(2014).

다. 이 국가들에서 청년들은 경제 위기의 충격으로 높아진 청년 실업률을 체감하는 등 극심한 사회적·경제적 배제를 경험하고 있다. 반면 경제 위기의 영향을 적게 받은 덴마크, 독일 청년들은 35% 미만의 동의 비율을 보였다.

현재의 '교육훈련제도는 직업 생활의 변화에 적절히 대응하고 있다'는 의견에는 〈그림 9-3〉과 같이 청년들의 61% 정도가 그렇다고 응답했다. 이러한 응답에도 국가별 편차를 보였다. 전통적으로 청년들의 교육훈련을 통한 노동시장 적응을 강조해온 국가인 네덜란드. 벨기에, 독일, 핀란드의 청년들은 75% 이상의 높은 동의 비율을 보였다. 이 국가들에서는 적극적 노동시장 정책을 통해 탈산업화, 세계화에 따른 산업구조의 변동, 구조 조정에 따른 직업훈련, 평생교육의 필요성을 강조해왔다(Thelen, 2014). 반면 그리스, 스페인, 이탈리아 등은 40% 미만의 낮은 동의 비율을 나타냈다.

그림 9-3 | '교육훈련 제도는 직업 생활의 변화에 적절히 대응하고 있다'(동의 비율) (단위: %)

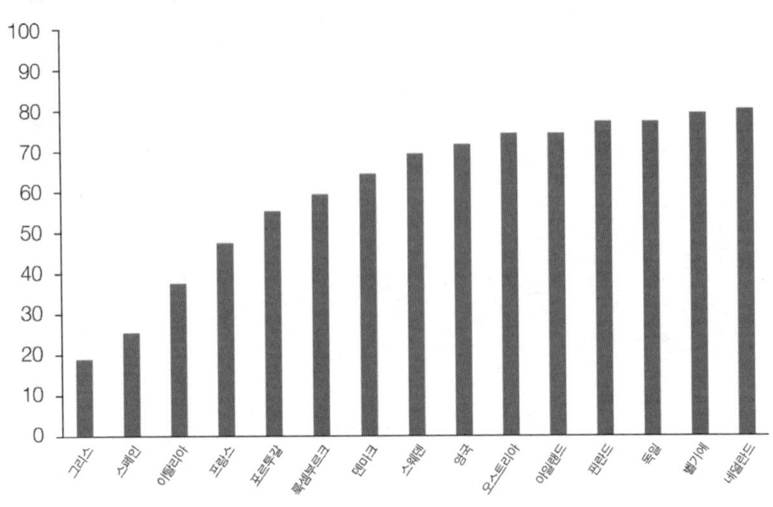

출처: European Commission(2014).

그림 9-4 | '경제 위기로 다른 유럽연합 국가에서 교육받거나 취업할 수밖에 없다'(동의 비율)(단위: %)

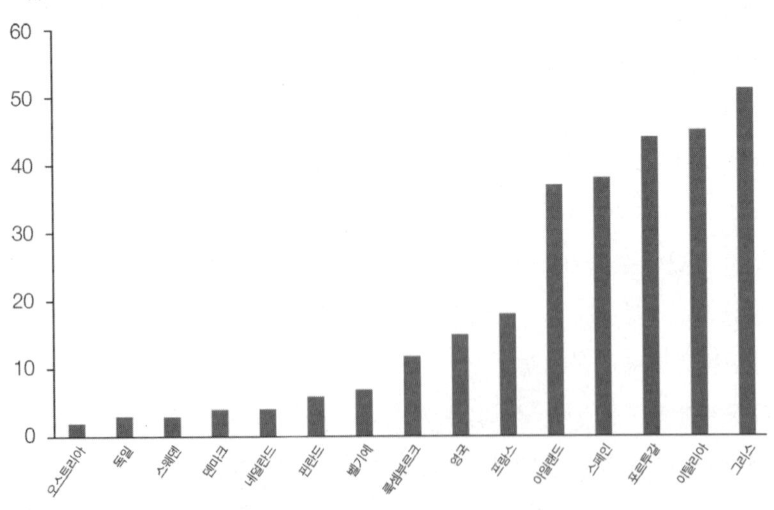

출처: European Commission(2014).

이 국가들의 청년들은 산업과 직업의 변화에 걸맞은 교육훈련을 제공받지 못한다고 인식하고 있다.

〈그림 9-4〉는 경제 위기로 인해 다른 유럽연합 국가에서 교육받거나 취업할 수밖에 없다고 인식하는 비율을 나타낸 것이다. 15개 국가의 청년층의 약 19%는 다른 유럽연합 국가로 이주하여 진학하거나 직업을 얻을 수밖에 없다고 인식했다. 이 비율도 국가 간 편차가 심했다. 청년 실업률이 높아 직업을 갖기 어려운 그리스, 이탈리아, 포르투갈에서는 40%가 넘는 청년들이 진학하거나 취업 기회를 얻기 위해 다른 유럽연합 국가로의 이주를 고민하고 있다고 응답했다. 이러한 청년들의 실제적인 이민은 이 국가들의 성장 잠재력을 약화시키고, 고령화를 가속화시키는 악순환으로 이어질 가능성이 있다(박종훈, 2013). 반면 오스트리아, 독일, 스웨덴에서 다른 유럽연합 국가로 이주를 생각하는 청년들은 5%에도 미치지 못했다.

남유럽 국가의 복지 정치와 세대 갈등

이 장의 분석에서 살펴보았듯이, 각국의 인구 및 사회정책, 고용 및 소득 수준은 세대 갈등과 연대의 수준과 관련을 맺었다. 이러한 분석은 각국의 인구 특성과 국가와 시장 등 공적 영역에서 정치적·경제적 자원 배분의 세대 간 차이가 세대 갈등의 구조적인 요인으로 작용하는 점을 보여준다. 또 다른 구조적 요인으로 복지정책도 세대 갈등과 관련을 맺고 있다.

그리스, 이탈리아, 스페인, 포르투갈 등 남유럽 국가의 경우 높은 수준의 세대 갈등을 보였다. 노인의 사회 기여에 대한 평가가 낮았고, 노인에 대한 반감도 상대적으로 컸다. 남유럽 복지국가들의 경우, 소득보장제도가 직업집단별로 분절되어 파편화된 구조를 띤 것이 특징이다(김혜란, 2008,

2011; 유호선, 2014). 이는 단지 공적연금을 비롯한 복지정책의 특성이 아닌 노동자 집단의 분절화와 관련된 것이다(김혜란, 2008).

남유럽 국가들에서 보이는 노동자 집단의 분절화는 노동, 복지 정치와 관련이 있다. 자본과 노동에 비해 상대적으로 세력이 약한 국가는 자신의 정당성을 유지하기 위해 특정 노동자 집단에 대한 특혜를 제공했다(김혜란, 2008, Beramendi et.al., 2015). 특정 노동자 집단에 대한 높은 소득 대체율을 보이는 연금제도를 도입하여 지지를 이끌어냈으며, 이들은 정부에 대한 굳건한 지지 세력으로 활동했다. 한편 정부에 포섭, 동원되지 못한 노동자 집단들은 각종 사회보험의 혜택에서 제외되었다(김혜란, 2008, 유호선, 2014). 이러한 노동자 집단 간의 분열과 갈등은 증폭되고, 정부에 동원되는 집단의 세대별 분포에서도 차이가 나타나게 되었다. 중장년층 및 노령층은 사회보험의 혜택을 받는 핵심 노동자 집단을 형성하고, 청년층은 안정된 직장을 얻지 못하는 상황이 빚어졌기 때문이다. 이로 인해 이 국가들에서는 안정된 직장을 둘러싼 갈등이 세대 갈등으로 표출되었다.

남유럽 국가들이 스웨덴 등 스칸디나비아 복지국가와 다른 중요한 차이점 중 하나는 사회 투자보다는 연금 등 소득 이전 중심의 복지 시스템을 구축하고 있다는 점이다(Esping-Andersen, 1999). 미래 세대의 성장과 숙련 형성을 위해서는 교육훈련에 대한 투자 성격의 지출을 확대하는 것이 필요하다. 그러나 사회 투자 개혁은 연금 수급자 집단의 지지에 기반을 둔 정당에 의해 번번이 좌절되었다(김혜란, 2008; 유호선, 2014).

그리스는 1990년대에 공적연금 재정 위기에 직면하여 재정 안정을 증진하기 위한 과도한 연금 지출에 대한 개혁을 시도했지만, 재정안정화를 위한 근본적인 개혁을 이루지는 못했다(유호선, 2014). 결국 그리스는 2010년 재정 위기에 직면하여 유럽연합과 국제통화기금IMF의 구제금융을 받는 조건으로 연금 개혁을 강요받았다(유호선, 2014; Beramendi, 2015). 그리스는 연금제도의 재정안정화를 위한 연금 지출 삭감 등의 개혁 요구에 순응하여 강도 높은 연금 개혁을 추진하고 있다(유호선, 2014). 이러한 남유럽 국가의 경험은 노동시장 개혁, 연금 개혁 등 개혁 정책을 둘러싼 갈등을 효과적으로 해결하지 못하는 정치 상황이 실업 증가 등 청년들의 절망으로 이어지고, 세대 갈등의 격화로 귀결되는 악순환을 보여준다. 다음 장에서는 낮은 수준의 세대 갈등을 보이는 국가들이 경제 위기, 복지 재정 위기에 직면하여 어떠한 노동시장정책을 통해 해법을 마련했는지를 살펴볼 것이다.

10 노동시장, 복지 개혁과 세대 갈등*

스웨덴, 네덜란드, 덴마크, 독일의 경험

노동시장, 복지 개혁을 통한 세대 갈등 완화

앞 장에서는 국가별 인구, 사회 지출, 고용 등 각종 통계 지표를 중심으로 세대 갈등의 국가별 변이와 관련된 특성이 무엇인지를 살펴보았다. 영국, 네덜란드를 제외하고, 세대 갈등이 낮은 국가들은 스칸디나비아 반도의 사민주의 복지국가이다. 이 국가들은 조세 기반의 보편적 복지, 높은 수준의 사회 지출, 적극적 노동시장정책, 사회 서비스 발달 등 사회 투자 국가의 성격을 지닌다(Beramendi et.al., 2015: 29-30). 이 장에서는 낮은 수준의 세대 갈등을 보이는 스웨덴, 네덜란드, 덴마크와 중간 수준의 세대 갈등을 보이는 독일에 관한 사례연구를 수행할 것이다. 낮은 수준의 세대 갈

* 이 장의 일부 내용은 Beramendi et.al.(2015)와 Thelen(2014)를 참고하여 구성했다.

등을 유지하는 국가에서는 어떠한 정책을 통해 세대 간 연대 의식을 증진시켜왔는지를 밝힐 것이다.

세대 갈등에 영향을 미치는 중요한 복지제도 중의 하나는 노령연금이다. 그러나 이 장에서는 주로 노동시장정책에 주목할 것이다. 그 이유는 노동시장정책에 대한 분석을 통해 세대 갈등이 촉발되는 핵심 영역인 청년층의 일자리 문제를 각국이 어떻게 해결하였는지를 밝힐 수 있기 때문이다. 또한 노동시장정책은 탈산업화, 세계화, 복지국가 재정 위기와 같은 복합적인 환경 변화에 대한 이해 당사자(정부, 기업, 노동) 간의 상호작용과 대응을 효과적으로 관찰할 수 있는 영역이기 때문이다. 복지정책의 경우에도 주로 실업자, 빈곤층에 대한 복지정책의 변화를 주로 살펴보면서 이들에 대한 여론의 변화를 파악하고자 했다.

스웨덴의 경험, 유연안정성과 적극적 노동시장정책

스웨덴은 높은 노동조합 조직률을 지닌 강력한 노동자 조직이 자본가 조직과 지속적인 협의를 통해 노동시장과 사회정책의 개혁을 실현하는 성공적인 경험을 축적해왔다(Beramendi et.al., 2015). 공공부문 서비스의 확대를 통해 여성과 청년층 취업을 증진하는 방식으로 세계화와 복지국가 재정 위기에 대응하여왔다. 그 결과, 스웨덴을 비롯한 사민주의 복지국가에서는 자유주의 국가 및 보수주의 복지국가와는 달리 낮은 수준의 불평등을 유지하는 성과를 보이고 있다.

노사 간의 협의를 통한 노동시장과 복지 개혁을 추진해왔던 스웨덴의 전통은 점차 약화되어온 것도 사실이다(Beramendi et.al., 2015). 1990년대 들어서면서 스웨덴은 극심한 재정 위기에 봉착하게 되어 그동안 유지해왔던 노사관계체제와 보편적 복지제도를 구조 조정하는 시도를 했다(Beramendi et.al., 2015). 노사관계가 재편되어 중앙 차원의 전국적 단체교섭은 점차 약화되고 지역별, 사업장 수준의 단체교섭으로 전환되었다(Baccaro and Howell, 2011).

노동시장 유연화와 고용보장정책의 결합

스웨덴은 노동시장의 유연성을 증진하는 노동 개혁을 통해 기업의 경쟁력을 향상시키려고 노력했다. 고용주의 노동자에 대한 고용 및 해고 권한을 강화하여 국내외 경기 변동에 신속하게 대응함으로써, 경쟁력을 강화하고, 투자 유인을 증진하려는 목적이었다(Beramendi et.al., 2015). 한편 경기변동에 따라 해고 위험에 직면한 노동자의 고용 안정을 위해, 실업보험을 통한 생계급여 지급, 취업 훈련 프로그램을 제공하는 사회보장이 동시에 이루어졌다. 실직한 노동자가 자신의 적성에 맞는 일자리를 얻을 수 있도록 취업에 필요한 기술 습득을 지원함으로써 노동자의 직장 보장이 아닌, '고용 보장'을 증진하는 정책을 추진했다(조돈문, 2015). 또한 개인이 원하는 직업을 갖기 위한 교육훈련에 대한 적극적인 지원이 생애 전체에 걸쳐서 이루어지고 있다. 취업 훈련뿐만 아니라 평생교육 프로그램 등 생애에 걸친 학습을 강조하는 사회의 분위기는 개인과 기업 경쟁력의 굳건한 토대가 되고 있다.

이와 같이 스웨덴은 유연안정화정책이라고 불리는 유연한 노동시장과 실직자를 위한 소득 보장이 결합된 노동복지체제를 추진했다. 그 결과로 탄생한 유연안정성은 노사 간의 협의 전통이 오랜 기간 동안 진행되어왔던 스웨덴, 네덜란드, 덴마크 등의 국가에서 찾아볼 수 있는 독특한 현상이다. 유연안정화정책은 고용주와 노동자 쌍방의 이해관계를 반영한 정책

조합이며, 세계시장의 변화에 대한 신속한 적응을 이루기 위한 노사 간의 긴밀한 합의에서 비롯되었다(Thelen, 2014). 소비자의 수요 변동에 따른 기업의 생산 조정, 고용 조정을 신속하게 진행하는 과정에서 노동자 해고 조치는 불가피하다. 고용주는 유연한 노동시장에서 노동자의 채용과 해고에 대한 권한을 확대하고 노동자에 대한 통제와 순응을 유도할 수 있었다. 노동자들은 노동시장 유연화를 수용하는 대가로 실직 시 소득 보장, 취업 훈련, 취업 서비스를 통해 새로운 직장을 얻을 수 있는 기회를 갖게 되었다(Thelen, 2014). 조직된 노동자의 역량은 노사 간 타협과 합의를 유도할 수 있는 중요한 조건이었다.

조직노동자와 공공·사회서비스 전문직과의 연합도 유연안정화정책의 정치적 기반으로 작용했다(Thelen, 2014; Beramendi et.al., 2015). 스웨덴에서 사회투자정책을 통한 공공 부문 서비스의 확대는 공공·사회서비스 전문가 집단의 정치적 영향력을 증대시켰다(Esping-Andersen, 1996; Beramendi et.al., 2015; Oesch, 2013). 주로 공공 부문에 소속된 전문가 집단은 스웨덴의 사회 투자 지향의 복지정책을 지지하고 확대하는 역할을 수행했다. 이들은 조직된 노동자 집단과의 정책 연대를 통해 선거에서 핵심적인 영향력을 행사했다(Beramendi et.al., 2015).

높은 수준의 노동자 보호, 비정규직의 동등 처우

OECD 국가 중에서 스웨덴은 노동시장의 유연성이 상대적으로 높은 국가지만, 이는 노동관계법령에 근거한 분석 결과이다(조돈문, 2015). 법령과는 달리, 스웨덴에서는 노사 간의 단체교섭 결과가 고용 관련 규칙에 상당한 영향을 미친다. 고용 관련 법령에서 보이는 유연성과는 달리, 강력한 산업별 노동조합이 뒷받침하는 단체교섭에서는 높은 수준의 노동자에 대한 보호가 이루어진다(조돈문, 2015).

계약직 등 비정규직 노동자에 대해서도 마찬가지이다. 비정규직 노동자에 대한 차별 금지가 법령과 단체교섭에 규정되어 있기 때문에 고용주가 노동비용 감소를 목적으로 비정규직을 고용하는 유인이 영국과 미국 등 자유주의 복지국가에 비해 낮다고 할 수 있다. 이는 비정규직 문제에 대한 해법을 모색하는 데 중요한 시사점을 제공해준다. 결국 비정규직에 대한 임금, 승진, 복지 등에서의 차별 금지가 청년과 여성의 경제활동 참여를 증진하는 실효성 있는 정책으로 이어질 수 있기 때문이다.

스웨덴의 신자유주의적 개혁은 보편주의적 복지의 기본틀을 유지하면서 진행되어왔다(Thelen, 2012, 2014). 노사관계의 탈중앙화, 시장지향적 노동시장정책은 평등주의적 사회정책과 결합되어 진행되고 있다. 시장의 변화에서 뒤처진 저소득층 노동자의 적응을 지원하는 정책이 추진되고 있다. 현재까지는 스웨덴에서 평등과 시장 효율성의 균형이 성공적으로 이루어지고 있는 것으로 평가되고 있다(Emmenegger et.al.,2012; Martin and Swank, 2012; Häusermann and Palier, 2008; Pontusson, 2011). 그 결과 스웨덴에서는 청년 세대와 노인 세대 간의 세대 갈등이 매우 낮은 수준을 보이고 있다.

네덜란드의 경험: 활성화와 유연안정성 강화

네덜란드 병, 진단과 처방

네덜란드는 제2차 세계대전 이후 국가의 강력한 개입을 통해 노동자 보호를 위한 고용 안정을 강화하고, 임금 규제를 통해 노동비용 상승을 억제할 수 있었다. 그러나 1960~1970년대에 네덜란드 병Dutch Disease이라는 심한 몸살을 앓았다(Thelen, 2014). 국가 개입에 따른 임금 규제, 실업정책 등이 탈산업화, 저성장이라는 변화된 환경에서는 제대로 작동하지 않았기 때문이다(Hemerijck and Visser, 2000). 당시 네덜란드는 실업 문제 해결을 위해 조기퇴직정책을 시행했다(권형기2007b; Thelen, 2014). 그러나 이러한 정책도 별다른 효과가 없었다. 오히려 많은 실업자와 퇴출된 근로자가 더 많은 급여를 받기 위해 실업보험이 아닌 장애보험이나 질병보험을 통해 급여를 제공받는 등 정부의 재정 압박이 가중되는 결과를 초래했기 때문이다(권형기, 2007b; Thelen, 2014). 1980년대에 들어서도 실업률은 1980년 4.3%에서 1983년 11.7%에 이르는 경제 위기를 맞게 되었다(Wieler, 2013).

경제 위기 속에 네덜란드는 1982년 바세나르 협약Wassenar Accord을 통해 정책 전환을 이루게 된다. 노동자들은 임금물가연동제 폐지를 통해 임금 인상 억제를 수용하는 한편 기업은 노동시간 단축을 수용하여 제품과 서비스의 경쟁력을 강화하는 전략을 선택했다(정병기, 2004; 권형기, 2007b; 선학태, 2015). 노사 간의 타협이 이루어질 수 있었던 배경에는 국가의 조정능력이 있었다(Thelen, 2014). 그래서 이를 새로운 형태의 거시적 조합주의 또는 신조합주의라고 지칭하기도 한다(Thelen, 2014; Keune, 2016).

네덜란드는 점차 사회 투자를 강조하고, 비경제활동인구의 경제활동 참여와 취업 가능성을 높이는 활성화activation 지향 체제로 변모했다(Beramendi et.al., 2015). 네덜란드는 이미 1980년대에 보수적인 기민당과 자유당CDA-VVD 중도우파 정부에서 활성화 전략을 지지해왔다. 근로 우선Work First 전략이 추진되면서 소득 이전 프로그램의 수급 자격 요건에 노동시장 참여를 부과하는 등 복지 수급자의 노동시장 참여를 강조하는 정책을 시행했다(Keune, 2016). 1989년 기민당과 사민당의 연정이 이루어지면서, 뤼버르스Lubbers 정부는 경쟁지향적인 활성화 전략과 함께 최저임금 물가 연동 등 저소득층의 생활 안정을 병행하는 정책을 추진했다(Hemerijck, 2013).

유연안정성 강화, 비정규직 일자리 개혁

1990년대 들어서 네덜란드는 정규직과 비정규직 간의 동등한 처우를 보장하면서 유연안정화정책을 지속적으로 추진했다. 사민당 정부는 여성의 노동시장 참여를 확대하고, 저소득층을 위한 세금 공제, 비정규직 근로자의 고용조건 향상을 모색했다(Visser and Hemerijck, 1997). 1993년 신노선 협약New Course Pact에서는 고용 창출 전략으로서 정규직 보호를 완화하고, 비정규직의 사회보험 혜택 개선 등 비정규직 일자리의 질을 향상시키는 정책을 추진했다(선학태, 2015; Wilthagen and Tros, 2008; Wielers, 2013; Thelen, 2014). 시간제 근로자의 최저임금, 휴가비 제공 등 근로 환경 기준을 향상하고, 전일제 근로자의 근로시간을 단축하는 내용이 포함되어 있다(Wielers, 2013). 또한 생애 전반에 걸친 직업훈련에 대한 지속적인 지원을 강조했다.

1990년대 초반, 경제 위기에 처한 상황에서 노동조합은 사민당의 새로운 전략을 수용할 수밖에 없는 처지에 놓여 있었다. 노동조합은 비정규직 노동자의 근로조건 개선을 추진했다. 여성 노동자와 여권 운동가들이 시간제 비정규직 근로자와 정규직 근로자 간의 평등을 주장한 것도 정책 변화의 기반이 되었다(Wielers, 2013; Thelen, 2014).

이후 사민당·자유당SD·L 연합, 이른바 퍼플 연합 정부도 유연안정화를 지속적으로 추구하는 개혁을 진행했다(Thelen, 2014). 이들은 시간제 일자리로 고용된 근로자의 정규직화를 주장했으며, 1996년 근로시간 차별금지법WVOA: Wet Verbod Onderscheid Arbeidsduur을 통해 임금, 상여금, 직업훈련을 비롯한 근무 조건에서 정규직과 비정규직 노동자의 동등한 처우, 임시직 파견 근로자의 권리를 향상시키는 제도적 장치를 마련했다(권형기, 2007a; Wielers, 2013; Thelen, 2014). 이제 시간제 근로자는 임금과 사회보장에서 전일제 근로자와 평등한 대우를 받을 수 있는 권리를 보장받게 되었다(Wilthagen and Tros, 2008).

1999년에 시행된 유연안정성법Flexibility and Security Act에서는 노동유연성과 고용안정성 간의 균형을 유지하는 노력이 확대되었다(선학태, 2015; Wilthagen and Tros, 2008). 기업에서 기간제로 고용하는 근로자의 유형에 대한 제약을 완화하는 동시에 파견 근로자의 고용 안정을 유도했다. 26주 이상 고용하는 경우에는 무기 계약직으로 고용해야 하는 고용 안정을 증진하는 방안이 추진되었다(Wilthagen and Tros, 2008; Thelen, 2014). 당시 경기 회복에 따른 노동력 공급 부족은 시간제 근로자를 비롯한 비정규직 근로자의 입지를 개선할 수 있었던 중요한 배경이 되었다(Wielers, 2013).

2000년에 발효된 근로시간조정법Working Hours Adjustment을 통해, 노동자들은 자신의 근로시간을 단축할 수 있는 권한을 부여받게 되었다(김유휘·이승윤, 2014; Wielers, 2013). 노동자들이 근로시간 조정을 요청할 경우, 부서간 이해관계 문제 등 특별한 사정이 없는 한 회사는 이를 허용해야 한다(Wilthagen and Tros, 2008). 한편 시간제 근로자들도 전일제로 근로할 수 있는 선택권을 부여받게 되었다(Thelen, 2014). 기업들은 정규직 근로자 고용에 따른 사회보장 기여금 부담을 회피하거나 노동비용을 절감하기 위한 목적보다는, 주로 노동 유연성을 확보하기 위해 비정규직 근로자를 고용했다(Levy, 1999).[1] 또한 여성 고용 확대를 위한 보육 서비스 제공과 함께 다양한 경제활동 활성화 전략은 시간제 등 비정형 근로자를 통합하고 노

1 예를 들어 파견 근로자가 한 회사에 26주 이상 근무한 경우, 해당 회사 직원과 동등한 임금을 받을 권한을 얻는다. 파견 업체에 지출하는 비용을 합산하면 파견 근로자에게 지출하는 비용이 정규직 직원에게 지출하는 비용보다 높아진다(Wilthagen and Tros, 2008). 따라서 파견 근로자 고용은 비용 절감보다는 노동 유연성 확보를 위해 주로 시행된다.

동자 간의 평등을 증진하는 성과를 얻을 수 있었다. 결국 이러한 시간제 근로자 등 비정규직 근로자의 지위를 향상시키려는 지속적인 노력이 여성과 청년들의 경제활동 참여를 증진할 수 있는 비결이었다(김유휘·이승윤, 2014; Wielers, 2013).

네덜란드는 스칸디나비아 복지국가에서 활용하는 노동자의 교육과 훈련을 강조하는 사회투자정책을 추진했다(Thelen, 2014). 1990년대 이후, 직업훈련에 대한 지원을 강화하여 평생에 걸쳐 직업교육을 지원하고 있다. 직업훈련은 정부가 재정을 지원하여 진행되며, 전 산업의 모든 노동자가 혜택을 받을 수 있는 보편적 성격의 직업훈련 서비스가 제공된다(Trampusch and Eichenberger, 2012). 네덜란드에서는 독일과는 달리 직업훈련, 특히 청소년 대상의 초기 직업훈련에서 민간 부문, 기업에 상대적으로 덜 의존하는 경향을 보인다. 이는 네덜란드의 서비스업 중심의 산업구조와도 관련을 맺는다. 직업훈련 교과과정에서도 서비스 부문의 고용에 요구되는 일반적인 기술의 숙련을 강조하고 있다(Anderson and Hassel, 20012). 정부는 평생교육과 고용가능성employability을 강조하면서, 산업 부문별 훈련기금을 조성하고, 정부가 기금을 지원하는 방식을 취했다(Anderson and Hassel, 20012; Thelen, 2014에서 재인용). 그 결과, 정부가 재정을 지원하는 학교 기반의 훈련이 직업훈련에서 지배적인 위치를 차지하게 되었다.

네덜란드의 고용 창출: 시간제 일자리를 통한 여성 고용 확대

탈산업화에 따라 제조업 고용이 점차 감소하는 상황에서 네덜란드는 서비스업을 중심으로 여성 고용을 확대하는 전략을 취했다(Thelen, 2014). 제조업 남성 근로자의 고용이 축소되고 소득이 감소했기 때문에 가구 소득을 보충하기 위해 여성이 서비스 부문 시간제 고용에 참여해야 할 필요가 있었다(Visser, 2002). 전통적인 보수주의 복지국가였던 네덜란드에서는 취업 여성의 전일제 근로를 위한 보육 시설과 서비스가 부족한 상황이었다. 그래서 자녀가 있는 여성들은 주로 시간제 고용에 참여한 측면도 있었다. 제조업과는 달리 서비스업 고용주도 시간제 고용을 지지하는 입장을 보였다. 이들은 경기에 따라 유연하게 근로자 채용 권한을 확보할 수 있는 시간제 고용을 선호했다(Wielers, 2013).

네덜란드 고용 창출의 기적은 여성의 고용을 확대하여 전체 고용률을 높인 결과이다(권형기, 2007b; Thelen, 2014; Keune, 2016). 여성의 노동참여를 통해 가구 소득을 보완하고, 증가된 소득은 수요를 진작시켜 경제를 활성화하는 데 기여한 것이다(권형기, 2007b; Thelen, 2014). 네덜란드 고용 증가의 상당 부분은 시간제 일자리의 증가에서 비롯되며, 시간제 일자리는 자발적 선택의 결과이다. 네덜란드에서 시간제 일자리 중에서 비자발적인 시간제의 비중은 13%로 매우 낮은 비율을 차지하고 있다(OECD, 2016).

이러한 네덜란드의 경험은 정체 상태에서 벗어나지 못하는 한국에서 여성의 경제활동 참가율을 어떻게 확대할 수 있는지에 대한 해법을 제시해 준다. 네덜란드에서 시간제 일자리를 선택하는 중요한 이유 중의 하나는 정규직 전일제 근로자와 동일한 해고 보호, 건강보험 적용 등의 혜택이 시간제 일자리에도 적용되기 때문이다(Vierbrock and Clasen, 2009). 시간제 근로자의 경우에도 각종 사회보험급여의 혜택을 받을 수 있고, 정규직과 동일한 단체협약을 적용받는다(Thelen, 2014). 즉 정규직과 비정규직 간의 차별을 철폐한 것이 시간제 일자리의 고용을 확대하는 데 상당한 기여를 한 것이다.

그 결과, 시간제 근로자들은 높은 직업 만족도를 보여주고 있다(김유휘·이승윤, 2014; Thelen, 2014). 임금, 상여금, 휴가 등 근무 조건 개선과 사회보장 증진 등을 통한 전일제와 시간제 근로자 간의 차별 철폐가 시간제 근로자들이 높은 만족도를 보이는 핵심적인 요인이다(김유휘·이승윤, 2014; Wieler, 2014). 이러한 네덜란드의 사례는 다른 국가의 유연안정화정책과 비교할 때 시간제 노동에서 차이를 보인다. 네덜란드는 시간제 노동자의 지위를 높이는 개혁을 추진하고, 이들의 교육훈련에 대한 접근성을 향상시킴으로써 노동생산성을 증진시켰다. 이 과정에서 네덜란드 정부는 노사 간의 타협을 이끌어 내고, 교육훈련기금에 대한 재정적인 지원을 하는 등 적극적인 역할을 수행했다.

네덜란드의 문제: 노동시장 유연화의 강화, 정규직과 비정규직의 성별 격차

유연안정화 전략을 추진했던 네덜란드에 문제가 없는 것은 아니다. 최근 네덜란드는 점차 공공 부문의 재정을 통제하는 신자유주의적 색채를 보이고 있다. 최저임금, 건강과 교육예산을 삭감하는 등 그동안 성공적이었던 사회적 협약이 쇠퇴하는 양상을 보이고 있다. 고용 창출이라는 성공의 이면에는 실업률 증가가 감춰져 있다. 비생산적 노동자들은 질병급여를 받으며 노동시장에서 퇴출되어 실업률 통계에는 집계되지 않기 때문이다(Thelen, 2014).

높은 수준의 고용률을 떠받치는 비정규직 노동의 불안정성, 저소득, 사회보장 및 교육 접근성 약화 등의 문제도 심화되고 있다(Keune, 2016). 파견 근로자 보호를 위한 규제 장치가 점차 완화되면서 유연화가 강화되는 추세이기도 하다. 이는 점차 청년층에게 부정적인 영향을 미칠 것으로 전망된다. 파견 근로자의 경우, 비정규직에서 정규직으로 전환 비율이 1990년대 말 43%에서 2011년에는 28%로 감소했다(Muffels, 2013; Keune, 2016에서 재인용). 15~24세 청년층의 절반 이상이 파견 근로자인 상황을 고려하면 청년근로자의 정규직 전환이 매우 어려울 수 있다(Keune, 2016).

또한 적극적인 노동시장 참여 등 활성화 전략을 모색했지만 빈곤층, 소수 인종, 노령 실업자 등 취약 계층에 대한 투자는 미약한 실정이다(Van Oorshot, 2000; 김종건, 정희정, 2003에서 재인용). 이후에 살펴볼 덴마크와 비교할 때, 네덜란드는 여전히 40%의 상대적으로 높은 장기 실업률을 보인다. 교육훈련에 대한 접근성도 감소하는 경향을 보인다(Thelen, 2014). 높은 수준의 임시직과 계약직 근로는 장기적인 숙련 형성을 유도하기 어려우며, 높은 수준의 반이민 정서는 노동력의 공급을 제약하고 있다.

시간제 고용의 확대를 통한 경제 활성화 전략은 현재 고용된 정규직 근로자(주로 남성 근로자)와 그들의 가족들(여성 근로자)이 노동시장에 모두 참여함으로써 소득 감소 위험에 대비하는 위험 분담 형태를 취하고 있다. 따라서 정규직과 비정규직의 고용형태에서 상당한 성별 격차가 나타나고 있다(Thelen, 2014). 한편, 경제 위기에 대한 대응 방식으로 사회 투자를 강화하면서 아동수당이 삭감되고, 저소득층과 여성 근로자는 새로운 복지 혜택을 받지 못하는 현상도 나타나고 있다(Hemerijck and Van Hooren, 2012).

2000년대 이후 네덜란드에서도 노동시장의 이중화 경향이 진행되면서, 2013년에는 노사정 파트너들이 '사회적 기업적 국가를 위한 시각: 2020년까지 양질의 일자리를 통한 위기 극복Perspective for a Social and Enterprising Country: out of crisis, with good jobs, towards 2020'이라는 새로운 사회적 협약을 체결했다(Keune, 2016). 이 협약에서는 과도한 유연화 개선, 실업급여 개혁, 청년 근로자 고용 확대 등을 모색하고 있다. 새로운 협약을 통해 노사정 파트너들이 네덜란드가 직면한 사회적·경제적 문제를 어떻게 해결하는지는 좀 더 지켜볼 필요가 있다.

덴마크의 유연안정화 노동복지정책

신자유주의적 노동복지 개혁

1970~1980년대 덴마크의 노동복지정책은 실업급여 제공을 통한 실업자의 생계유지에 초점을 맞춘 수동적인 성격을 띠었다(Torfing, 1999). 그러나 1982년에 등장한 중도우파 연합 정부는 자본시장 자유화뿐만 아니라 노동복지정책을 신자유주의 방향으로 전환했다(Thelen, 2014). 중도우파 정부는 조직 부문 노동자들의 영향력을 약화시키면서 적극적 노동시장정책을 도입했다. 장기간의 실업급여 수급에 따른 복지 의존 문화에 대한 해법으로 실업보험을 개혁했다(Torfing, 1999). 중도우파 정부는 실업급여 수급 기간을 단축하고, 실업자들의 기술 개발을 위한 교육 및 기술 훈련을 지원하는 정책을 추진했다(Torfing, 1999).

이러한 노동복지 개혁은 1993년 사민당 집권 후에도 지속적으로 이어졌다. 노동시장정책은 실업급여 제공에서 실업자의 취업 지원 서비스와 직업훈련 서비스 등을 강조하는 적극적 노동시장정책으로 변모했다(권형기, 2007a). 복지급여 수급을 위해 근로와 취업 훈련에 의무적으로 참여할 것을 강조하면서, 실업자들의 노동시장 재진입을 촉진하는 활성화 정책을 강력하게 추진했다(정원호, 2005). 자격 요건을 충족시키면 급여가 제공되었던 권리 기반의 정책에서 참여자의 책임과 의무 이행을 강조하는 정책으로 전환된 것이다(Thelen, 2014).

덴마크는 높은 수준의 실업자 소득 보장, 유연한 노동시장, 적극적 노동시장정책의 결합을 통해 성공적인 유연안정화 전략을 추진하고 있다(Madsen, 2008). 사민당 정부는 비경제활동인구 및 실업자를 비롯한 취약계층의 노동시장 참여 증진을 위한 활성화 전략을 추구하면서, 유연안정성의 다른 축인 안정성 증진을 위해 이들에 대한 정부 지원을 병행했다(권형기, 2007a). 강력한 활성화 정책은 여전히 높은 소득 대체율의 실업급여 제공 등 취약 계층에 대한 정부 지원과 결합되어 진행되었다(Thelen, 2014).

통합적인 복지 정치의 비결: 노사 간 긴밀한 협의와 정부의 조정 능력

덴마크에서는 노동시장 유연화 등 광범위한 신자유주의적 개혁을 추진하는 과정에서 시간제, 기간제 등 비정규직 주변부 근로자를 효과적으로 복지 정치에 통합하면서 고용 안정을 추구했다(Thelen, 2014). 그 결과 덴마크에서는 정규직과 비정규직(기간제) 간의 고용보호제도의 격차가 스웨덴이나 독일에 비해 작은 특성을 지닌다. 네덜란드와 마찬가지로 시간제 노동의 경우에도 비자발적인 고용 비율은 17% 정도로 낮은 수준을 보이고 있다(OECD, 2016). 이는 정규직과 비정규직 간의 갈등을 완화함으로써 세대 갈등을 줄이고, 사회 통합을 증진시키는 효과를 낳게 되었다. 저임금 근로자 조직은 네덜란드나 독일에 비해 높은 수준의 조직화를 이루어냈으며, 상대적으로 높은 임금수준을 유지함으로써 저임금 근로자의 비율을 낮추는 데 기여한 중요한 요인이었다(Viebrock and Clasen, 2009).

덴마크의 유연안정화정책은 노사 간의 긴밀한 협의와 정부의 적극적인 개입을 통해 실현되었다(권형기, 2007a; Thelen, 2014). 이 과정에서 정부의 노사 간 조정 노력이 중요한 역할을 수행했다. 정부는 노사정 정책 협의회인 세우텐 위원회Zeuthen Commission를 구성하여 긴밀한 노사 간 협의를 통해 실업자의 의무적 근로 참여 등 노동시장 활성화 정책과 적극적 노동시장 정책을 추진했다(선학태, 2015). 또한 노사 간의 협의가 실패하면 정부가 개입할 것이라고 위협하면서 노사 간의 합의를 적극적으로 유도했다(권형기, 2007b; Thelen, 2014).

덴마크는 보수주의 복지국가에 비해 높은 수준의 노동 이동성을 특징으로 하는 유연한 노동시장 구조를 지니고 있었다(정원호, 2005; Madsen, 2008). 다른 조정 경제체제와는 달리 노동자의 고용 보호 수준이 상대적으로 낮았다(Madsen, 2008; Thelen, 2014). 그 이유는 노사 교섭 시스템이 지역 수준에 한정됨으로써 노사 간 합의에 의한 전국적인 고용 보호 입법에 실패했기 때문이다. 이러한 노사관계 구조와 유연 노동시장의 전통은 역설적으로 덴마크의 유연안정화정책이 성공하게 된 제도적 기반이 되었다(Emmenegger, 2010). 노동자 조직LO은 고용주와의 임금을 교섭하는 권한에 제약을 안고 있었으며, 노동자의 훈련을 통한 기술 향상에 초점을 맞추는 방식으로 전략 변화를 모색했다(권형기, 2007a; Thelen, 2014).

정부의 유연안정화정책은 초기에 저숙련 근로자 노동조합의 반대에 부딪쳤다. 이들은 교육훈련 지원을 통한 숙련이 저숙련 근로자에게 이익이 될 수 있음에도, 유연화의 강화에 비판적인 태도를 취한 것이다(Martin and Swank, 2012). 정부와 노동자 조직이 저소득, 비숙련 노동자의 숙련 향상에 관심을 기울이고 정책적 지원을 추구함으로써 유연안정화정책이 성공할 수 있었다(권형기, 2007a). 모든 노동자들이 생애 전반에 걸쳐 기술을 향상시킬 수 있는 평생직업훈련제도의 개선에 대해 정부와 노동조합은 적극적인 지지를 보냈다. 저소득 노동자를 배제한 것이 아니라, 이들을 포괄함으로써 노동력의 전반적인 숙련도를 향상시켜 경쟁력을 강화한 것이 덴마크의 성공 비결이다(Thelen, 2014).

스웨덴이나 네덜란드와 마찬가지로 덴마크 유연안정화정책의 핵심은 직업훈련 강화, 취업 지원 등을 통한 고용 안정이다. 유연화된 노동시장에서 취업 능력을 증진시킬 수 있는 기술 훈련에 대한 지원이 결합된 것이지, 실업급여 제공을 통한 소득 보장에 국한된 것은 아니었다. 덴마크 정부의 교육훈련과 평생교육 지원은 노동조합의 지지와 결합되어 노동자의 기술

훈련에 대한 생애 전반에 걸친 접근성을 증진했다(권형기, 2007a). 독일과는 달리 덴마크는 근로시간단축Short Term Work정책에 대한 지원을 축소하는 방향으로 나아갔다. 덴마크 모델의 비결은 높은 이동성을 보이는 유연한 노동시장, 실업자를 위한 충실한 사회보장, 적극적 노동시장정책 간의 긴밀한 통합이라고 할 수 있다(권형기, 2007a; Madsen, 2008). 핵심 근로자의 생활 안정보다는 실업자의 재통합과 노동시장 재진입 지원에 초점을 맞춘 정책이다(Thelen, 2014).

덴마크 모델의 변화: 신자유주의 정책의 강화

덴마크의 유연안정화 모델은 2001~2011년 기간의 자유보수연합정부 시기에는 좀 더 강력한 신자유주의적 정책으로 변모했다(Thelen, 2014). 실업급여 수급을 위한 조건에 취업 활동 참여 등 활성화 요소를 강화하여 실업자들의 적극적인 구직 활동을 요구하는 정책을 추진했다(Madsen, 2009). 2005년에 시행된 '모두에게 새로운 기회New Chance for Everyone' 정책에서도 사회부조에 대한 급여 수급에서 근로 요건을 강화하는 방향으로 전개되었다(Madsen, 2009). 따라서 덴마크는 최근 노동시장의 자유화, 근로 연계 복지를 강조하는 미국이나 독일과 유사한 양상을 띠고 있다.

초기의 덴마크는 노동자의 숙련 형성을 위한 교육훈련과 사회 투자를 강화하는 전략을 취했다. 그러나 점차 사회보장 요소가 약화되고 실업자, 취약 계층을 노동시장으로 밀어내는 강력한 활성화 모델만 남게 되었다. 그 결과, 최근에는 일부 노동시장과 사회보장에서 이중화 경향이 나타나기도 했다(Thelen, 2014). 특히 유럽연합 국가가 아닌 국가에서 유입된 이민자에 대해서는 사회보장급여 지출을 축소하는 방향으로 정책 변화가 나타나고 있다(Liebig, 2007, Thelen, 2014에서 재인용).

독일: 이중화된 노동시장과 사회보장

독일과 프랑스는 중간 수준의 세대 갈등과 노인의 기여에 대한 인식을 보였다. 이 국가들은 보수주의 복지국가 또는 조합주의 복지국가 유형에 속한다(Esping-Andersen, 1990; 1999). 근로 기간의 노동시장 지위를 유지하는 사회보험 중심의 복지제도를 구축했으며, 가입자와 고용주의 기여금을 중심으로 사회보장 재원을 마련해왔다. 이러한 소득보장제도는 근로기간 동안의 소득을 은퇴 이후에도 유지할 수 있도록 높은 수준의 소득 대체율을 보장하고 있다. 직업집단별로 사회보험이 구축되어 고용구조와 사회보험 기여가 긴밀하게 결합됨으로써, 분절화, 계층화된 복지 시스템을 갖추고 있다. 그 결과, 사민주의 복지국가에 비해 저소득층을 위한 재분배 기능은 제한되어 있다(Beramendi et.al., 2015).

1980년대 이후 탈산업화로 인한 실업 증대에 대한 대응으로 이 정부들은 조기 퇴직, 근로시간 단축job-sharing, 여성 고용 억제 등을 통해 기존 근로자의 안정적인 지위를 유지하는 방안을 추진해왔다(Beramendi et.al., 2015). 그러나 이러한 정부의 대응은 조세수입의 감소, 소득 이전 지출의 급증, 사회보험 기여금의 증대 등의 악순환으로 이어졌다. 1990년대 이후 독일과 프랑스에서는 재정 균형 유지, 고용 창출을 목표로 한 과감한 개혁이 추진되었다(Beramendi et.al., 2015). 사회정책에서 노동시장의 활성화, 과도한 소득 이전의 삭감이 이루어졌다. 이 절에서는 독일의 노동시장, 복지 개혁 사례를 살펴볼 것이다. 2000년대 중반 이른바 하르츠 개혁이 노동시장에 어떠한 변화를 가져왔는지, 노동시장과 복지 개혁이 세대 갈등의 양상과 어떠한 관련성을 맺는지, 스웨덴이나 덴마크 등 사민주의 복지국가의 개혁과 어떠한 차이점을 보이는지를 밝힐 것이다.

노동시장정책의 이중화: 주변부 근로자에 집중된 고용 보호 완화

1990년대 콜Kohl 정부와 뒤 이은 슈뢰더Schröder 정부에서는 노동자에 대한 보호 장치를 점차 완화해왔다. 슈뢰더 정부는 2002년 경제활성화와 고용 안정을 위한 노동시장 분야 정책 과제 개발을 위해 페터 하르츠Peter Hartz를 위원장으로 한 하르츠 위원회를 구성했다(이승현, 2013a). 하르츠 위원회에서는 고용 지원 활성화, 해고 보호 규제 완화, 파견 근로 완화, 미니잡 신설 등의 개혁 과제를 제안했으며, 이후 하르츠 법안으로 일컬어지는 네 개의 법률로 입법되었다(이승현, 2013a).

노동시장의 유연화, 활성화를 추구한 하르츠 개혁 과정에서 정규직, 전일제 근로자에 대한 고용 안정 장치는 여전히 보존되었다. 특히 장기근속, 중장년 근로자를 보호하는 방식으로 개혁이 추진되었기 때문이다(Ebbinghaus and Eichhorst, 2007). 전통적으로 독일에서는 실업 증가 등 경제 위기 상황에서 근로시간단축정책Short Time Work을 추진해왔다. 경기변동에 따라 고용조정이 필요한 상황에서 근로자의 해고보다는 근로시간을 단축하고, 정부는 보조금을 지급하여 근로자의 감소한 소득을 보전할 수 있도록 했다. 이는 높은 수준의 기업특수적인 기술 투자가 이루어진 독일 제조업의 특성에서 기인한 것이다(Thelen, 2014). 노사 쌍방이 투자한 기업특수적인 기술을 유지하기 위해서는 해고보다는 근로시간 단축을 통해 기술 인력을 보존하고, 장기근속을 유도하는 인적자원정책이 제조업의 경쟁력을 유지하는 데 필수적이었기 때문이다(Estevez-Abe et al., 2001).

이러한 근로시간단축정책은 2000년대 중반 이후 독일 경기회복의 비결이라고 볼 수 있다(Thelen, 2010; Seifert, 2014). 2008년 세계경제 위기에서도 핵심 인력을 유지하고, 해고 및 고용 비용을 절감하고, 이후 경기회복에 신속하게 대응할 수 있었기 때문이다(Seifert, 2014; Nölke, 2014). 그러나 정부의 지원은 제조업 부문 정규직 근로자에게 한정되었다. 독일 경제에서 제조업이 차지하는 비율은 20% 정도인데, 근로시간단축정책의 수혜를 받는 근로자의 80%가 제조업에 속한 것으로 나타났다(Thelen, 2010). 근로시간단축정책은 의도하지 않았겠지만, 정규직과 비정규직 근로자 간의 불평등을 심화시키는 결과를 초래했다. 또한 향후 일자리를 둘러싼 세대 갈등이 증가할 가능성이 제기되고 있다.

저임금 근로, 미니잡의 확대

하르츠 개혁을 통한 노동시장의 유연화는 주로 저임금 근로자에게만 적용되었다. 이는 노동시장과 사회보장의 이중화가 심화되는 결과를 초래했다(Palier and Thelen, 2010; Thelen, 2014). 독일에서 저임금 근로의 확대는 미니잡의 증가로 나타났다. 미니잡은 월 소득 450유로 미만의 시간제 근로로서, 근로자가 세금과 사회보장 기여금 납부를 면제받는 일자리이다(Knuth, 2012; Thelen, 2014). 한편 고용주는 미니잡 근로자의 급여 제공에 대해 여전히 세금과 사회보험 납부 의무를 지닌다. 고용주의 세금과 사회보험 일괄 부담금은 2013년 기준 급여의 약 31% 정도이며, 정규직 시간제 근로자에 비해 상대적으로 낮은 수준이다(이승현, 2013b). 따라서 미니잡은 저임금 노동을 통해 고용주에게 일종의 인건비 보조금을 제공하는 효과가 있다(Thelen, 2014).

미니잡은 잠재 인력으로서 결혼한 여성을 노동시장에 참여하도록 유도하는 긍정적인 활성화 효과를 보였다(Hüter, 2014). 양육 등 가족 돌봄 활동으로 인해 전일제 일자리를 얻기 어려운 여성들이 시간제 일자리를 얻도록 유도함으로써 고용률을 높였다(Haipeter, 2013). 미니잡은 정규직 시간제 근로를 빠르게 대체했다. 독일은 유럽 국가 중에서 네덜란드, 영국, 아일랜드 다음으로 높은 수준의 시간제 근로 비율을 보이고 있다(OECD, 2016). 그 결과 독일의 비전형 근로자 수는 2003년 약 614만 명에서 2011년 792만 명으로 8년 만에 약 30% 가까이 증가했다(Destais, 2012; 이승현, 2013b에서 재인용).

그러나 미니잡 근로자는 낮은 급여뿐만 아니라 사회보장 혜택도 제대로 받지 못하는 상황에 처해 있다. 미니잡에서 정규직으로 전환되는 비율은 매우 낮으며(Haipeter, 2013), 잦은 이직과 경력 단절로 정규직에 비해 생애 소득이 매우 낮다(이승현, 2013b; Knuth, 2012). 독일에서 고용 보호를 통한 제조업 부문의 숙련 향상과 기술 축적 등의 순기능이 탈산업화, 세계화된 국면에서 저임금 근로자에게까지 확대되지는 못했다.

저임금 근로 개혁 정책의 표류

이러한 문제에 대응하여 독일 정부는 미니잡을 가진 저소득층 근로자의 소득 보장을 위한 개혁을 추진했다. 그러나 덴마크, 네덜란드와 같이 정규직과의 동등한 처우 등 근본적인 해법에는 미치지 못하고 있다. 그 이유는 관련된 당사자들이 미니잡의 개혁에 대해 상충되는 이해관계를 보이고 있기 때문이다(Thelen, 2014). 고용주들은 노동자에 대한 통제력을 강화하기 위해 노동시장 유연화를 선호했다. 이들은 세금 및 사회보험 면제 기준을 높이는 미니잡 개혁에 반대했다.

노동자 간에도 미니잡에 대한 입장이 갈렸다. 저임금 근로자 노동조합은 미니잡의 확대에 처음에는 반대하는 입장을 보였다. 저임금 일자리의 증가가 임금을 전반적으로 낮출 것으로 우려했기 때문이다(Thelen, 2014). 반면 여성들은 부업으로 미니잡을 통해 가구 소득을 보충할 수 있기 때문에 일부 여성 미니잡 근로자는 시간제 근로를 선호했다(Knuth, 2012; Thelen,

2014). 안정된 고용의 제조업 부문 노동조합에서는 미니잡에 대해 크게 신경 쓰지 않았다. 자신의 배우자가 미니잡을 갖고 가구 소득을 보충할 수 있다는 점도 한 가지 이유였다. 다만 이들은 사회보험에 기여금을 납부하지 않는 일자리가 증가함으로써 사회보장기금이 감소될 것을 우려했다(Thelen, 2014).

상이한 이해관계에 직면하여 정부의 저임금 근로자를 위한 정책은 단편적이고 소극적인 양상을 띠었다. 정부는 단지 사회보장기금이 감소될 가능성에 대응하여 고용주에게 건강·은퇴기금을 추가적으로 부과하는 정책을 추진했다(Thelen, 2014). 이후의 개혁 과정에서도 미니잡 근로자의 복리증진 효과는 거의 없었다. 다만 미니잡 근로자에 대한 공적 건강보험 혜택이 주어졌을 뿐이다(Thelen, 2014).

미니잡 근로자의 고용이 확대되면서 하르츠 개혁을 통해 주당 15시간 이내로 제한되었던 근로시간 제약도 폐지되었다(Haipeter, 2013). 정규직 근로자의 경우에도 부업으로 미니잡을 얻을 수 있게 되었다(Thelen, 2014). 고용주들은 정규직에 비해 경감된 세금과 사회보험 기여금을 부담하고, 정규직 근로자와는 달리 채용과 해고가 용이한 미니잡 근로자의 유연화 혜택을 높이 평가하면서 미니잡 근로자를 더 많이 활용하게 되었다(Thelen, 2014). 예를 들어 대형 식료품점에서 고용주는 일손이 많이 필요한 개점 준비 시간이나 가장 바쁜 시간에만 집중적으로 미니잡 근로자를 고용하여 인건비를 절감할 수 있었기 때문이다(Thelen, 2014). 독일 정부는 다양한 이해관계자의 상이한 이해로 인해 근본적인 문제 해결을 이루지 못하고 있다. 이로 인해 저임금 근로가 해결되지 못하고 유지되는 일종의 정책 표류policy drift 현상을 보이고 있다(Thelen, 2014).

그림 10-1 | 독일의 저소득 근로자와 시간제 근로자의 성별 비율(2000~2013) (단위: %)

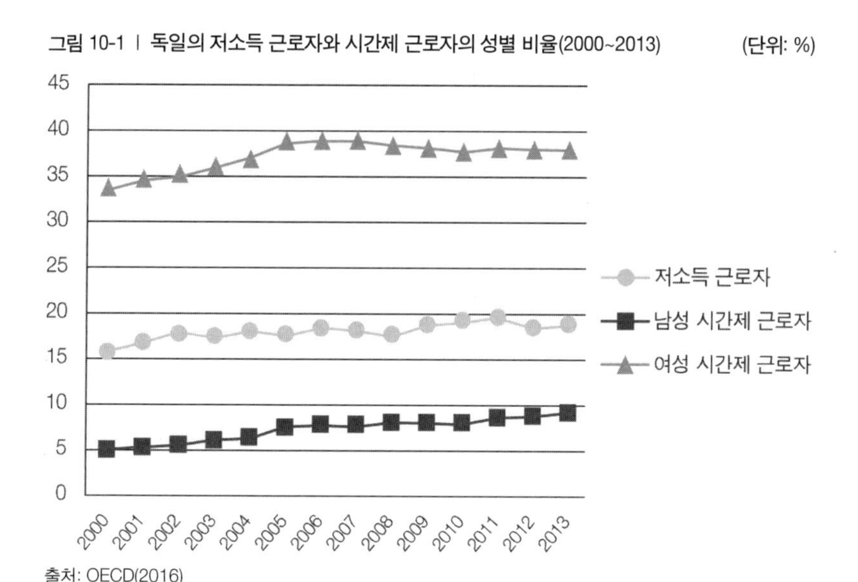

출처: OECD(2016).

노동시장 이중화: 경쟁력 유지의 비결?

역설적으로 2000년대 중반 이후 독일 경제성장의 비결 중의 하나는 노동시장 이중화 효과라고 할 수 있다. 독일의 주요 경제력의 기반인 제조업에서는 기업특수적인 기술의 축적이 중요하기 때문에 제조업 핵심 근로자에게는 근로시간 단축을 통해 고용 안정을 보장하는 정책을 추진했다(Seifert, 2014). 반면 서비스업에서는 미니잡 등을 통해 주변부 근로자의 고용 관계를 유연화(자유화)하는 노동시장 이중화를 통해 경쟁력을 유지할 수 있었다. 즉, 제조업 부문에서는 핵심 정규직 근로자의 고용 보호를 통해 고숙련 노동력을 유지하는 동시에, 서비스업이나 저숙련 부문에서는 미니잡 등 저임금 노동을 통한 효율화를 추구한 결과 안정적인 경제성장을 이룰 수 있었던 것이다.

노사 간의 합의를 통한 근로시간 단축과 임금 인상 억제를 통한 해고 보호는 정규직 근로자에게 국한된 조치였다. 결국 고소득의 안정적인 정규직을 유지할 수 있는 기반은 지속적으로 유입된 여성 근로자와 이민 근로자 등 저임금 근로자였다(Thelen, 2014). 이중화된 노동시장을 확대하여 가구 소득을 보충하려는 여성 근로자와 국가 간 임금격차로 인해 저임금에도 일하려는 이민 근로자의 충원이 가능한 시스템을 구축한 것이다. 이를 통해 노동비용을 절감하고 노동자에 대한 통제력을 확대하여 기업의 효율화를 추구하는 구조라고 할 수 있다.

〈그림 10-1〉은 2000~2013년 동안 독일의 전체 근로자 중에서 시간제 근로자와 저소득 근로자 비율을 나타낸 것이다.[2] 남녀 모두 시간제 근로자의 비율이 증가하고 있다. 전체 남성 근로자 중에서 시간제 근로자는 2000년 5% 수준에서 꾸준히 증가하여 2013년 9%를 차지하고 있다. 여성 시간제 근로자는 그 비율이 2000년 34%에서 2013년 38%로 증가했다. 전일제 근로자 중에서 저소득 근로자도 증가하는 양상을 보인다. 2000년 16%를 차지하던 저소득 근로자의 비중이 2013년에는 19%로 소폭의 증가세를 보이고 있다. 해당 기간 동안 독일에서 고용은 증가했지만, 이는 주로 시간제 등 비정규직 근로자의 증가에서 비롯된 것이다. 전일제 일자리의 경우에도 저임금 근로가 증가하는 결과를 보이고 있다.

〈그림 10-2〉는 2007~2012년 동안 15개 비교 대상 국가에서 외국 이민자의 취업률 변화를 나타낸 것이다(OECD, 2016). 2003~2007년 사이에 해

---

2 OECD 기준에 따라 시간제 근로자는 주당 노동시간이 30시간 미만인 경우, 저소득 근로자는 중위소득의 2/3에 미달하는 소득을 얻는 근로자로 정의했다(OECD, 2016). 저소득 근로자 비율은 전일제 근로자 중에서 전일제 저소득 근로자 비율이다. 따라서 시간제 근로자를 포함할 경우, 저소득 근로자 비율은 더 높은 비율을 보일 것이다.

그림 10-2 | 15~64세 외국 이민자의 취업률 변화(2007~2012)

(단위: %)

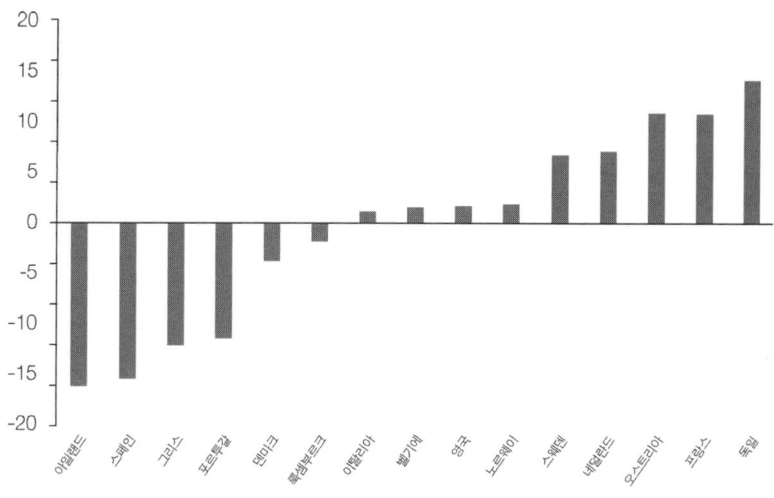

출처: OECD(2016).

당 국가에 이민 온 사람들을 대상으로 조사했다. 2008년 세계경제 위기 전후로 각국의 경기변동에 따른 외국인 근로자의 취업 구조 변화를 파악할 수 있다. 해당 기간 동안 독일, 프랑스, 오스트리아에서 외국인 근로자의 취업률은 10%p 이상 증가한 반면, 아일랜드, 스페인, 그리스, 포르투갈 등은 10%p 이상 감소했다. 아일랜드, 스페인, 그리스의 경우, 경제 위기로 이민자들이 일자리를 잡기 어려운 상황을 보여준다.

특히 독일과 프랑스는 해당 기간 동안 각각 13%p, 10%p 증가했다. 이는 독일과 프랑스의 경우, 세계경제 위기에도 불구하고, 상대적으로 경기가 좋아서 이민자들의 취업이 증가했기 때문이다. 또한 이 국가들에서 시간제 일자리 등 주변부 일자리를 확대하여 저임금에도 일하려는 이민자들을 적극적으로 활용한 것이 독일과 프랑스의 경제를 부양하고 경쟁력을 유지하는 기반으로 작용했을 가능성도 있다.

그림 10-3 | 외국인 근로자와 내국인 근로자의 계약직 고용 변화(2007~2012) (단위: %)

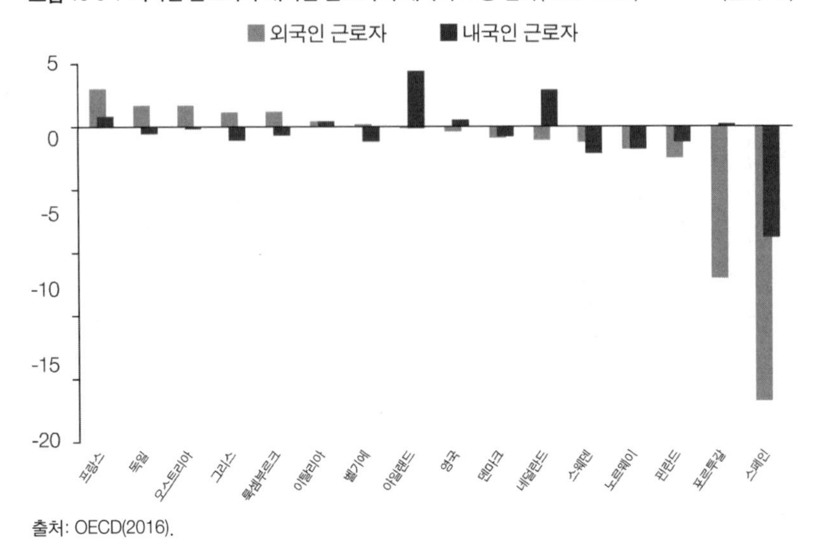

출처: OECD(2016).

〈그림 10-3〉은 2007~2012년 동안 외국인 근로자와 내국인 근로자의 계약직 고용 비율의 변화를 나타낸 것이다(OECD, 2016). 프랑스, 독일에서는 계약직 고용의 증가가 주로 외국인 근로자에 의해 이루어졌음을 보여준다. 내국인은 해당 기간 동안 변화가 거의 없는 반면, 외국인 근로자의 경우 소폭 증가하는 양상을 보인다. 독일의 경우, 노동시장 유연화를 통해 시간제와 계약직 일자리를 양산한 이유도 결국 외국인 근로자의 취업을 원활하게 하기 위한 조치라고도 볼 수 있다. 이는 시간제 일자리를 창출하여 노동시장 이중구조를 강화한 것이 경제 위기에 대응하여 경제적 효율성을 증진하는 데 효과적이었음을 의미한다.

이러한 노동시장정책은 '정책 표류'(Thelen, 2014)라기보다는, 노동자에 대한 통제력 증가, 노동비용 감소를 통한 기업의 경쟁력 향상을 위한 의도적 결과라고 볼 수 있다. 노동시장과 복지의 이중화는 독일의 경제적 성장을 유지하는 배경으로 작용했다. 그러나 장기적으로 어떻게 될 것인지는 좀 더 지켜볼 필요가 있다. 결국 직종 간 불평등이 심화되고, 특히 미니잡으로만 생계를 유지하는 근로자의 복지가 악화되어 사회 통합 문제로 표출될 가능성이 있다. 미니잡 등 시간제 고용의 확대는 단기적으로 효율적일 수 있지만, 장기적으로는 기업특수적인 기술이 축적된 전문 인력의 양성을 저해할 수도 있기 때문이다.

고임금 경제, 과거의 신화

독일에서는 하르츠 개혁을 통해 비정규직 증가 등 노동시장의 자유주의화, 유연화 전략을 적극적으로 추구했다. 노동시장 개혁을 통해 독일은 기존의 장기간 교육훈련에 기반을 둔 직업 창출에서 단기적인 노동시장 통합 프로그램으로 선회하게 되었다(Knuth, 2012; Thelen, 2014). 비자발적 시간제 근로자가 증가한 반면, 교육훈련 등 적극적 노동시장정책 지출은 오히려 감소하는 경향을 보였다(Thelen, 2014). 이제 저임금 부문 근로자들은 미니잡을 통한 저임금과 공적부조급여로 간신히 생계를 꾸려가고 있다. 이러한 현상은 제2차 세계대전 후 고임금·고기술 노동자, 양질의 제품이라는 독일 모델과는 결별한 모습이라고 할 수 있다(Schnyder and Jackson, 2011; Knuth, 2012).

하르츠 개혁의 결과, 노사 간의 세력 관계에도 상당한 변화가 발생했다. 노동자의 교섭력이 약화되고, 양질의 일자리가 감소했으며, 고용주에 대한 노동자의 순응적인 태도가 증가했다(Knuth, 2012). 일자리 우선 정책, 노동시장 활성화 정책은 근로자들이 낮은 임금의 일자리를 수용하도록 유도했다. 취업자와 구직자 모두 임금과 근로조건을 양보할 준비가 되었다고 응답한 비율이 증가했다(Rebien and Kettner, 2011; Knuth, 2012에서 재인용).

임금의 하한선을 설정하는 최저임금제도가 11개 산업 부문에만 제한적으로 시행되었던 독일에서 하르츠 개혁은 저임금 일자리, 저소득 근로자가 급격하게 확산되는 결과를 가져왔다(Knuth, 2012). 독일은 유럽연합 국가 중에서 스페인, 이탈리아에 이어 근로 빈곤 위험이 세 번째로 높은 국가가 되었다(OECD, 2016). 조정 경제 시스템의 대표적인 국가로 여겨지는 독일에서 효과적인 임금규제정책이 없으며 저임금 근로를 방치하는 것은 아이러니라고 할 수 있다(Knuth, 2012). 고임금·고품질 경제는 이제 과거의 신화가 되었으며, 상당한 규모의 저임금 부문이 형성된 노동시장의 이중구조가 더욱 강화되고 있다(Knuth, 2012).

계급 연합 정치, 유연안정성의 정치적 기반

이 장에서는 스웨덴, 네덜란드, 덴마크 등 세대 갈등이 낮은 국가와 중간 수준의 세대 갈등을 보이는 독일에서 노동시장정책의 개혁 과정을 살펴보았다. 이 국가들에서는 어떠한 방식으로 노동시장과 실업자와 빈곤층을 위한 복지제도를 개혁했는지, 어떻게 세대 갈등을 낮추고 세대 간 연대를 증진할 수 있었는지를 밝히고자 했다. 특히 유연안정화정책이라고 불리는 유연한 노동시장, 인적자원의 개발, 안정적인 복지제도의 결합이 어떻게 가능했는지를 탐색했다.

산업화 시대뿐만 아니라, 탈산업화 이후 세계화된 경제에서도 자본에 대항하는 정치와 의회 민주주의를 통한 민주적 계급투쟁을 성공적으로 수행하기 위해서는 계급 구조의 변화에 대응하는 새로운 계급 연합을 형성하는 것이 필수적이다(Korpi, 1983; Esping-Andersen, 1985; Thelen, 2014). 세대 갈등이 낮은 스칸디나비아 국가의 경우, 사민당이 오랜 기간 동안 집권

할 수 있었던 것은 제조업 부문 노동자들이 서비스업 저숙련 노동자, 공공 부문 사무직 노동자 등 새로운 계급과의 성공적인 연대를 형성한 것에서 비롯된다(Thelen, 2014).

스웨덴, 네덜란드, 덴마크, 세 국가의 사례에서 찾아볼 수 있는 공통점은 타협과 협의의 정치 문화에 기반을 둔 연합 정치를 통해서 핵심 쟁점인 노동시장과 복지 개혁을 추진했다는 점이다. 이 국가들에서는 노동과 자본의 세력이 균형을 이루고, 세력균형이 정치 지형에도 반영되는 양상을 보였다. 이는 노동유연성과 소득안정성이라는 노동과 자본 쌍방의 요구에 대한 사회적 협의를 촉진하는 배경이 되었으며, 정치적인 교환이 이루어질 수 있었던 조건이 되었다.

네덜란드와 덴마크의 연합 정치, 타협과 협의의 정치 문화는 유연안정성 협약이 타결될 수 있었던 중요한 배경이다(권형기, 2007b; 선학태, 2015). 이 국가들에서는 노동자와 기업을 비롯한 주요 사회 세력이 긴밀한 협의를 통해 노동과 복지 문제를 해결해왔던 조합주의 전통을 가꾸어왔다. 점차 약화되고 있지만, 산업별 노사 교섭 구조는 기업별 단체교섭에 비해, 노사 간의 포괄적인 사회적 협의를 가능하게 한 구조적 여건이다.

정치 지형도 노동자와 기업을 동등하게 대표했으며, 노동자의 고용 안정성과 기업이 원하는 노동유연성 간의 정치적 교환과 사회적 협의를 촉진할 수 있었다(권형기, 2007b; 선학태, 2015). 경제 위기에 직면하여 정당의 이념적 정체성을 넘어 위기를 돌파해나갈 광범위한 연합 정치를 일구어나간 역량이 유연안정화정책을 창출한 것이다(선학태, 2015). 예를 들어 1983년 네덜란드의 바세나르 협약은 경기 침체와 복지 비용 증가라는 악순환을 단절하고, 경제 시스템의 선순환을 이끌어내는 핵심적인 계기가 되었다.

유연안정화가 한국 사회 노동복지 문제의 유일한 해법은 아니다. 그러나 스웨덴, 덴마크, 네덜란드의 합의제 정당정치의 구현은 세대 갈등을 비롯한 한국 사회의 구조적 문제를 해결하기 위한 정치적 여건은 무엇인가에 대해 중요한 시사점을 제공한다. 노동자와 기업 등 핵심적인 사회 세력을 균형 있게 대표하는 정당 구조와 정당 간의 정책 경쟁 및 협력이 이루어지는 정치가 요청되는 것이다.

최근 20대 총선 결과에 따른 3당 경쟁 구도의 출현은 협의와 연합의 정치 공간을 마련한 점에서 의의가 있다. 지난 20여 년간 양당 체제에서는 다수당의 패권적인 권력 독점을 견제하는 것이 쉬운 일이 아니었다. 3당 구조에서는 실용적인 정책을 중심으로 정당 간의 연합과 타협이 진행되면서 다양한 세력 집단의 의견이 반영될 수 있는 가능성이 열리게 되었다. 향후에도 3당이 정책 경쟁과 긴밀한 협의를 통해 국민들의 마음을 위로하고, 청년 실업, 불평등과 같은 세대 갈등의 핵심 문제에 대해 효과적인 해법을 제시하길 기대한다.

11 세대 갈등의 전망과 해법

세대 간 연대 증진을 위한 제언

한국 사회의 세대 간 연대와 갈등의 전망

향후 한국 사회의 세대 간 연대의 양상은 어떻게 전개될 것인가? 인구구조, 가족구조의 변동 등 거시 지표와 부모와 자녀 관계 등의 미시적 가족관계 특성의 변화를 고려한다면 세대 간 갈등이 격화될 것이라고 전망할 수 있다. 거시적 차원에서 평균수명의 연장, 저출산으로 인한 고령화의 가속화로 인해 한국 사회에서도 서구 OECD 국가들이 경험했던 세대 간 형평성 논쟁이 현실화될 것이다.

〈그림 11-1〉은 노인 1인당 생산 가능 인구를 2012년과 2050년을 기준으로 가늠해본 것이다. 한국의 노인 1인당 생산 가능 인구(20~64세)는 2012년 기준 5.8명으로 비교 대상 국가 중에서 가장 높은 수준을 보인다(OECD, 2014b). 그러나 기대 수명의 연장, 저출산으로 인해 2050년에는 1.4명으로

그림 11-1 | 노인 1인당 생산 가능 인구(2012년, 2050년)

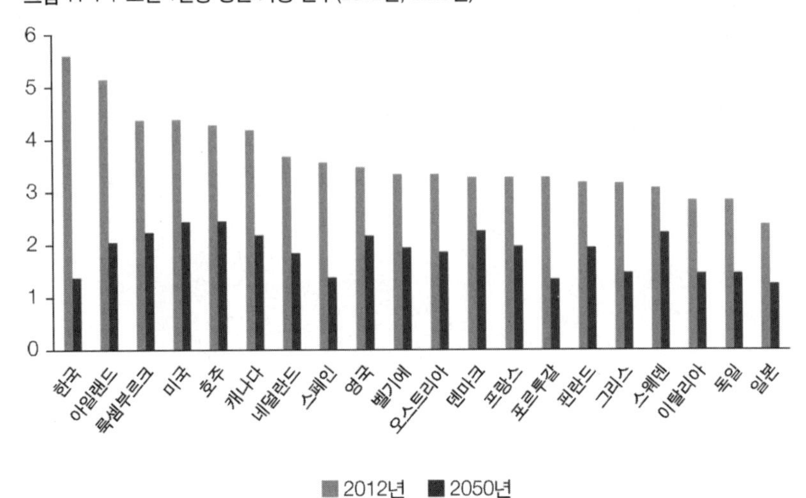

출처: OECD(2014b).

일본 다음으로 가장 낮을 것으로 추정된다.

서구의 공적연금 재정 위기 등 복지국가 위기가 발생했던 1970년대에 노인 1인당 생산 가능 인구는 약 네 명 수준이었다. 한국은 약 4년 후인 2020년경에 유사한 수준의 인구구성을 경험할 것이다. 따라서 향후 5~10년 사이에 베이비붐 세대의 은퇴 등 소비 인구의 감소로 인한 경기 침체가 지속되고, 기초연금과 국민연금급여 지출 증가로 인해 정부 지출이 확대되고 국민연금 적립금이 급격히 감소되면, 복지 지출과 공적연금을 둘러싼 세대 간 형평성에 관한 논란이 본격화될 것으로 예상된다.

한편 가족구조의 변동, 가족 간 경제적 지원, 노인 부양 의식의 변화, 노인 세대로 진입하는 베이비붐 세대의 특성도 향후 세대 관계에 영향을 미치는 중요한 요소이다. 가족구조의 변동과 관련하여 노인 단독 가구의 증가, 노인 부양 의식의 약화는 노인 빈곤 문제를 심화시키는 요인으로 작용할 것이다. 반면 은퇴를 앞둔 베이비붐 세대는 한국 사회에서 가장 큰 자산을 가진 세대이자, 국민연금을 비롯한 사회보험의 혜택을 본격적으로 누리는 세대이다. 노인 집단에 진입하는 베이비붐 세대의 상대적으로 큰 규모의 자산과 소득은 노인 빈곤율을 낮추는 효과를 지닐 것이다. 그러나 베이비붐 세대의 경우에도 자산 규모, 소득, 국민연금 가입 여부 및 경력의 차이에 따라 직업 활동 기간의 불평등이 은퇴 이후에도 심화되는 경향을 보일 것이다(박경숙, 2003).

한국 사회의 상대적으로 높은 노인 부양 의식, 효 의식, 긴밀한 가족주의 등은 미시적 차원에서 세대 간 연대를 강화하는 중요한 자원이었다. 긴밀한 부모와 자녀 간 지원과 교환을 바탕으로 한 가족주의 연대는 극한 경쟁에 시달리는 상황에서 최후의 안전망 역할을 수행하고 있다. 사회복지의 외형적 성장에도 불구하고, 여전히 가족을 통한 정서적·경제적 지원이 시장 경쟁의 위험에서 개인을 보호하는 역할을 수행한다(박경숙 외, 2013). 세대 간 정치·경제 자원의 불균등한 분포에도 불구하고, 세대 갈등이 첨예하게 나타나지 않는 이유는 한국 사회의 긴밀한 부모와 자녀 관계 등 가족주의적 연대가 강력하기 때문이다(최유석, 2014).

그러나 부모 부양 의식의 약화, 노인 부모를 부양하는 성인 자녀의 감소, 독립적으로 생활하는 노인 가구의 급격한 증가 등의 가족구조의 변동은 가족주의적 연대의 기반을 약화시키고 있다. 저성장 경제에서 노인 부모, 성인 자녀는 각자의 독립적인 삶을 추구하는 과정에서 모두 허덕이는 실정이다. 이러한 인구구조, 경제 상황, 공적연금 지출, 가족구조와 노인 부양 의식의 변화를 고려해보면, 향후 10년 후에 한국 사회는 세대 갈등이 격화될 상황에 처해 있다.

세대 간 연대를 위한 세대통합정책[1]

세대 갈등의 완화, 세대 간 연대와 협력의 강화는 쉽게 이룰 수 있는 정책 목표가 아니다. 세대 갈등은 한국 사회가 안고 있는 다양한 문제와 직결되어 있다. 급격한 고령화와 저출산, 저성장 경제의 지속, 부동산 가격 하락, 가계 부채의 급증, 비정규직의 증가 등 한국 사회의 문제가 세대 갈등의 구조적 원인으로 작용하기 때문이다. 세대 문제의 해법은 이러한 한국 사회의 구조적 문제의 해결과 직결되어 있다. 이 절에서는 구조적 문제에 대한 해법을 모색하기보다는 주로 세대 간 연대와 통합을 증진하기 위한 다양한 수준의 세대통합정책과 프로그램을 제안할 것이다.

통일, 저출산 문제의 해법?

한국 사회에서는 생산 가능 인구의 감소 등 저출산 문제에 대한 근본적인 해법이 요청된다. 다소 맥락이 다르지만, 통일에 관한 논의는 경제활동인구의 확보라는 관점에서도 조망할 필요가 있다. 저출산에 대한 정책 대응에도 불구하고 출산율이 반등세를 보이지 않으며, 언어 문제로 인해 해외 이민자의 유입이 용이하지 않은 상황이기 때문이다. 막대한 통일 비용으로 정부 재정 부담이 가중되지만, 중장기적으로 한국 사회의 인구 위기를 해결하는 한 방법일 수 있다. 또한 통일을 계기로 두 체제의 모순과 구조적 문제를 해결할 수 있는 대안적인 정치·경제체제에 대한 논의의 물꼬를 트는 것도 가능할 수 있다.

---

1 이 절의 일부 내용은 최유석, 오유진, 문유진(2015)에 서술한 내용을 수정, 보완한 것이다.

한국 사회의 소득 불평등, 저출산, 비정규직, 대기업과 중소기업 간의 격차, 수도권 집중 등의 문제는 너무나 긴밀히 연결되어 있어서 해결의 실마리를 찾기가 쉽지 않다. 구조적 문제가 심화되는 악순환을 단절하고, 선순환으로 전환할 수 있는 레버리지가 쉽게 보이지 않는 것이 현실이다. IMF 외환 위기가 한국 사회 전반의 시스템 전환을 가져왔듯이, 통일이라는 외부적 충격은 사회적 합의를 통해 한국 사회의 중첩된 문제의 해법을 모색하는 '빅뱅식 개혁'의 계기가 될 수 있다.

세대 간 연대를 위한 정부의 노력: 정책 목표로서 세대 간 연대 증진

노인은 사회에 부담이 되고 사회에 기여를 하지 않는다는 프레임이 세대 간 연대를 위협하는 요소 중의 하나이다(Butts, 2010). 정부는 다양한 세대에 영향을 미치는 사회정책을 추진할 때 해당 정책이 세대 간 상호 협력을 증진시키는지, 세대 간 자원 이전을 촉진하는지, 특정 세대에 편향되거나 불공정한 부담을 가져 오는지를 검토할 필요가 있다. 정부는 세대 간 연대를 위협하는 요인을 모니터링하고, 세대 간 연대를 증진하는 정책을 추진할 필요가 있다. 여성가족부의 성인지 정책처럼 정부 정책의 세대편향적 문제를 인식하고, 세대 간 연대를 지원하는 노력이 요청된다.

이와 관련하여 일부 국가에서는 세대 간 연대를 명시적인 목표로 제시한 정부 부처를 구성하고 있다(예: 크로아티아의 Ministry of Family Affairs, War Veterans, and Intergenerational Solidarity). 미국 미네소타 주 팰콘 하이츠Falcon Heights 시에서는 세대 간 상호작용 증진을 정책 목표로 세대 간 아이디어와 관심을 결합하는 사업을 추진하고 있다. 시정자문위원회에 다양한 세대가 참여하고, 여러 세대가 참여하는 행사에서는 시의 시설을 무료로 대여하는 지원 사업을 수행하고 있다(Butts, 2010).

노후 소득 보장과 세대 간 형평성 증진을 위한 공적연금 개혁

높은 수준의 세대 간 연대 의식을 보이는 스웨덴과 네덜란드 등의 북유럽 국가에서는 고령화, 재정 위기에 직면하여 재정건전성 회복을 위한 복지 및 재정 개혁을 꾸준히 진행해왔다. 재정건전화를 위한 해법에 묘수가 있는 것은 아니다. 이 국가들에서는 세입 측면에서 재산세 및 환경세의 확대, 세금 감면 등 조세 지출 축소를 통해 세입을 확대하고, 근로소득세 비중을 축소하여 근로 동기를 유도하는 방식으로 개혁을 추진해왔다. 또한 노인과 여성의 노동 참여율 제고를 통해 세입을 확대하는 정책을 추진해왔다(강유덕 외, 2013).

세금 지출에서는 연구 개발, 교육 등의 공공투자를 확대하여 청년 세대 지원을 통한 국가경쟁력 강화에 초점을 맞추었다. 연금수급 연령과 은퇴 연령 상향 조정(예: 67세로 은퇴 연령 조정), 연금 외 소득자에 대한 연금 지급액 축소 등을 통해 공적연금 지출 부담을 완화하는 방법을 추진했다(강유덕 외, 2013). 특히 스웨덴은 재정 준칙의 적용을 통해 균형재정을 유지하고, 정부 부채를 축소하기 위해 지속적인 노력해왔다(강유덕 외, 2013).

한국은 상대적으로 고령화의 비율이 낮고, 아직 심각한 재정 위기에 봉착한 상황은 아니다. 최근 공무원 연금 개혁에서는 공무원 집단 내 세대 간 형평성 문제가 불거지고 있지만, 국민연금의 경우, 세대 간 형평성 문제가 현 시점에서 주요 쟁점으로 제기되지는 않는다. 높은 수준의 노인 빈곤율이 문제이기 때문에 노후 소득 보장을 위한 국민연금 소득 대체율의 조정이 논란이 되고 있다. 따라서 북유럽 국가들의 해법을 그대로 적용할 수 있는 것은 아니다. 다만 향후 급격한 고령화로 인해 재정건정성 문제와 세대 간 형평성 문제가 제기될 수 있는 상황에서 북유럽 국가의 장기간의 사회적 합의를 통한 연금과 세제 개혁, 재정건전성 유지를 위한 재정 준칙의 설정 등은 참고할 필요가 있다. 장기적으로 세대 문제와 직결된 국민연금의 개혁에서 후세대의 재정 부담을 완화하고, 재정안정화를 이룰 수 있는 방식의 개혁 정책을 추진할 필요가 있다.

청년 세대의 역량을 강화할 수 있는 사회 지출의 확대

청년 세대를 위한 교육 및 일자리 정책의 확대를 통해 세대 간 복지정책의 균형을 유지할 필요가 있다. 정부 정책 차원에서 청년 세대의 인적자원 축적을 위한 교육 및 기술지원정책, 좋은 일자리, 결혼 및 출산지원정책을 확대할 필요가 있다. 청년 세대가 안정된 소득을 얻고, 재산을 축적할 기회를 보유하는 것이 향후 한국 경제의 중요한 성장 동력이 될 것이다(박종훈, 2013). 청년 세대에 대한 지원 정책은 기성세대의 노후 준비 및 국가의 미래를 위한 가장 효과적인 투자라고 할 수 있다(박종훈, 2013).

정규직과 비정규직 간의 동등한 처우 보장을 통한 청년층의 고용 안정

낮은 수준의 세대 갈등을 보이고, 유연안정화를 추진해왔던 국가들의 특징 중의 하나는 정규직과 비정규직 근로자 간의 동등한 처우이다. 노동시장 유연화에 따른 비정규직의 확대 과정에서 비정규직 근로자의 근로조건을 향상시키기 위한 노동 입법을 병행하여 이루어진 것이다(김종건, 정희정, 2003). 임금, 교육훈련, 휴가 등에서 비정규직에 대한 차별이 적고, 노동자들이 자신의 근로시간을 선택할 수 있도록 보장함으로써 개인적 상황에 맞게 일할 수 있는 여건을 만들어준 것이 낮은 수준의 세대 갈등과 높은 수준의 경제활동 참여를 일구어냈다.

한국은 여전히 기업 규모, 고용형태별 임금격차가 매우 심각한 상태이다. 대기업 정규직의 임금을 100으로 했을 때, 대기업 비정규직은 86, 중소기업 정규직은 65, 중소기업 비정규직은 47에 불과하다(고용노동부, 2014). 또한 비정규직에서 정규직으로의 전환율이 매우 낮은 현상을 보인다. 이러한 상황에서 대학생들이 최초 직장으로 대기업 정규직으로 일하려고 졸업을 늦추고, 스펙 쌓기에 몰두하는 것은 전혀 이상한 일이 아니다.

한국에서도 비정규직에 대한 차별 철폐 및 노동시장의 이중구조 해소를 위한 다양한 정책이 시행되어왔다. 최근 고용노동부는 '노동시장 이중구조 해소 방안'을 통해 비정규직 차별 금지뿐만 아니라, 대기업, 중소기업 간의 원하청 관계 개선 등 구조적인 해법을 제시했다(고용노동부, 2016). 그러나 정규직에 대한 과도한 보호가 노동시장 이중구조의 한 원인이라는 인식을 보여주기도 한다. 대기업 정규직이 '가져가는' 몫을 언급하면서 불평등의 책임을 대기업 노동자와 노동조합에 전가하기도 한다. 최근 노동개혁안은 비정규직 문제, 청년 실업 문제의 핵심을 비껴가고 있다. 실업급여 수준 인상이 포함되어 있지만 파견 근로 확대, 고용 보호 완화 등 노동시장 유연화에 초점을 두어 기업의 입장에 힘을 실어주는 방식으로 추진되고 있다. 노동시장이 경직되어서 청년 실업 문제가 해결되지 못하는 것은 아니다. 심화되는 대기업과 중소기업, 정규직과 비정규직 격차가 근본적인 원인이다.

서구에서 유연안정화를 가능케 한 노사 간의 타협은 노사 쌍방의 이익과 손실의 균형을 맞추는 정책 교환을 통해서 이루어졌다. 노동조합은 노동시장 유연화를 수용하는 대신, 직업훈련 확대, 비정규직 일자리의 처우 개선을 요구했다. 기업은 유연화 혜택을 누리는 대가로 정규직과 비정규직 간의 동등 처우 정책을 추진하기 위한 재정을 부담했다. 한국의 노동개혁안은 과연 노사 모두의 이익을 위한 것인가? 기업은 일반 해고, 파견기간 확대 등을 통해 노동자에 대한 통제력을 증진하고, 노동비용을 낮추는 대가로 무엇을 제공하는가? 노동시장의 이중구조를 완화하여 노동시장에서의 일차적인 분배를 고르게 하는 정책이 필요하다. 또한 노동자 조직도 비정규직 문제를 적극적으로 해결하기 위해 대기업과 공공 부문 노동자 중심의 지지 기반을 비정규직 저임금 근로자까지 확대하려는 노력이 필요하다.

세대 간 연대를 위한 조직화 사업의 추진

세대 간 연대를 구현하기 위해서는 다양한 세대를 아우르는 조직화 사업을 통해 조직적 기반을 마련하는 것이 필수적이다. 외국에서는 세대 간 연대를 위해 다양한 세대가 참여하는 전국적 조직이 활동하고 있다. 미국의 '통합된 세대GU: Generations United'라는 조직에서는 여러 세대가 동참하여 세대 간 연대를 위한 정책을 개발하고 입법 활동을 전개하고 있다. 예를 들어 손자를 양육하는 조부모 지원 정책, 세대 통합을 위한 공유 공간 마련 등의 정책을 추진하고 있다. '시니어포키즈Seniors4Kids'와 같은 노인 단체는 아동의 조기교육 지지를 위한 옹호 단체 역할을 수행하고 있다. 이러한 전국적 세대 연대 조직은 스페인의 '스페인 세대 간 네트워크Spanish Intergenerational Network', 영국의 '세대 간 실천 센터Center for Intergenerational Practice', 일본의 '일본 세대 통합 네트워크Japan Intergenerational Unity Network'에서도 찾아볼 수 있다(Butts, 2010).

유럽에서는 'AGE 플랫폼 유럽AGE Platform Europe'이라는 유럽연합 국가에 속한 150개 이상의 조직을 아우르는 플랫폼 조직이 활동하고 있다(Cruz-Saco, 2010). 주로 50대 이상 고령층의 이해관계를 대변하지만, 세대 간 연대와 협력을 증진하기 위한 유럽의회의 입법 활동에도 영향을 미치고 있다. 이 단체는 세대 간 연대에 대한 인식을 증진하기 위해 2012년을 유럽 세대 간 연대의 해European Intergenerational Solidarity Year로 제안하는 등 다양한 세대 연대 캠페인을 추진하고 있다(Cruz-Saco, 2010).

세대 간 상호 이익 증진을 위한 프로그램의 개발

위에서는 세대 간 연대 증진을 위한 중앙정부 차원의 정책과 조직에 관한 논의를 다루었다. 세대 간 연대를 강화하기 위해서는 지방자치단체 수준에서 일상적으로 수행할 수 있는 프로그램 혹은 캠페인을 구상할 필요가 있다. 특히 청년과 노인 쌍방의 이익을 증진할 수 있는 프로그램 개발이 요청된다(박경란·이영숙, 2001). 청년과 노인이 일상적으로 상호작용을 하면서 교감하고, 소통할 수 있는 기회를 마련하는 것이다(김숙경, 2010). 예를 들어, '한 지붕 세대 공감'이라는 주거 공유 프로그램이 있다(서울특별시, 2013). 이 프로그램은 주거 공간에 여유가 있는 노인과 주거 공간이 필요한 대학생을 연결하여 대학생은 저렴한 주거 공간을 얻고 노인은 소정의 임대료와 생활 서비스를 제공받는 주거 공유 프로그램이다(서울특별시, 2013). 이 정책은 학생들이 저렴한 임대료로 주거 공간을 제공받는 대신, 노인에게 생활 서비스를 제공하는 프랑스의 한 지붕 두 세대One Roof, Two Generations라는 정책을 모태로 하고 있는 것으로 보인다(UNECE, 2010). 이러한 홈셰어정책은 주거권과 세대 교류라는 대학생과 노인의 상호 이익이 결합된 정책으로 전세계적으로 증가하는 양상을 보이고 있다(Hoff, 2008).

세대 간 교류, 협력을 위한 공간 구성과 프로그램 개발

분석 결과, 청년과 노인이 함께 일하고, 교류할 기회가 매우 적은 것으로 났다. 세대 간 교류와 협력을 강화하기 위해서는 청년과 노인의 교류 공간을 마련하는 것이 필요하다. 현재 청년 세대와 노인 세대의 교류 공간은 노인복지관, 경로당 등 주로 노인만을 위한 공간에 한정되어 있어서 청년들의 접근이 용이하지 않은 실정이다. 이러한 교류 활동의 경우 청소년, 대학생들의 자원봉사 성격이 강하다. 따라서 세대 상호 간의 일상적이고 동등한 교류 활동이 이루어지기 어렵다.

노인 세대의 사회참여와 지역사회에서 다른 세대와의 교류를 활성화하려면 여러 세대를 아우르는 커뮤니티 센터 등 공유 공간이 필요하다. 노인만을 위한 장소를 새롭게 구축하는 것은 노인을 소외시키는 결과를 낳을 수 있기 때문이다. 같은 공간을 함께 이용하면 자연스러운 접촉 기회가 증가하고, 친근감을 높일 수 있다. 예를 들어, 미국의 경우 2007년 개교한 고등학교에 시니어 센터를 함께 건립하여, 체육관에서 노인들이 댄스, 요가 프로그램에 참여하고 있다. 노인들은 도서관 자원봉사, 초빙 강사, 튜터 등의 역할을 수행하고, 학생들은 시니어 센터에서 노인의 핸드폰, 인터넷 활용 교육 등 봉사 활동을 통해 쌍방의 이익을 증진할 수 있는 활동을 수행하고 있다(Generations United, 2008).

노인 세대의 자존감을 높여줄 수 있고, 청년 세대와 노인 세대가 동등한 시민이라는 인식을 증진시키도록 센터의 프로그램을 구성할 필요가 있다. 오스트리아는 다양한 세대가 한 지역에서 문화·여가 활동을 경험하면서 세대 간 교류를 확대하는 정책을 시행하고 있다(UNECE, 2010). 또한 커뮤니티 센터에 보육 시설과 노인 봉사 센터를 설치하는 것도 고려할 수 있다. 노인이 지역사회에 기여할 수 있는 기회를 증진함으로써 노인의 위축감을 감소시키는 효과를 가져올 수 있을 것이다. 또한 다른 세대 성원들이 노인의 사회적 기여에 대한 인식을 증진함으로써, 노인에 대한 존중과 배려를 향상시킬 수 있을 것이다.

또한 청소년과 노인이 봉사 활동에 함께 참여하는 방식을 모색해야 할 것이다. 노인과 청소년이 팀을 이루어, 노인은 청소년에게 연륜을 바탕으로 지혜를 제공하고, 청소년, 대학생은 노인의 신체적 활동을 보완하는 봉사 활동을 수행하는 것이다. 폴란드에서는 'ICT를 가르치는 십대Teenagers Teaching ICT'라는 사업을 통해 학생들이 노인에게 컴퓨터·인터넷 사용법을 알려주고, 노인들은 보육 시설이나 병원에서 아이들에게 이야기를 들려주고, 요리를 해주는 등 다양한 사회 기여 활동을 수행하고 있다(Butts, 2010, UNECE, 2010). 이 정책의 경우 노인들은 무급으로 봉사를 하는 것이 아니라, 지원금을 받고 참여하기 때문에 소득 증진에도 도움이 될 수 있다. 이러한 노인의 사회 기여 활동을 활성화함으로써 노인은 의존적인 집단이라는 부정적인 인식을 감소시킬 수 있을 것이다.

청소년, 대학생의 노인에 대한 교육과 관심 증진

노인은 비생산적인 집단이라는 인식을 변화시키기 위해서는 청소년과 대학생을 대상으로 노인에 대한 이해를 증진하는 교육을 강화할 필요가 있다. 이는 기존의 연구에서도 세대 통합의 해법으로 가장 많이 제시되는 방법이다. 노인 세대의 역사적 경험, 노화 과정, 노화에 따른 신체적·정서적 변화 등 노인에 대한 이해를 증진시킬 수 있는 교육이 요청된다(서병숙·김수현, 1999). 사이프러스 교육부에서는 학생, 노인 상호작용 프로그램Interaction of students and Cypriot Senior Citizens을 시행하여 노인들이 학교에 참여하여 노화 과정에 대한 이해를 돕고, 노인들로부터 지식을 전수받는 사업을 수행하고 있다(Butts, 2010).

마지막으로 정치와 사회문제에 대한 청년들의 관심을 증진하는 것이 필요하다. 대학생을 비롯한 청년층의 사회참여를 확대하는 것이 요청된다. 이는 대학생 교육과도 관련을 맺는데, 한국 사회의 현실과 문제, 대학생의 역할에 대한 인식을 증진하는 활동이 요청된다. 사회문제 동아리 등을 통해 고령화사회의 정치·경제에 대한 인식, 한국 사회의 문제에 대한 관심을 증진하고, 청년들의 집합행동을 추진할 수 있는 조직적 기반을 마련하는 것이 필요하다. 청년들이 자신의 목소리를 내고, 세대 간 연대와 통합의 당당한 주체로서 활동하기 위해서는 한국 사회에 대한 비판적 인식과 문제 해결 능력을 기르는 것이 필수적이기 때문이다(최유석·오유진·문유진, 2015).

세대통합정책의 궁극적인 목적은 세대 간 신뢰와 협력을 강화하는 것이다. 세대 갈등도 결국은 세대 간 신뢰의 부족에서 비롯되기 때문이다. 서로의 삶의 경험에 공감하고, 협력의 경험을 축적함으로써 세대 간 이해와 연대의 기반이 다져질 것이다. 또한 노인의 사회참여를 통해 노인은 의존적이라는 인식을 불식시키고 은퇴 후에도 사회에 기여할 수 있을 것이다.

참고문헌

강원택. 2003. 『한국의 선거정치: 이념, 지역, 세대와 미디어』. 푸른길.

______. 2005. 「한국의 이념 갈등과 진보·보수의 경계」. ≪한국정당학회보≫, 4(2), 193~217쪽.

______. 2010. 『한국선거정치의 변화와 지속: 이념, 이슈, 캠페인과 투표 참여』. 나남.

강유덕·오태현·이철원·이현진·김준엽. 2013. 「유럽의 사례를 통해 본 복지와 성장의 조화방안 연구」. 대외경제정책연구원.

고용노동부. 2014. 「2013 고용형태별 근로실태 조사 결과」.

______. 2016. 「노동시장 이중구조 해소를 통한 상생고용촉진 대책 발표」.

권명순·노기영·장지혜. 2013. 「대학생의 노인 이미지, 지식과 고정관념 및 인식」. ≪한국보건간호학회지≫, 27(3), 633~646쪽.

권형기. 2007a. 「노동시장 유연성의 다양한 전략: 영국, 덴마크, 네덜란드의 비교 분석」. ≪국제지역연구≫, 11(3), 31~60쪽.

권형기. 2007b. 「분화하는 대륙형 자본주의: 독일과 네덜란드 비교」. ≪국제정치논총≫, 47(3), 189~215쪽.

김경혜. 1998. 「노인들의 동거형태 결정요인에 관한 연구—서울시 거주 노인을 중심으로—」. ≪한국노년학≫, 18(1), 107~122쪽.

김두섭·박경숙·이세용. 2000. 「중년층과 노부모의 세대관계와 중년층의 노후부양관」. ≪한국인구학≫, 23(1), 55~89쪽.

김복순. 2015. 「청년층 노동력과 일자리 변화」. ≪노동리뷰≫, 10월, 69~85쪽.

김상욱. 1999. 「노인부양행위의 결정요인 II: 인과모형 개발」. ≪한국 사회복지학≫, 38, 33~67쪽.

김상욱·양철호. 1998. 「노인부양행위의 결정요인에 관한 연구: 시부 및 시모에 대한 공변량구조모형 분석」. ≪한국 사회복지학≫, 35, 51~83쪽.

김숙경. 2010. 「대학생의 노인부양의식에 영향을 미치는 결정요인」. ≪한국노년학≫, 30(2), 439~451쪽.

김신영. 2010. 「한국인의 복지의식 결정요인 연구: 국가의 공적책임에 대한 태도를 중심으로」. ≪조사연구≫, 11(1), 87~105쪽.

김여진. 2014. 「한국인의 가치관과 가족차원의 세대 관계」. 한국인구학회 2014 전기학술대회 자료집, 187~192쪽.

김 욱. 2011. 「한국과 미국 대학생의 노인에 대한 지식 및 태도 연구」. ≪한국노년학≫, 31(3), 505~526쪽.

김유휘·이승윤. 2014. 「'시간선택제 일자리' 정책의 분석과 평가: 한국, 네덜란드, 독일 비교 연구」. ≪한국 사회정책≫, 21(3), 93~128쪽.

김유경. 2012. 「중산층의 주관적 귀속의식 및 복지의식」. ≪보건·복지 Issue&Focus≫, 152, 한국보건사회연구원.

김정란·김경신. 2009. 「가족기능과 가족주의 가치관이 대학생의 부모 부양의식에 미치는 영향」. ≪한국가족관계학회지≫, 13(4), 133~149쪽.

김정석·김익기. 2000. 「세대 간 지원교환의 형태와 노인들의 생활만족도」. ≪한국노년학≫, 20(2), 155~168쪽.

김정석·조윤주. 2012. 「일본 기혼여성들과 친정부모간의 세대관계: 동거여부 및 대화빈도를 중심으로」. ≪한국인구학≫, 35(32), 55~72쪽.

김종건·정희정. 2003. 「네덜란드의 복지개혁과 노동시장정책의 변화: '기적'을 넘어 '유연보장'으로」. ≪상황과복지≫, 14, 177~214쪽.

김주희. 2009. 「결혼초기 여성의 친족관계: 외동딸에 대한 사례연구」. ≪가족과 문화≫, 21(4), 95~118쪽.

김지섭. 2015. 「연령별 가계부채 분포의 구조적 변화: 우리나라와 미국과의 비교를 중심으로」. ≪부동산 포커스≫, 84(5), 84~91쪽.

김현진. 2004. 「고령화의 사회 · 정치적 영향 – 한국과 일본의 경우」. ≪사회연구≫, 7, 81~97쪽.

김혜경·박천만·중도화부. 2010. 「노인부양의 사회화 인식에 관한 연구: 대학생과 부모조사의 비교분석을 중심으로」. ≪보건사회연구≫, 30(1), 170~194쪽.

김혜란. 2008. 「이탈리아식 복지모델 제도화의 정치: 정당지배체제, 파편화된 선호구조, 정치적 교환」. ≪국제정치논총≫, 48(4), 263~288쪽.

______. 2011. 「협의적 사회보장개혁의 상이한 전략: 스페인과 이탈리아 사례를 중심으로」. ≪지중해지역연구≫, 13(1), 31~60쪽.

나승호·조범준·최보라·임준혁. 2013. 「청년층 고용 현황 및 시사점」. ≪BOK 경제리뷰≫, 12월. 한국은행.

남재량. 2014. 「고령층 노동시장 추이」. ≪노동리뷰≫, 10월호, 5~20쪽.

노대명. 2013. 「복지정책을 통한 세대갈등 해소」. ≪KIPA 조사포럼≫, 5(Summer), 23~28쪽.

류재성. 2013. 「정치이념의 방향, 강도 및 층위」. ≪한국정당학회보≫, 12(1), 61~86쪽.

박경란·이영숙. 2001. 「대학생이 갖고 있는 노인에 대한 고정관념 분석」. ≪한국노년학≫, 21(2), 71~83쪽.

박경숙. 2003. 『고령화 사회 이미 진행된 미래』. 의암출판문화사.

박경숙·서이종·김수종·류연미·이상직·이주영. 2013.『세대 갈등의 소용돌이: 가족·경제·문화·정치적 메커니즘』. 다산출판사.
박길성. 2011.「한국 사회의 세대갈등: 연금과 일자리를 중심으로」.≪한국 사회≫, 12(1), 3~25쪽.
박수미 외. 2008.「2008년 여성가족패널조사」. 한국여성정책연구원.
박재흥. 2005.『한국의 세대문제: 차이와 갈등을 넘어서』. 나남.
박재흥. 2009.「세대명칭과 세대갈등 담론에 대한 비판적 검토」.≪경제와사회≫, 81, 10~34쪽.
박재흥. 2010.「한국 사회의 세대갈등: 권력·이념·문화갈등을 중심으로」.≪한국인구학≫, 33(3), 75~99쪽.
박종민. 2008.「한국인의 정부역할에 대한 태도」.≪한국정치학회보≫, 42(4), 269~288쪽.
박종훈. 2013.『지상 최대의 경제 사기극, 세대전쟁』. 21세기북스.
박찬웅. 1999.「신뢰의 위기와 사회적 자본」.≪사회비평≫, 19, 33~64쪽.
박현정·최혜경. 2001.「한국노인의 자녀와의 동거여부에 영향을 미치는 요인들—노인의 노후부양가치관을 중심으로」.≪한국가정관리학회지≫, 19(1), 63~75쪽.
복지국가청년네트워크. 2014.「2013 전국 대학생의 삶과 생각」
서병숙·김수현. 1999.「대학생의 노인에 대한 이미지 연구」.≪한국노년학≫, 19(2), 97~111쪽.
선학태. 2015.「노동시장의 유연안정성 정치동학: 연합정치와 사회적 협의 간 연동」.≪21세기정치학회보≫, 25(3), 23~44쪽.
세대공생연구팀. 2014.「2014 고령사회의 세대공생 설문 조사: 기초분석 보고서」. 한림대학교.
손병돈. 1998.「가족간 소득이전 결정요인의 계층간 비교」.≪사회복지연구≫, 11, 79~105쪽.
오지연·최옥금. 2011.「노인 가구 유형 변화와 그 영향 요인에 관한 연구」.≪노인복지연구≫, 53, 7~29쪽.
우석훈·박권일. 2007.『88만원 세대: 절망의 시대에 쓰는 희망의 경제학』. 레디앙.
유철규. 2004.「고령화라는 사회변동과 경제적 계급의 양극화 : 신인구론 : 고령화사회의 정치경제학」.≪황해문화≫, 여름, 38~53쪽.
유호선. 2014.「지중해연안 유럽 국가들의 연금개혁: 이탈리아와 그리스를 중심으로」.≪지중해지역연구≫, 16(1), 41~76쪽.
윤상철. 2009.「세대정치와 정치균열: 1997년 이후 출현과 소멸의 동학」.≪경제와사회≫, 81, 61~88쪽.
은기수. 2008.「한국 기혼여성의 세대간 관계」.≪제1회 여성가족패널 학술대회 자료집≫.
이강국. 2010.「소득분배와 경제성장」. 구갑우 외 편.『좌우파 사전: 대한민국을 이해하는 두 개의 시선』. 위즈덤하우스.

이내영·정한울. 2013. 「3장 세대요인이 18대 대선 결과에 미친 영향」. 이내영, 서현진 저. 『변화하는 한국유권자 5: 패널조사를 통해 본 2012 총선과 대선』. EAI.

이상림·김두섭. 2002. 「세대 간 교환관계가 중년층의 노후부양관에 미치는 영향」.≪한국인구학≫, 25(1), 83~111쪽.

이승현. 2013a. 「독일의 어젠다 2010: 10년 간의 평가 및 노동시장에 대한 영향과 전망」.≪국제노동브리프≫, 4월, 44~55쪽.

이승현. 2013b. 「독일 저임금 고용제도의 개정 내용과 전망」.≪국제노동브리프≫, 6월, 44~55쪽.

이신영. 2003. 「대학생의 노인에 대한 태도의 예측 요인에 관한 연구」.≪사회과학논총≫, 22(2), 91~109쪽.

이여봉. 2011. 「부양지원과 세대 갈등: 딸과 친정부모 그리고 며느리와 시부모」.≪가족과 문화≫, 23(1), 41~76쪽.

이은주·한창완. 2009. 「노인대상 자원봉사 활동이 대학생들의 노인 및 노인복지에 대한 인식에 미치는 영향」.≪한국노년학≫, 29(4), 1233~1245쪽.

이호정. 2008. 「대학생이 지각하는 부모와의 관계가 노인에 대한 태도와 부양의식에 미치는 영향」.≪교육문화연구≫, 14(1), 75~103쪽.

전상진. 2002. 「세대사회학의 가능성과 한계: 세대개념의 분석적 구분」.≪한국인구학≫, 25(2), 193~230쪽.

______. 2004. 「세대 개념의 과잉, 세대연구의 빈곤: 세대연구 방법에 대한 고찰」.≪한국사회학≫, 38(5), 31~52쪽.

정경희·오영희·강은나·김재호·선우덕·오미애·이윤경·황남희·김경래·오신휘·박보미·신현구·이금룡, 2014.≪2014년도 노인실태조사≫, 한국보건사회연구원.

정병기. 2004. 「세계화 시기 코포라티즘의 신자유주의적 변형: 독일과 네덜란드의 예」.≪국제정치논총≫, 44(3), 197~216쪽.

정병은. 2007. 「세대 간 지원교환의 호혜성에 관한 연구: 서울지역 노인자료의 분석」.≪한국노년학≫, 27(2), 503~518쪽.

정원호. 2005. 「네덜란드와 덴마크의 유연안정성 비교」.≪국제노동브리프≫, 3(12), 35~43쪽.

정인영·권혁창·정창률, 2015. 「강요된 연금개혁: 그리스의 사례」.≪보건사회연구≫, 35(2), 32~63쪽.

조돈문. 2015. 「스웨덴 노동시장의 유연성-안정성 균형 실험: 황금삼각형과 이중보호체계」.≪산업노동연구≫, 21(2), 99~137쪽.

주은선·백정미. 2007. 「한국의 복지인식 지형: 계층, 복지수요, 공공복지 수급경험의 영향을 중심으로」.≪사회복지연구≫, 34(3), 203~225쪽.
주재선 외. 2012. 「2012년 여성가족패널조사」. 한국여성정책연구원.
______. 2014. 「2014년 여성가족패널조사」. 한국여성정책연구원.
중앙선거관리위원회. 2013. 「제18대 대통령선거 투표율 분석」.
최연자·주소현. 2011. 「베이비부머의 경제적 삶: 오늘과 내일」. 2011 한국인구학회 전기학술대회 발표논문.
최영재. 2014.「세대간 정치문화적 균열과 갈등의 추적」. 2014 한국인구학회 전기학술대회 발표논문.
최유석. 2011.「한국인의 사회복지에 대한 인식과 분산: 정치적 성향과 정치적 지식의 역할을 중심으로」.≪사회복지정책≫, 38(1), 57~83쪽.
______. 2014.「세대 간 연대 의식의 기반: 가족주의 연대」.≪한국인구학≫, 37(4), 61~87쪽.
______. 2016.「노인의 거주 형태와 경제적 지원: 기혼 여성의 부모, 시부모의 비교」.≪한국인구학≫, 39(1), 59~84쪽.
최유석·오유진·문유진. 2015. 「대학생의 노인세대 인식: 세대갈등, 노인의 기여, 노인복지정책 인식을 중심으로」.≪한국콘텐츠학회논문지≫, 15(5), 228~241쪽.
통계청. 2005, 2010, 2015. 「경제활동인구조사(고용동향)」.
______. 2014. 「2014년 사회조사 결과」.
______. 2015. 「가계금융·복지조사」.
______. 각 연도. 「경제활동인구조사 부가조사(근로형태별 및 비임금 근로)」.
______. 각 연도. 「경제활동인구조사 부가조사(청년층 및 고령층)」.
한경혜·김상욱. 2010. 「세대 간 지원교환 설명요인에 있어서의 부계와 모계의 비교」.≪한국사회학≫, 44(4), 1~31쪽.
한경혜·윤성은. 2004.「한국가족 친족관계의 양계화 경향: 세대관계를 중심으로」.≪한국인구학≫, 27(2), 177~202쪽.
한경혜·한민아. 2004. 「성인자녀의 세대간 지원교환 유형과 결정요인」.≪가족과 문화≫, 16(1), 37~61쪽.
한국교육개발원. 각 연도. 『교육통계연보』.
한국은행. 2015. "2015년 1/4분기 실질 국내총생산(속보)". 보도자료, 공보 2015-4-17호.
한정란. 2000.「대학생들의 노인에 대한 태도에 관한 연구」.≪한국노년학≫, 20(3), 115~127쪽.
홍달아기·하근영. 2002. 「조부모-손자녀 유대관계가 노인부양의식에 미치는 영향: 전북지역 대학생을 중심으로」.≪한국생활과학회지≫, 11(2), 1~15쪽.

황아란. 2009. 「정치세대와 이념성향: 민주화 성취세대를 중심으로」. ≪국가전략≫, 15(2), 123~151쪽.

대학정보공시센터. 2013. 「대학알리미」. http://www.academyinfo.go.kr

서울특별시. 2013. 「어르신과 대학생의 주거공유 한지붕 세대공감」. http://welfare.seoul.go.kr/archives/12475

Alvarez, R. Michael, and John Brehm. 1998. "Speaking in Two Voices: American Equivocation About the Internal Revenue Service." *American Journal of Political Science*, Vol. 42, No. 2, pp. 418~452.

Anderson, Karen M. and Anke Hassel. 2012. "Pathways of Change in CMEs: Training Regimes in Germany and th Netherlands." In A. Wren(eds.). *The Political Economy of the Service Transition*. Oxford University Press.

Arts, W. and J. Gelissen. 2001. "Welfare States, Solidarity and Justice Principles: Does the Type Really Matter?" *Acta Sociologica*, Vol. 44, pp. 283-299.

Baccaro, Lucio and Chris, Howell. 2011. "A Common Neoliberal Trajectory: The Transformation of Industrial Relations in Advanced Capitalism." *Politics and Society*, Vol. 39, No. 4, pp. 521~563.

Baldwin, Peter, 1989. "The Scandinavian Origins of the Social Interpretation of the Welfare State." *Comparative Studies in Society and History*, Vol. 31, No. 1, pp. 3~24.

Bengtson, V. L. and Oyama, P. S. 2007. "Intergenerational Solidarity: Strengthening Economic and Social Ties." Background Paper, Expert Group Meeting, Department of Ecnonomic and Social Affairs, Division for Social Policy and Development, United Nations Headquarters, New York.

Bengtson, V. L., and S. S. Schrader. 1982. "Parent-child relations." In *Handbook of research instruments in social gerontology*, Vol. 2. D. Mangen and W. Peterson, (eds.). Minneapolis: University of Minnesota Press, pp. 115-185.

Bengtson, V. L., Giarruso, R., Marby, J. and Silverstein, M. 2002. "Solidarity, Conflict, Ambivalence: Complementary or Competing Perspectives on Intergenerational

Relationships?" *Journal of Marriage and Family*, Vol. 64, pp. 568~576.

Beramendi, Pablo, Silja Hausermann, Herbert Kitschelt, Hanspeter Kriesi, 2015. "Introduction: The Politics of Advanced Capitalism.", In. Pablo Beramendi, Silja Hausermann, Herbert Kitschelt, Hanspeter Kriesi, *The Politics of Advanced Capitalism*. New York, NY: Cambridge University Press.

Bian, F., J. R. Logan, and Y. Bian. 1998. "Intergenerational Relations in Urban China: Proximity, Contact, and Help to Parents." *Demography*. Vol. 35, No. 1, pp. 115~124.

Binstock, R. H. 2010. "From Compassionate Ageism to Intergenerational Conflict?" *The Gerontologist*, Vol. 50, No. 5, pp. 574~585.

Butts, D. M., 2010. "Key Issues Uniting Generations." in Maria Amparo Cruz-Sace and Sergei Zelenev(eds.). *Intergenerational Solidarity*. Palgrave McMillan.

Card, D. and T. Lemieux. 2001. "Can Falling Supply Explain the Rising Return to College for Younger Men? A Cohort Based Analysis." *The Quarterly Journal of Economics*, Vol. 111, pp. 705~746.

Couch, K. A., M. R. Daly and D. A. Wolf. 1999. "Time? Money? Both? The Allocation of Resources to Older Parents." Demography Vol. 36, No. 2, pp. 219~232.

Cox, D. and G. Jakubson, 1995. "The Connection between Public Transfers and Private Interfamily Transfer." Journal of Public Economics, Vol. 57, pp. 129~167.

Cox, M. J. and B. Paley, 1997. "Families as Systems." *Annual Review of Psychology*, Vol. 48, pp. 243~267.

Cruz-Saco, M. 2010. "Intergenerational Solidarity." in Maria Amparo Cruz-Sace and Sergei Zelenev(eds.). *Intergenerational Solidarity*. Palgrave McMillan.

Ebbinghaus, Bernard and Werner Eichhorst. 2007. "Distribution of Responsibility for Social Security and Labor Market Policy, Country Report: Germany." Amsterdam Institute for Advanced Labour Studies Working Paper, University of Amsterdam.

Eichhorst, Werner and Paul Marx, 2009. "Reforming German Labor Market Institutions: A Dual Path to Flexibility." IZA Discussion Papers. Bonn: IZA.

Emmenegger, Patrick, 2010. "The Long Road to Flexicurity: The Development of Job Security Regulations in Denmark and Sweden." *Scandinavian Political Studies*, Vol. 22, No. 3, pp. 271~294.

Esping-Andersen, G. 1985. *Politics against Market: the Social Democratic Road to Power*, Princeton University Press.

______. 1990. *The Three Worlds of Welfare Capitalism*. Princeton University Press.

______. 1999. *Social Foundations of Post-Industrial Economies*. Oxford: Oxford University Press.

Estevez-Abe, Margarita, Torben Iversen, and David Soskice. 2001. "Social Protection and the Formation of Skills: A Reinterpretation of the Welfare States." In P. A. Hall and D. Soskice(eds.), *Varieties of Capitalism: The Institutional Foundations of Comparative Advantage*. New York: Oxford University Press.

European Commission. 2009. "Intergenerational Solidarity: Analytical Report." Flash Eurobarometer Series 269.

______. 2014, "European Youth 2014 Analytic Synthesis." Flash Eurobarometer, EP EB395, Public Opinion Monitoring Unit.

Ferrera, M. 1996. "Southern Model of Welfare in Social Europe." *Journal of European Social Policy*, Vol. 6, No. 1, pp. 17~37.

Franklin, Charles H. 1991. "Eschewing Obfuscation? Campaigns and the Perceptions of U.S. Senate Incumbents." *American Political Science Review*, Vol. 85, pp. 1193~1214.

Fullerton, A. S. and Dixon, J. C. 2010. "Generational Conflict or Methodologicla Artifact?: Reconsidering the Relationship Between Age and Policy Attitudes in the US, 1984-2008." *Public Opinion Quarterly*, Vol. 74, No. 4, pp. 643~673.

Generations United. 2008. "Stronger Together, A Call to Innnovation for Funders of Children, Youth, Families, and Older Adults." Discussion Document, Oct. 2008.

Goerres, A. and Tepe, M. 2010. "Age-Based Self-Interest, Intergenerational Solidarity and the Welfare State: a Comparative Analysis of Older People's Attitudes towards Public Childcare in 12 OECD Countries." *European Journal of Political Research*, Vol. 49, pp. 818~851.

Goerres, A. and P. Vanhuysse. 2014. "1. Mapping the field: comparative generational politics and policies in ageing democracies." In P. Vanhuysse and A. Goerres (eds.). *Ageing Populations in Post-industrial Democracies: Comparative Studeis of Politics and Policies*. London: Routhledge.

Goos, M. and A. Manning. 2003. "Lousy and Lovely Jobs: The Rising Polarization of Work in Britain." London School of Economics, Center for Economic Performance Discussion Papers: No. DP0604.

Hagestad, G. O. 1987. "Able Elderly in the Family Context: Change, Chance and Challenges." *The Gerontologist*, Vol. 27, pp. 417~422.

Haidt, J. 2012. The Righteous Mind. New York: Pantheon Books.

Haipeter, Thomas. 2013.「독일의 양질의 시간제 일자리」.≪국제노동브리프≫, 9월, 17~29쪽.

Hall, P. A. and D. Soskice. 2001. *Varieties of Capitalism: The Institutional Foundations of Comparative Advantage*. New York: Oxford University Press.

Häusermann, Silja, and Bruno Palier. 2008. "The State of the Art: The Politics of Employment-Friendly Welfare Reforms in Post-Industrial Economies." *Socio-Economic Review*, Vol. 6, No. 1, pp. 1~28.

Hemerijck, Anton and Franca van Hooren, 2012. *Stress-Testing the Dutch Welfare State, Once Again*. Amsterdam: VU University.

Hemerijck, Anton and Jelle Visser. 2000. "Change and Immobility: Three Decades of Policy Adjustment in the Netherlands and Belgium." *West European Politics*, Vol. 23, pp. 229~256.

Hoff, A. 2008. "New Forms of Intergenerational Solidarity in European Local Communities." presented at Intergenerational Solidarity for Cohesive and Sustainable Societies Conference, Brdo, Slovenia, April 27-29, 2008.

Huber, E. and Stephens, J. 2001. *Development and Crisis of the Welfare State: Parties and Policies in Global Markets*. Chicago: University of Chicago Press.

Hüter, Michael, 2014.「하르츠 개혁과 독일의 고용기적」.≪국제노동브리프≫, 7월, 4~17쪽.

Iversen, T. and A. Wren. 1998. "Equality, employment, and budgetary restraint: the trilemma of the service economy." World Politics, Vo. 50, No. 4, pp. 507~546.

Keune, Maarten. 2016.「양이 질을 압도하는가? 고용정책과 네덜란드의 폴더 모델」.≪국제노동브리프≫, 1월, 18~32쪽.

Knutsen, O. 1995. "Value Orientations, Political Conflicts and Left-Right Identification: A Comparative Study." *European Journal of Political Science*, Vol. 28, pp. 63~93.

Korpi, Walter. 1983. *The Democratic Class Struggle*. London: Routledge & Kegan Paul.

Knuth, M. 2012.「'저임금정책'의 모순: 독일사례」.≪국제노동브리프≫, 10(1), 24~41쪽.

Lang, A. M. and E. M. Brody. 1983. "Characteristics of Middle-Aged Daughters and Help to Their Elderly Mothers." *Journal of Marriage and the Family*, Vol. 45, pp. 193~202.

Levi, M, 1991. "Are there Limits to Rationality?" *Archives Europeenes de Sociologie*, Vol. 31, pp. 130-141.

______. 1993. "The Construction of Consent: Administration, Compliance and Governability Programm." Working Paper No. 10, Research School of Social Science, Australian National University, Canberra.

Levy, Jonah. 1999. "Vice into Virtue? Progressive Politics and Welfare Reform in Continental Europe." *Politics and Society*, Vol. 27, No. 2, pp. 239~273.

Liebig, Thomas. 2007. "The Labour Market Integration of Immigrants in Denmark." OECD Social, Employment and Migration Working Papers, No. 50, Paris: OECD.

Lin, J. and Yi, C. 2013. "A Comparative Analysis of Intergenerational Relations in East Asia." *International Sociology*, Vol. 28, No. 3, pp. 297~315.

Logan, J. and F. Bian. 1999. "Family Values and Coresidence with Married Children in Urban China." *Social Forces*, Vol. 77, No. 4, pp. 1253~1282.

Logan, J. R. and Spitze, G. D. 1995. "Self-Interest and Altruism in Intergenerational Relations." *Demography*, Vol. 32, No. 3, pp. 353~364.

Lynch, J. 2001. "The Age-Orientation of Social Policy Regimes in OECD Countries." *Journal of Social Policy*, Vol. 30, No. 3, pp. 411~436.

Lynch, J. 2006. *Age in the Welfare State: The Origins of Social Spending on Pensioners, Workers, and Children*. New York: Cambridge University Press.

Madsen, P. K. 2008.「덴마크식 유연안정성: 노동시장 개혁의 새로운 모델인가?」.≪국제노동브리프≫, 3월, 3~12쪽.

Madsen, P. K. 2009.「덴마크의 활성화 정책」.≪국제노동브리프≫, 10~12월, 27~37쪽.

Martin, Cathie Jo, and Duane Swank, 2012. *The Political Construction of Business Interests: Coordination, Growth and Equality*. New York: Cambridge University Press.

Mau S. and S. Wrobel, 2009. "Just Solidarity: How Justice Conditions Intergenerational Solidarity." in K. Törnblom and R. Vermunt(eds.). *Distributive and Procedural Justice*. Ashgate.

McGarry, K. and Schoeni, R. F. 1995. "Transfer Behavior in the Health and Retirement Study: Measurement and the Redistribution of Resources within the Family." *The*

Journal of Human Resources, Vol. 30S, pp. 184~226.

Muffels, R. 2013. "Flexibilisering en de toegang tot de arbeidsmarkt." *TPEdigitaal*, Vol. 7, No. 4, pp.79-98.

Myles, J. and Pierson, P. 2001. "The Comparative Political Economy of Pension Reform" in P. Pierson(eds.). *The New Politics of the Welfare States*. Oxford University Press.

Nölke, Andreas, 2014.「독일의 고용기적: 원인과 리스크」.≪국제노동브리프≫, 7월, 17~29쪽.

OECD. 2011. "Paying for the Past, Providing for the Future: Intergenerational Solidarity." Background Document, OECD Ministrial Meeting on Social Policy, OECD, Paris.

______. 2014a. "Poverty." in *Society at a Glance 2014*: OECD Social Indicators, OECD Publishing. http//dx.doi.org/10.1787/soc_glance-2014-18-en.

______. 2014b. "Old age support rate." in *Society at a Glance 2014: OECD Social Indicators*, OECD Publishing. http"//dx.doi.org/10.1787/soc_glance-2014-14-en.

______. 2015. "Employment rate (indicator)." doi: 10.1787/1de68a9b-en (Accessed on 26 May 2015). https://data.oecd.org/emp/employment-rate.htm#indicator-chart.

Oesch, Daniel. 2013. *Occupational Change in Europe: How Technology and Education Transform the Job Structure*. Oxford: Oxford University Press.

Palier, Bruno and Kathleen Thelen. 2010. "Institutionalizing Dualism: Complementaries and Change in France and Germany." *Politics and Society*, Vol. 38, No. 1, pp. 119-148.

Piachaud, David, John Macnicol and Jane Lewis. 2009. "A think piece on integenerational equity." The Centre for Analysis of Social Exclusion, London School of Economics.

Pierson, P. 1994. *Dismantling the Welfare State? Reagan, Thatcher and the Politics of Retrenchment*, Cambridge University Press.

______. 1996. "The New Politics of the Welfare State." *World Politics*, Vol. 48, No. 2, pp. 143~179.

______. 2001. "Post-Industrial Pressures on the Mature Welfare States." in P. Pierson(eds.). *The New Politics of the Welfare States*. Oxford University Press.

Pontusson, Jonas, 2011. "Once Again a Model: Nordic Social Democracy in a Globalized World." In James Cronin, George Ross and James Shoch (eds.). *What's Left of the Left? Futures of the Left*. Durham, NC: Duke University Press.

Sabbagh, C. and P. Vanhuysse. 2010. "Intergenerational justice perceptions and the role of welfare regimes: A comparative analysis of university students." *Administration & Society*, Vol. 42, No. 6, pp. 638~667.

Schnyder, Gerhard and Gregory Jackson. 2011. "Diverging Paths of Post-Fordism: The German and Swedish Models from the Oil Shocks to the Global Financial Crisis." Paper presented at Council for European Studies, Barcelona, June 20-22.

Seifert, Hartmut. 2014.「노사관계를 통해 살펴본 독일의 고용기적」.≪국제노동브리프≫, 7월, 18~32쪽.

Takegi, E. and M. Silverstein. 2006. "Intergenerational Coresidence of the Janpanese Elderly." *Research on Aging*, Vol. 28, No. 4, pp. 473~492.

Tepe, M. and P. Vanhuysse. 2009. "Are Aging OECD Welfare States on the Path to Genrontocracy?" *Journal of Public Policy*, Vol. 29, No. 1, pp. 1~28.

Thelen, K. 2014. *Varieties of Liberalization and the New Politics of Social Solidarity*. New York and Cambridge: Cambridge University Press.

Timonen, V, C. Conlon, T. Scharf, and G. Carney. 2013. "Family, state, class and solidarity: Re-conceptualising intergenerational solidarity through the Grounded Theory approach." *European Journal of Ageing*, Vol. 10, No. 3, pp. 171~179

Torfing, Jacob, 1999. "Workfare with Welfare: Recent Reforms of the Danish Welfare State." *Journal of European Social Policy*, Vol. 9, No. 1, pp. 5~28.

Trampusch, Christine and Pierre Eichenberger, 2012. "Skills and Industrial Relations in Coordinated Market Ecomomies: Continuing Vocational Training in Denmark, the Netherlands, Austria, and Swithzerland." *British Journal of Industrial Relations*, Vol. 50, No. 4, pp. 644~666.

UNECE. 2010. "Advancing intergenerational solidarity." *Policy Brief on Ageing* No. 8.

Vanhuysse, P. 2013. "Measuring Intergenerational Justice: Toward a Synthetic Index for OECD Countries.", in *Intergenerational Justice in Aging Societies: A Cross-national Comparison of 29 OECD Countries*, Gutersloh, Bertelsmann Stiftung.

Van Oorshot, W. 2000. "Work, Work, Work: Labour Market Participation Policies in the Netherlands 1970-2000." paper presented at the annual ISA RC19 Conference, Charles University, Prague, September 1999. Paper revised Feb.

Viebrock, Elke and Jochen Clasen. 2009. "Flexicurity and Welfare Reform: A Review."

Socio-Economic Review, Vol. 7, pp. 305~331.

Visser, J. 2002. "The First Part-time Economy in the World: A Model to be Followed?" *Journal of European Social Policy*, Vol. 12, No. 1, pp. 23-42.

Visser, J. and A. Hemerijck. 1997. *A Dutch Miracle: Job Growth, Welfare Reform, and Corporatism in the Netherlands*, Amsterdam: Amsterdam University Press.

Ward, R. A. 2001. "Linkages between Family and Societal-Level Intergenerational Attitudes." *Research on Aging*, Vol. 23, No. 2, pp. 179~208.

Whitlatch, C. J. and Noelker, L. S. 1996. "Caregiving and caring." In J.E. Birren (ed.). *The Encyclopedia of Gerontology*. New York: Academic.

Widmer, E.D. Kellerhals, J., Levy, R. 2006. "Types of conjugal interactions and conjugal conflict: A longitudinal assessment." *European sociological review*, vol. 22, no. 1, pp. 79~89.

Wielers, R. 2013.「네덜란드의 시간제 고용 경제」.≪국제노동브리프≫, 9월, 4~16쪽.

Wilmoth, J. 2000. "Unbalenced Social Exchanges and Living Arrangement Transitions Among Older Adults." *The Genrontologist*, Vol. 40, No. 1, pp. 64~74.

Wilthagen, T. and F. Tros, 2008,「네덜란드식 유연안정성」.≪국제노동브리프≫, 3월, 13~22쪽.

Wright, E. O. and R. E. Dwyer. 2003. "The Patterns of Job Expansions in the U.S.A.: a Comparison of the 1960s and 1990s." *Socio-Economic Review*, Vol. 1, pp. 289~325.

Yeh, K. and Bedford, O. 2003. "A Test of the Dual Filial Piety Model." *Asian Journal of Social Psychology*, Vol. 6, pp. 215~228.

Zaidi, A., Gasior, K. and Manchin, R. 2012. "Population Aging and Intergenerational Solidarity in EU Countries: International Policy Frameworks and Public Opinions." *Journal of Intergenerational Relationships*, Vol. 10, No. 3, pp. 214~227.

지은이

최유석

서울대학교 사회학과를 졸업하고, 미국 위스콘신 매디슨 대학교에서 사회복지학 박사학위를 받았다. 복지국가의 정치경제, 복지행정 분야에 관심을 갖고, 불평등을 비롯한 한국 사회의 핵심 문제에 대한 진단과 해법에 관한 연구를 진행하고 있다. 한림대학교 사회복지학부 부교수로 재직 중이다. 「한국인의 사회복지에 대한 인식과 분산」, 「세대 간 연대 의식의 기반: 가족주의 연대」, 「한국 사회복지 행정교육의 발전 방향」, "Evaluating Performance-Based Contracting in Welfare-to-Work Programs" 등 다수의 논문을 발표했다.

한울아카데미 1947

세대 간 연대와 갈등의 풍경

지은이 최유석
펴낸이 김종수
펴낸곳 한울엠플러스(주)
편집책임 김경희
편집 반기훈

초판 1쇄 인쇄 2016년 12월 14일
초판 1쇄 발행 2016년 12월 23일

주소 10881 경기도 파주시 광인사길 153 한울시소빌딩 3층
전화 031-955-0655
팩스 031-955-0656
홈페이지 www.hanulmplus.kr
등록번호 제406-2015-000143호

Printed in Korea.
ISBN 978-89-460-5947-4 93330

※ 책값은 겉표지에 표시되어 있습니다.
※ 이 연구는 2013년 정부(교육부)의 재원으로 한국연구재단의 지원을 받아 수행되었습니다(NRF-2013S1A5A2A03045488).